죽음 그 이후
사후세계 설명서

개정 2판

죽음 그 이후
사후세계 설명서

개정2판 1쇄 발행 2025년 4월 4일

지은이 남우현
펴낸이 남우현
펴낸곳 지식나무
출판등록 제2024-000043호

교정 정은솔
디자인 정윤솔
편집 정윤솔
검수 이주연, 이현
마케팅 김윤길

주소 인천 부평구 마장로 10 4층(십정동, 함흥관)
전화 0507-1459-4145
팩스 0504-220-4142
이메일 treeok31@naver.com
카페 cafe.naver.com/theosophy
블로그 blog.naver.com/treeok31

ISBN 979-11-990745-3-8(03200)
값 16,800원

- 이 책의 판권은 지은이에게 있습니다.
- 이 책 내용의 전부 또는 일부를 재사용하려면 반드시 지은이의 서면 동의를 받아야 합니다.
- 잘못된 책은 구입하신 곳에서 바꾸어 드립니다.

죽음 그 이후
사후세계 설명서

개정 2판

저자 남우현

지식나무

개정 2판 인사말

여러분께 다시 한번 『사후세계 설명서』를 선보이게 되어 진심으로 기쁘고 설렙니다. 2022년 10월 초판 출간 이후, 많은 분들이 보내 주신 따뜻한 관심과 소중한 의견은 이 책이 한층 더 성장하는 데 큰 원동력이 되었습니다. 2024년 2월 개정판을 내놓은 데 이어, 이번에는 2025년 4월에 개정 2판으로 다시 여러분과 만나게 되었습니다.

책을 집필하면서 저 또한 사후세계에 대한 새로운 통찰을 얻었고, 삶을 바라보는 시각이 크게 변화했습니다. 독자분들의 솔직하고 진심 어린 피드백은 이러한 과정에서 큰 힘이 되어 주었습니다. 예를 들어, "표지만 보고 큰 기대 없이 읽었는데, 내용이 놀라웠다."라는 감동적인 리뷰나, "영적 세계에 관한 책은 뛰어난 영능력자만 쓸 수 있다는 편견을 깨뜨렸다."라는 평가 속에서, 제가 목표로 했던 내용이 잘 전달되고 있음을 실감할 수 있었습니다. 특히 "영적 성장을 위한 가이드북으로 가장 먼저 추천하고 싶다."라는 의견은 큰 책임감과 함께 앞으로 나아갈 동력이 되었습니다.

  2022년 초판 이후 주요 개정 내용을 살펴보면, 2024년 개정판에서는 7장부터 9장까지의 내용이 대폭 보강되었습니다. 특히 8장에서 새롭게 추가된 영원한 순환은 우리를 핵심에 더 깊이 다가가게 합니다. 이에 비해 2025년 개정 2판은 이전 개정판에서 소소한 수정이 이루어졌으며, 9장에는 카르마의 작동 원리를 다룬 '원수는 부부로 만난다?'와 같은 흥미로운 주제가 추가되어 독자들의 이해를 더욱 돕고자 하였습니다.

  이 책이 지금의 모습으로 완성되기까지 아낌없이 애써 주신 교정·편집·제작진 여러분, 그리고 크라우드 펀딩을 통해 적극적으로 후원해 주신 분들, 무엇보다 꾸준히 관심과 사랑을 보내 주신 독자 여러분께 깊이 감사드립니다. 여러분의 따뜻한 격려와 응원이 있었기에 이 책이 더욱 단단하게 거듭날 수 있었습니다.

  앞으로도 계속해서 연구하고 탐구하며, 여러분과 영적인 성장을 함께할 수 있는 실질적인 도움과 통찰을 전하고자 최선을 다하겠습니다. 『사후세계 설명서』가 여러분 인생의 의미 있는 길잡이가 되기를 진심으로 바랍니다.

  감사합니다.

머리말

나는 기독교 집안에서 자라났다. 부모님, 조부모님을 비롯한 모든 친척들이 기독교인이었기에, 자연스럽게 죽으면 천국에 간다는 믿음을 가지고 있었다. 하지만 한편으로는 그것이 과연 진실일까 하는 의문이 늘 마음 한편에 자리 잡고 있었다. 육체가 죽은 뒤에는 정말 어떤 일이 일어날까? 아니면 모든 것이 그저 사라져 버리는 것일까?

이러한 죽음에 대한 막연한 두려움은 비단 나만의 것이 아니었다. 죽음을 맞이하는 사람이든, 지켜보는 사람이든, 혹은 단순히 생각하는 사람이든 대부분에게 죽음은 고통스럽고 슬프며 두려운 존재다. 건강한 사람들은 물론이고 중병을 앓는 이들조차 죽음에 관한 이야기를 꺼리는 것이 현실이다. 현대 의학은 이러한 죽음의 두려움을 해소하기보다는 단순히 생명을 연장하는 데만 집중하고 있다. 병원에서는 마취제와 진정제로 의식이 흐려진 채 죽음을 맞이하게 되고, 의사들은 단 1초라도 더 생명을 유지하고자 약물을 사용해 오히려 자연스러운 죽음의 과정을 방해하기도 한다.

하지만 모든 인간은 결국 육체를 떠나보내고 죽음을 맞이해야 한다. 그렇기에 죽음이 다가올 때 이를 올바르게 준비하고 받아들이는 방법을 아는 것이 매우 중요하다. 그러나 대부분의 사람들은 이를 제대로 배워 본 적이 없다.

나는 죽음 이후의 세계에 대한 궁금증을 해소하고자 임사체험자들의 증언과 관련 연구자들의 저서들을 찾아 읽기 시작했다. 100여 권이 넘는 자료를 검토하면서, 서로 다른 시대와 문화, 종교적 배경을 가진 사람들의 경험담이 하나의 일관된 패턴을 보인다는 사실을 발견했다. 이들이 공통적으로 언급하는 죽음 이후의 현상들이 존재했던 것이다.

이러한 통찰이 가능했던 것은 내가 새로운 영역을 개척한 것이 아니라, 오랫동안 이 분야를 연구해 온 학자들과 임사체험자들이 남긴 풍부한 자료 덕분이었다. 나는 그들의 연구와 경험을 이해하고 소화하는 데 상당한 시간과 노력을 들였다. 그 결과 얻은 잠정적 결론은, 우리가 죽은 후에는 어머니의 자궁에 들어가기 전에 있던 세계로 돌아간다는 것이다. 그곳에서 우리는 '나는 누구인가?', '왜 나는 지금 이곳에 이 모습으로 존재하는가?', '나는 어디로 향하고 있는가?'와 같은 근원적인 질문들과 마주하게 된다.

특히 현대 한국 사회에서는 "수저 계급론" 등으로 인해 많은 이들이 자신을 '부모에 의해 태어난 존재'로만 여기는 경향이 있다. 그러나 사후세계 연구를 통해 알게 된 중요한 사실 중 하나는, 부모가 자녀를 선택할 수는 없지만 자녀는 부모를 선택한다는 점이다. 우리를 독특한 개체로 만드는 '의식'은 단순히 부모의 육체적 결합으로 우연히 생겨난 것이 아니며, 특정 부모를 선택한 데에는 분명한 이유가 있다는 것이다.

이러한 내용을 정리하는 과정에서 연구 방향과 결과의 타당성에 대한 검증이 필요하다고 느꼈다. 그러던 중, 2021년 7월, 우연히 관련 도서를 검색하다가 종교학자 최준식 교수의 『너무 늦기 전에 들어야 할 카르마 강의』를 접하게 되었다. 이를 통해 죽음학과 한국죽음학회의 존재를 알게 되었고, 관련 문헌들을 검토하면서 내 탐구 방향에 대한 확신을 얻을 수 있었다. 특히 본서의 1장 '임사 체험과 사후세계의 탐구'는 최준식 교수님의 연구 성과에 기반하고 있음을 밝혀 둔다.

이러한 탐구와 깨달음을 바탕으로, 독자 여러분이 이 책을 통해 사후세계를 탐구하며, 삶과 죽음, 그리고 자신을 괴롭혀 온 의문에 대한 해답을 찾으시길 진심으로 바란다. 만약 책의 내용이 여러분의 기존 관념이나 신앙, 개인적 철학과 상충한다면, 수용 가능한 부분만 참고하기를 권한다.

마지막으로, 평생을 이 분야 연구와 경험에 바치신 분들, 그리고 본서의 참고 문헌을 통해 도움을 주신 모든 학자와 저자분들께 깊은 경의와 감사를 표한다.

남 우 현

이 책을 재미있게 읽는 방법

이 책은 1장부터 순서대로 읽어 나가야만 전체적인 스토리가 연결되어 이해가 쉬워진다. 그리고 책에 달린 복잡한 각주들을 무시하고 판타지 소설을 보듯이 처음부터 끝까지 읽는 데에 초점을 맞춰야 한다. 왜냐하면 이 책을 처음 읽을 때 각주들을 꼼꼼히 읽다 보면 책의 흐름이 끊어져 핵심적 흐름들을 놓치게 되기 때문이다. 하지만 이 책을 두 번째 읽게 되면 책의 전반적인 스토리 라인이 머릿속에 있기 때문에 처음 읽을 땐 눈에 들어오지 않던 각주들에 저절로 눈이 가게 되고 '전에 읽었던 책이 맞나?' 하고 느껴질 정도로 처음과는 다른 이해가 올 것이다.

가장 중요한 시점이 세 번째로 책을 읽는 때인데 이 시기에는 스토리 라인과 각주들의 배경지식들이 새롭게 연결되면서 지식들이 내면화되기 시작한다. 이를 통해 사후세계에 대한 더 깊이 있는 이해를 갖게 된다. 이 깊이 있는 이해는 매우 중요하다. 왜냐하면 시공간 여행자인 우리의 사후세계뿐만 아니라 후생의 준비도 지금 이곳에서 할 수 있기 때문이다. 무엇보다 누구나 반드시 겪는 죽음의 과정에서 자신이 처한 상황을 이해하고, 만약 독자가 낮은 차원에 묶여 어려움을 겪는 상황이 오더라도 그것을 쉽게 극복하고 상위 차원으로 이동할 수 있기 때문이다.

목차

개정 2판 인사말 • 4

머리말 • 6

이 책을 재미있게 읽는 방법 • 10

1장 임사체험과 사후세계의 탐구

사후세계 관련 연구 흐름 • 18

사후세계의 탐구 방법론 • 22

탐구의 기준 • 27

2장 사후세계를 여는 열쇠, 차원계의 구분

임사체험자들의 경험 • 34

사후세계를 여는 열쇠 양자물리학 • 38

다차원 우주의 이해 • 47

다차원 우주의 신체 • 50

절대계와 영혼 • 51

에테르계, 에테르체, 에테르 에너지 • 54

3장 아스트랄계의 구원자들

죽음 직후의 상황 • 58

천국과 지옥 • 69

영원한 자유에 이르는 법 • 74

보이지 않는 구원자들 • 76

4장 카마로카, 두 번째 죽음, 환생

1) 구원의 빛 • 80

2) 만남의 공간 • 86

3) 카마로카(회복의 공간) • 89

4) 기억의 사원 • 92

5) 현자들의 사원 • 98

6) 운명의 사원 • 103

7) 다시 지상으로 • 110

어두운 영혼들과 바로드 퇴돌 • 115

5장 멘탈계(5차원)의 창조자들

고차원계의 활동들 • 126

신성한 지식들 • 128

멘탈계의 엔지니어 교육 • 130

엔지니어들에 의한 생명창조 • 132

엔지니어들에 의한 우주 창조 • 136
행성 설계의 엔지니어들 • 138
행성 생태계 관여하는 엔지니어들 • 141
지구환경의 수호자들 • 145
우주인(Space People) • 146

6장 윤회와 카르마의 법칙들

지금 여기의 나와 윤회 • 152
규칙 1. 인과응보의 법칙 • 156
규칙 2. 성장과 대체의 법칙 • 171
규칙 3. 십자가의 법칙 • 174
규칙 4. 공동운명체의 법칙 • 177
규칙 5. 절대사랑의 법칙 • 182

7장 지금 여기, 그리고 해탈

깨달음이란 • 194
영혼이 물질계 체험을 하는 이유 • 199
현생을 잘 살아 내는 것 • 205
영혼의 진화를 앞당기는 두 가지 방법론 • 212

8장 불멸의 시공간 여행자들

인생이라는 여행의 선택 • 222

영원한 순환 • 225

진리의 탐구자들 • 229

9장 죽음의 지식들

죽음을 마주하며 • 240

두려움 없이 죽음을 준비하는 법 • 243

죽음의 과정 • 245

사자를 돕는 장례 • 248

사후세계의 여정 • 249

조상 공양의 허와 실 • 251

자살자들의 상황 • 255

영매와 사후세계의 통신 • 258

간병과 카르마 정화 • 260

원수는 부부로 만난다? • 261

태아의 죽음과 영혼 • 266

환생과 동물의 영혼 • 269

참된 각성(true wakefulness)과 명상 • 274

에필로그 • 278

저자 후기 • 284

미주(endnotes) • 286

1장
임사체험과 사후세계의 탐구

사후세계 관련 연구 흐름

현대 유물론적 세계관으로 물질문명이 가장 발달해 있는 나라는 미국이라 할 수 있을 것이다. 아이러니하게도 영성이나 사후세계를 학문적으로 연구하고 탐구하는 분야에 있어서도 미국은 전 세계에서 가장 발전해 있는 나라이다. 미국에서 전생에 대해 사회적으로 큰 이슈가 되었던 첫 시기는 1950년대로 최면치료사인 모리 번스타인(1919~1999)으로부터 시작된다. 루스라는 중년 부인의 최면치료 과정에서 루스가 아닌 브라이디라는 별도의 인격 혹은 전생의 기억이 드러났다. 전생의 기억이 드러난 그녀는 미서부의 말투가 아닌 고풍스러운 지방의 방언을 사용했으며 코크라는 마을과 남편에 대해 이야기했다. 이런 일을 처음 경험한 번스타인은 완전히 혼란에 빠지고 말았고, 광적인 흥미를 느꼈다. 그는 그녀의 이야기를 바탕으로 지역 신문사와 도서관에서 조사를 한 결과 영국의 아일랜드 한구석에서 '코크'라는 지역을 발견한다. 그는 즉시 아일랜드로 날아가 최면 상태에서의 루스의 진술을 토대로 브라이디에 관련한 조사를 시작했고, 그 결과를 『The Search for Bridey Murphy(브라이디 머피의 추적)』라는 책으로 출간했다. 당시 미국 사회는 이 책의 사실 여부에 대한 관심을 포함한 비웃음, 비난, 반론 등으로 큰 이슈가 되었다.

번스타인을 비롯한 1952년 산티·데비의 사례 등 미국 사회의 전생과 관련한 이슈가 계속 커져 가자 좀 더 조직적이며 대규모로 이 현상에 관한 연구 진행이 필요하게 되었다. 이 현상에 대한 연구는 버지니아대학의 이안·스티븐슨 박사 팀의 주도로 진행되었고, 심리학·유전학·정신병리학 모든 면에서 메스를 대 보려고 생각했다. 그 스티븐슨 박사 팀은 1954년에 발족되어 몇 번이나 팀 멤버를 바꾸어 가면서 20년간 끊임없이 활동을 했다. 팀은 2~3명씩의 그룹으로 나누어져 환생(還生)의 소문이 있는 곳은 그곳이 아무리 변두리라도 찾아갔다. 그러나 그 대부분은 과학의 메스를 견디지 못했다. 단순한 거짓말·환각·과대망상·미신 등이었다. 스티븐슨 박사 팀은 "신용할 수 없는 케이스가 대부분이다."라고 신중한 중간 발표를 했다. 그러나 약간의 예외가 있었다. 2,000여 건의 사례 중 1%인, 약 20여 가지의 사례는 아무리 파헤치고 조사를 해도 사기나 환각이라는 증명을 할 수 없었다. 조사한 그대로를 기록하는 수밖에 없었다. 버지니아대학 팀은 이것들을 모아 1973년 볼티모어 정신의학회의에서 다음과 같은 신중한 결론을 발표했다.

"환생이라고 하는 사례는 거의 망상이거나 거짓이다. 그러나 그 사례 중에는 앞에서와 같이 환생을 전제로 하지 않고는 도저히 풀 수 없는 소수의 사례도 있다. 매우 소수라고는 하지만 그런 사례가 발견된 이상, 우리는 과학조사대로서의 양심을 걸고 비판받을 것을 각오하면서 이렇게 추정하지 않을 수 없다. … 환생이라는 현상은 존재하지 않을 가능성보다는 존재할 가능성이 훨씬 크다."

1960년대에는 응급의학 등 의학기술의 급속한 진전으로 과거에는 죽어 버려 더 이상 말이 없었을 사람들이 극적으로 다시 살아나기 시작하면서, 그중 일부가 겪은 임사체험이 소개되기 시작했다. 심장박동이 멈추고 10~20초 지나면 뇌로 피가 돌지 않으며 뇌파가 정지된다. 즉 뇌의 활동이 없어지는데 임사체험은 바로 이때의 체험이다. 이런 임사체험에 대한 연구를 가지고 처음으로 전 세계의 주목을 받은 사람은 레이먼드 무디 박사로, 무디는 그가 의사로 있으면서 임사체험을 했다고 주장한 사람들의 이야기를 모아 1975년 『Life After Life(삶 이후의 삶)』라는 책을 펴낸다. 이렇게 해서 물꼬를 튼 임사체험 사례들은 그 뒤 많은 학자에 의해 연구가 이루어졌고 미국 학자들이 주축이 된 국제임사체험연구학회(1979년)[1]를 시작으로 여러 학회

---

[1] 케니스 링과 국제임사연구학회
임사체험을 진정한 의미에서 처음으로 과학적인 방법으로 접근한 사람은 미국 코네티컷 대학의 심리학과 교수인 케니스 링(1936~)으로 그는 1980년에 출간한 『Life at Death(죽음 앞의 삶)』라는 저서에서 약 100명에 달하는 임사체험자를 대상으로 조사하고 분석했다. 그는 과학적인 통계학적인 방법을 써서 임사체험을 하지 못한 사람을 대조군으로 삼아 임사체험자

나 센터들을 통해 현재까지 활발하게 연구되고 있다.

과학에서 어떤 개념의 실재를 확인하려면, 단 한 번의 관찰이나 실험이 아닌 다양한 방법론을 적용해서 여러 차례 독립적인 관찰과 실험을 수행해야 한다. 과학적 발견을 입증하는 기초는 비교검토(Cross-checking)이기 때문이다. 이와 같은 이유로 육체적 죽음 뒤의 의식에 관한 연구는 완전히 죽어서 그곳을 갔다 온 사람들이 거의 없기 때문에 과학적 연구를 할 수 없었다. 그런데 의학기술의 발달로 1970년대부터 임사체험자들이 부지기수로 나타나기 시작했고, 1990년대 말부터는 인터넷의 발달과 보급으로 임사체험에 관한 보고들이 물밀듯이 들어오기 시작했다. 이렇게 관련 보고와 연구가 끊임없이 있지만 대부분의 사람들은 육체적 죽음을 경험할 수 없기에 육체적 죽음 이후 의식에 대한 회의론자들은 이를 꿈이나 환각, 착각으로 폄하한다. 그러나 꿈이나 환각도 두뇌 활동이 있어야 가능한데, 뇌파가 완전히 정지된 상태에서 어떻게 가능하겠는가? 조금만 생각해 보면, 임사체험은 꿈이나 착각 또는 환각으로는 도저히 설명되지 않는다는 것을 알 수 있다. 이렇게 임사체험자들을 베이스로 한 의사나 심리학자들의 연구는 인간이 육체(뇌) 없이 의식만으로도 존재할 수

들의 체험에 대해 주도면밀한 조사를 행했다. 국제임사체험연구학회(1979년)는 케네스 링의 주도로 만들어 본격적인 연구가 시작되었다. 이 학회는 지금도 학회지인 임사체험연구학회지(Journal of Near-Death Studies)를 통해 연구를 활발히 행하고 있으며 이 학회에는 의사, 심리학자, 종교학자, 교육학자 등 다양한 전공의 학자들이 참여해 활동하고 있다.(001)

있음을 보여 주었다.[2] 이에 더해 최근 경향은 이들 연구 보고를 바탕으로 양자물리학의 여러 이론에 입각한 여러 가능성들을 설명하고 있다.

사후세계의 탐구 방법론

하지만 '임사체험'은 죽음의 경계, 혹은 사후세계의 문턱까지만 다녀온 사람들의 이야기다. 다시 말해 그들의 체험은 그들이 완전히 죽지 않았기 때문에 사후세계의 초기 상태가 어떤지에 대해서만 상세하게 알려 주었다. 이제 필자는 이 책을 통해 사후세계의 문턱을 넘어가고자 한다. 죽음의 경계 너머에 대한 탐구 방법으로 필자는 아래와 같이 크게 세 가지 방법을 병행 분석하여 사용할 것이다.

그 첫 번째 방법은 파드마삼바바(8세기), 에마누엘 스베덴보리(1688~1772), 스틸리아노스 아테쉴리스(1912~1995)와 같은 자신들이 원하면 언제든지 현상계의 육체를 이탈해 자유롭게 사후세계를 왕래한 위대한 신비가[3]들을 통해 사후세계를 탐구해 볼 것이다. 사후

---

2 임사체험연구재단의 제프리 롱 박사는 1,300개 이상의 사례들을 분석해 죽음 이후 의식의 증거를 9가지로 도출한다. 죽음 이후 의식의 증거나 그 연구 방법론은 『죽음, 그 후(제프리 롱)』를 참고하면 된다.

3 신비주의에 대해 최준식 교수는 '신비주의란 기성 종교의 도그마적인 교리를 거부하고 절대적 실재와 직접 조우하기를 꾀하는 사상'이라고 편의상 정의를 내리며 다음과 같이 설명한다. "여기서 주목해야 할 점은 불교나 기독교 같은 세계 종교들이 그 일반 교리에서는(혹은 외적

세계 관련 서적 중 고전 중의 고전인 『티베트 사자의 서』는 티베트 불교의 위대한 스승이자 신비가인 파드마삼바바에 의해 쓰였다. 스웨덴의 개신교 신비가인 스베덴보리도 약 27년 동안 자유롭게 사후세계를 왕래했으며 그 체험을 『천국과 지옥(Heaven and its Wonders and Hell)』[4] 등으로 정리했다. 참고로 필자의 사후세계 탐구 초기에는 기독교 신비가인 스베덴보리와 이미 잘 알려진 『티베트 사자의 서』를 중심으로 사후세계를 탐구하려 했다. 그러나 이 두 저작이 아쉬웠던 점은 집필된 시대와 지역적(종교적) 배경의 한계가 컸다는 점이다. 예를 들어 『티베트 사자의 서』는 8세기 불교의 관점으로 사후세계가 표현되었고, 『천국과 지옥』은 18세기 근대 유럽의 강한 기독교 세

으로 드러나는 모습에서는) 아주 다른 모습을 띠고 있지만 그 종교들 안에 있는 신비주의에서는 모두가 하나 된다는 사실이다. 이런 세계 종교에는 신비주의적인 요소가 산재되어 있다. 예를 들어 가톨릭의 에크하르트(Meister Eckhart)나 이슬람의 수피들, 선불교의 고승, 그리고 장자(莊子)의 교설 같은 것이 그것이다. 그런데 이들이 절대 실재에 대해 서술할 때 전통이 각기 다른 관계로 용어는 다를지 몰라도 내용 면에서는 그다지 다르지 않은 것을 알 수 있다. 우리는 이런 의미에서 '신비주의는 종교의 백미, 핵, 에센스'라 할 수 있고 신비주의자 혹은 신비가들은 종교적으로 진정한 의미에서 초월과 영성을 좇는 사람들이라 할 수 있다. 그런데 이 신비가 중에는 영성이 지극히 뛰어나 인간계와 영계를 넘나든다고 하는 사람들이 있는데 아테쉴리스와 마르티누스 등이 그런 사람이다. 이런 사람들은 그 수가 아주 적어 그야말로 손가락으로 셀 수 있는 만큼의 극소수에 국한된다. 이런 사람 가운데에는 신지학을 계승하면서 나름대로 독창적인 인지학을 창안한 루돌프 슈타이너(Rudolf Steiner)도 있다. 그는 유럽의 대단한 지성인으로서 인간의 윤회나 전생에 대해서 뛰어난 학설을 남겼다. 또 러시아의 대표적 신비가인 그루지예프(Georgili Gurdzhiev)도 여기에 포함시킬 수 있고 이른바 채널링을 통해 영계의 소식을 전한 '세스(Seth) 계통'의 문건도 영계에 대해 매우 풍부한 지식을 전달하고 있다. 이 밖에도 세스 문건에서처럼 채널링을 통해 영계와 윤회의 실상을 전한 책으로 『엠마뉴엘』 시리즈도 그냥 지나칠 수 없다."(002)

4 『천국과 지옥』의 원제는 『de Caelo Et Ejus Mirabilibus Et de Inferno Ex Auditis Et Visis』로 '천국과 그 경이로움, 그리고 지옥에 관하여, 듣고 본 사실 중에서'로 번역된다.

계관의 관점으로 사후세계가 표현되어 있다. 그래서 이 두 가지 저작들이 하나의 교집합을 갖는다는 것은 처음엔 불가능해 보였다. 특히 『티베트 사자의 서』를 접했을 때는 도대체 어디에서부터 손을 대야 하고 공부해야 할지 막막함이 앞섰다. 결국 이 책을 뒤로 밀어 놓고 사후세계와 관련된 책들을 하나하나씩 읽어 나갔다. 이런 책들이 100여 권 수준으로 쌓이다 보니 어느 순간 사후세계에 대한 체계가 보이게 되었는데 이 체계를 세우는 데 큰 영향을 준 사람은 아테쉴리스였다.

사후세계와 관련된 많은 책은 지엽적인 부분을 다루고 있는 데 반해 아테쉴리스는 체험을 바탕으로 한 이론적 뼈대(지도)를 세우고 있었기 때문이었다. 그 뼈대(지도) 안에서 관련 저작들을 보면 '아, 지금 이 저자는 사후세계의 어디 부분을 이야기하고 있구나!' 하는 것들이 이해되기 시작했다. 결론적으로 아테쉴리스 덕분에 필자는 20세기의 세계관으로 사후세계를 이해할 수 있었고 앞서 두 저작들의 교집합뿐만 아니라 스베덴보리와 파드마삼바바의 시대적 종교적 배경의 한계를 거두어 내고 바라볼 수 있었다.

두 번째 방법론은 에드거 케이시(1877~1945), 닐 도날드 월쉬(1943~현재), 리사 윌리엄스(1973~현재) 등의 채널링 자료를 통해 사후세계 탐구 방법을 사용할 것이다. 20세기 최고의 영능력자로 불린 케이시의 경우 1만 4,000건이 넘는 그의 리딩은 속기사에 의해 기록되어 미국 버지니아 주의 '탐구와 계발 연구소'에 보관되어 있다. 그 속기록은 현재도 의사와 심리학자들에 의해 연구되고 있으며 그 결과물들은 여러 서적으로 집필되고 있다. 국내에는 『에드가 케이시의 삶의 열 가지 해답(존 풀러)』과 『윤회(지나 서미나라)』 등이 잘 알려져 있다. 닐 도날드 월쉬의 경우 어느 날 갑자기 자동 글쓰기[5]로 신의 메시지들이 전달되었는데 『신과 나눈 이야기』로 잘 알려져 있는 닐의 저작들은 미국에서만 이 책을 연구하는 모임이 2,000여 개가 생겨났으며 한국에서도 그가 운영하는 비영리재단 'ReCreation'에 가입한 여러 개의 스터디 그룹이 있다. 리사 윌리엄스는 세계적으로 잘 알려진 채널러[6]이자 투시가로서 그녀가 상위 차원으로부터 온 메시지를 정리한 『죽음 이후의 또 다른 삶(Life Among the Dead)』을 참고했다.

마지막 세 번째는 최면을 통한 방법인데, 우리나라에서 최면은 TV의 예능프로에서 마술과 비슷한 것으로 오해될 만큼 잘못 알려져 있다. 하지만 미국에서 최면 요법은 1950년대부터 현재까지 정신의학에서 정식 치료법으로 인정받고 있다. 사후세계와 최면과의 관계에 대해 현대 심리학의 거장인 칼 융(1875~1961)의 이야기를 들어보자. 융은 위에 언급한 『티베트 사자의 서』 1938년 스위스 초판본에 그의 해석을 실었다. 그는 『티베트 사자의 서』 해석에서 "1927년

---

5 자동 글쓰기(automatic writing): 아무것도 인식하지 못한 채 글쓴이의 손이 메시지를 만들어 내는 것으로, 무아지경 상황이나 주변 인식이 되지 않은 상황에서 글쓴이가 글을 쓰는 손의 행위를 파악하지 못한 채 글이 써지는 것을 의미한다. 이 때문에 자동 글쓰기는 유령, 천사, 악마, 외계인 또는 초과학적 현상 등에 따른 것으로 여겨지기도 한다.
6 채널러(channeler): 다른 차원의 의식을 남에게 전하는 매개자. 우주에 존재하는 것과 교신하는 사람을 말한다.

에 초판이 나온 이래 수년 동안 이 책은 언제나 내 손에서 떠나지 않았다. 나는 이 책에서 새로운 생각과 발견을 위한 많은 영감을 얻었을 뿐 아니라, 수많은 근본적인 통찰력을 얻었음을 고백하지 않을 수 없다."(003)라고 밝히며 『티베트 사자의 서』의 심리학적 해설로서 다음과 같이 융 자신의 견해를 밝힌다.

"정신분석학자들은 인간이 자궁 속에 있을 때의 기억까지 추적해 들어가는 데 성공했다고 주장한다. 그러나 여기서 서구 심리학은 불행히도 한계에 부딪치고 만다. 나는 '불행히도'라고 말했는데, 거기에는 그럴 만한 이유가 있다. 프로이트 학파의 정신분석은 그런 이른바 자궁 내 경험들을 훨씬 더 이전까지 추적해 들어갈 수도 있었는데 정작 그렇게 하지 못하고 거기서 멈춰 버렸기 때문이다. 다시 말해 인간이 자궁 속에 들어오기 전 상태에 대해선 더 이상 추적을 시도하지 않은 것이다. 만일 이 **과감한 작업**에 성공했더라면 그들은 틀림없이 시드파 바르도[7]를 넘어서 적어도 초에니 바르도의 낮은 차원까지는 거슬러 올라갈 수 있었을 것이다."(004)

칼 융이 말한 이 **과감한 작업**을 시도한 학자 중 가장 잘 알려

---

7 『티베트 사자의 서』는 사후세계를 세 부분으로 나누어 설명한다. ① 치카이 바르도(죽음의 순간의 상태), ② 초에니 바르도(사후세계 중간계에서의 상태), ③ 시드파 바르도(사후세계의 중간계에서 환생을 찾는 상태).

진 전문가는 마이클 뉴턴 박사(1931~2016)와 조엘 L. 휘튼 박사[8] (1945~2017)를 들 수 있다. 특히 마이클 뉴턴 박사의 임상최면 사례와 연구는 사후세계 탐구 가운데 가장 구체적인 것으로 평가받고 있으며 그 내용을 다룬 책은 30여 나라에서 번역되었을 정도로 국제적인 명성을 가지고 있다.

탐구의 기준

필자는 위의 세 가지 방법론, 즉 ① 위대한 신비가들, ② 검증된 채널러, ③ 최면을 통한 초의식의 메시지 자료를 기반으로 한 사후세계에 대한 퍼즐을 맞추어 갈 것이다. 이 세 가지 방법을 사용함에 있어서 탐구의 기준이 필요한데 필자의 탐구 방법은 아테쉴리스의 가르침을 기준으로 하여 정리할 것이다. 그 이유로 그는 그의 제자들과 함께 자유롭게 사후세계를 왕래하며 그 자신의 경험을 20세기 언어의 표현으로 이야기했기 때문이다.

우선 아테쉴리스에 대해 간략히 알아보면 지중해의 작은 섬나라인 키프로스의 신비가인 그는 미국 메인대학교 사회학 교수인 마르키데스(Kyriacos C. Markides)를 통해 전 세계적으로 알려지게 되었다.

---

8 조엘 L.휘튼 박사는 캐나다 토론토 대학 의학부의 정신과 주임교수로 최면을 통한 전생요법으로 그의 환자들은 임상적인 큰 효과들을 보았다.

마르키데스에 의한 그에 관한 첫 저작은 1978~1983년까지 아테쉴리스를 인터뷰하고 그의 공동체를 관찰자로서 참여한 결과물인 『The Magus of Strovolos(스트로볼로스의 마법사)』이며 이후 1987년 『Homage to the Sun(태양을 향한 경의)』, 1990년 『Fire in the Heart(마음의 불)』를 통해 아테쉴리스에 관한 저작[9]을 마무리한다.

덧붙여 그에 관한 저작들은 철저한 익명을 전제로 했으나 그의 생애 말년[10]쯤(1987년 5월) 아테쉴리스의 기적적인 치료를 우연히 목격한 기자들에 의해 그는 공식적으로 언론에 노출되기 시작한다. 그 기사 제목은 **"여러 명의 목격자 앞에서 아테쉴리스가 소아마비로 고통받고 있는 세 살짜리 영국 어린이를 치유하다"**이며 그 내용은 다음과 같다.

---

9 아테쉴리스에 관한 이 3권의 저작들은 한국에서 『지중해의 성자 다스칼로스』 1, 2, 3권으로 번역되었고 필자도 이 책을 참고 도서로 활용했다.
10 아테쉴리스는 1995년 83세의 나이로 물질 몸을 벗어 마르키데스가 집필한 3권의 책은 아테쉴리스의 말년에 관한 기록으로 볼 수 있다.

여러 명의 목격자 앞에서 아테쉴리스가 소아마비로 고통받고 있는 세 살짜리 영국 어린이를 치유하다

그것은 기적인가? 아니면 최면현상 작용인가? 뭐라고 말해야 할지 정말 모르겠다. 나는 내 두 눈으로 본 것만을 쓴다. 몇 분 전만 해도 제 발로 서지도 못하던 조그만 아이가 지금 방 안을 뛰어다니고 있다. 나는 아이를 안고 있는 영국 여성을 호기심을 가지고 지켜보았다. 그녀가 아이를 아테쉴리스의 팔에 안겨 줬을 때, 내가 알아차린 것은 오직 아이의 왼쪽 다리가 무거운 플라스틱 부목으로 덮여 있었다는 사실뿐이었다. 그 다리는 위축되어 있었고 분명히 다른 다리보다 짧았다.

…

아테쉴리스는 아이를 팔에 안고 의자에 앉아서 아주 다정한 목소리로 아이에게 말하기 시작했다. 그러면서 그는 아이의 아픈 다리를 천천히 부드럽게 어루만지기 시작했다.

"아드님이 무슨 문제를 가지고 있습니까?"

나의 동료 하나가 그 여성에게 조그만 소리로 물어보았다.

"우리 애는 소아마비예요."

그녀가 말했다.

> "저 애는 제 발로 설 수가 없어요. 혼자 세워 두면 넘어질 거예요."
> 그 사이에도 아테쉴리스는 아이의 위축된 다리를 계속 어루만졌다. 그는 마치 다리를 늘리기라도 하려는 것처럼 몇 번 그 다리를 잡아당겼다.
>
> …
>
> 10분, 20분 정도 지났을 것이다. 시간은 정확히 기억할 수가 없다. 나는 눈을 떼지 않고 때로는 아이를, 또 때로는 아테쉴리스를 지켜보았다. 갑자기 아이가 고통스러운 듯 얼굴을 찡그렸다. 그 순간 그는 아이를 일으켜 세우고 아이의 엉덩이를 가볍게 찰싹 때리면서 말했다.
> "자 뛰어 봐, 아가야."
> 그러자 아이는 온 방 안을 뛰어 다니기 시작했다! 이것은 기적인가? 아니면 최면작용인가? 결론은 누구든 자기 마음대로 내릴 수 있다. 나는 정확히 내가 본 것만을 쓸 뿐이다.(005)

마르키데스에 의하면 "나(마르키데스)는 세속적이고 합리적인 현대 문화의 한 극치인 사회학의 실증주의적 전통에 붙들려 있었다. 사회학의 이론적 전제나 방법론으로 보면 아테쉴리스가 이야기하는 것과 같은 '신비한 현상들'은 미신에 찬 구시대의 잔재로서, 나약하고 무분별한 사람들이 지어낸 허황한 이야기나 전설 이상이 아니었다. 나는 애초부터 '신은 죽었고, 종교는 무의식 속의 두려움이 지어내는 과민

증의 산물이며, 과학과 정신 분석학 등을 통한 인류의 계몽과 함께 곧 망각 속에 묻히고 말 환상'이라고 배워 왔다.

사회는 자신을 지탱해 나가기 위해서 신을 만들어 낸다고 나는 배웠고, 또 그렇게 가르쳤다. 그러므로 인간이 신을 숭배한다는 것도 사실은 그 허울 뒤에 숨어 있는 사회에 대한 숭배 행위일 뿐이라고 믿었다. 사회과학자로서 우리는 종교란 억압받는 무지한 백성들을 위한 위안물로서 존재하는 하나의 사회적 현상일 뿐이라는 것을 너무나 당연하게 받아들이도록 배웠다. 그러므로 지식인의 전위에 속하려면 무신론을 선포하지는 않더라도 최소한 불가지론[11]자가 되어서, 신비주의나 영성이나 종교가 지닌 권위를 어렴풋이나마 내비치려는 그 어떤 주장에 대해서도 콧방귀를 뀔 수 있어야만 했다."(006) 이런 그가 아테쉴리스와 그의 가까운 제자들과 오랜 시간들을 함께하면서 그리고 통상적인 관점에서는 도저히 설명이 되지 않는 그의 놀라운 신유(神應)의 결과와 현상들을 목격하면서 그는 사회과학자로서 또 훈련받은 학자로서의 회의론과 불가지론을 점차 극복하게 된다.(007)

어느 날 마르키데스는 아테쉴리스에게 "당신은 해탈한 인간인가요?" 하고 묻는다. 그러자 그는 자신은 해탈의 경지에 들어갈 수는 있지만 그 상태에 계속 머물러 있지는 못한다고 대답한다. 그 이유로는 물질계에 살면서 동시에 해탈한 인간이 된다는 것은 불가능한 일이기 때문이라 설명한다. 이 답변을 들은 마르키데스는 "당신이 지상에 머

---

11 불가지론(agnosticism): '불가지'라는 말은 근본적으로 '지식이 없다'는 뜻으로 신과 같은 존재는 알 수도 없고 입증할 수도 없다는 견해를 말한다.

무르고 있는 이유는 무엇인가요?" 하고 다시 묻자 그는 "사랑이지. 스승을 물질계에 묶어 놓는 것은 사랑이라네." 하고 답한다.(008) 필자가 보기에도 마르키데스의 저작들에 표현된 아테쉴리스는 붓다와 같은 해탈한 인류의 스승으로 볼 수밖에 없었다. 무엇보다도 그가 가르친 사후세계에 대한 가르침은 그 어떤 종교의 가르침보다 명확했다. 그 이유는 그의 가르침은 철학적인 이론이 아닌 그 자신의 경험을 바탕으로 했기 때문이었다. 하지만 분명하게 지면의 한계가 있었다. 그 한계는 필자가 사후세계와 관련해서 읽은 100여 권의 책에서 얻은 지식으로 대신하고자 한다.

  필자는 ① '나는 죽어서 어떻게 되지?'라는 물음으로 이 여정을 시작했다. 그런데 사후세계에 대한 지식이 쌓여 가며 ② '나는 왜 지금 여기 이곳에 있는지'와 ③ '나는 지금 어디로 가고 있는지' 더 나아가 ④ '왜 나는 이 세계에 존재하게 되었는지'에 대한 의문을 해소할 수 있었다. 이 책을 통해 필자는 '나는 죽어서 어떻게 되지?'라는 물음에 대한 탐구의 과정과 그리고 그 속에서 얻은 깨달음의 여정들을 독자들과 지금부터 나누고자 한다.

2장
사후세계를 여는 열쇠, 차원계의 구분

임사체험자들의 경험

임사체험자들에 따르면 그들은 임사체험 당시 자신은 육체적 몸과 분리되었으며, 자신의 몸 주위에서 일어나는 일을 모두 보았다고 한다. 그들은 자신의 육체를 위에서 바라보았고 그 곁에 있는 의사들이 하는 일을 모두 목격했다고 전한다. 그리고 여러 가지 이유들로 다시 육체로 돌아와 그들은 살아나게 된다. 임사체험 연구자들은 임상적으로 죽었다가 다시 깨어난 사람들의 체험을 조사해 재미있는 결과를 도출했다. 그 죽음의 경계를 목격한 사람들은 우연히 이 세상과는 전혀 다른 또 하나의 존재 영역을 보았다는 것이다. 이들은, 임상적인 죽음의 순간에 의식이 육체와 분리되면서 '터널'을 통해서 이루 말할 수 없이 밝은 빛과 끝없는 기쁨 그리고 평화의 감정 속으로 빨려 들어갔다고 공통적으로 증언하고 있다. 그들은 이 세상의 존재로 돌아오고 싶지 않았으나, 육체에 다시 결합해야 한다는 압력을 받았다고 한다.

다시 깨어난 그들은 죽음에 대한 공포가 분명히 사라졌음을 강조하며, 다른 의식의 형태로 더없이 행복하게 머물러 있었음을 말로는 제대로 표현할 수가 없어 늘 안타까워했다. 참고로 미국 임사체험연구재단의 제프리 롱 박사는 죽음을 경험했던 사람들은 다음의 12가지 요소를 대부분 경험한다고 말한다.

① 의식이 몸에서 분리된다(유체이탈 경험).
② 모든 감각이 매우 예민하게 고조된다.
③ 감정이나 느낌이 매우 격렬하고 대체로 긍정적이다.
④ 터널로 들어가거나 터널을 통과한다.
⑤ 신비롭거나 눈부신 빛과 만난다.
⑥ 신비로운 존재들, 죽은 친척이나 친구들 등과 재회한다.
⑦ 시공간의 개념이 달라진 느낌이 든다.
⑧ 주마등처럼 삶을 회고한다.
⑨ 비현실적인 영역을 접한다.
⑩ 특별한 지식을 접하거나 알게 된다.
⑪ 경계나 장벽을 만난다.
⑫ 자의 혹은 타의에 의해 몸으로 되돌아온다.(009)

이번에는 임사체험으로 세계적으로 잘 알려져 있는 아니타 무르자니(이하 아니타)의 체험을 살펴보자. 그녀는 임사체험 당시 레몬만 한 종양들이 림프계에 전부 퍼진 상태로 그녀의 주치의에 따르면 "종양도 문제지만 뇌와 폐에도 수액이 가득 차 있어 살아나기란 불가능한 상태였다."라고 증언한다. 바로 이 상태에서 그녀의 의식은 몸에서 이탈했다. 그녀는 당시의 체험을 다음과 같이 전했다.

"우와, 놀랍다! 진짜 자유롭고 가벼워! 무슨 일이 벌어진 거지? 이렇게 기분 좋은 건 처음이야! 고무관도 없고 휠체어도 없잖아. 아무런 도움 없이도 자유롭게 돌아다닐 수 있고! 숨 쉬는 게 더 이상 힘들지 않아 정말 놀랍다! 병원 침대에 누워 있는, 생명이 없어 보이는 내 몸에는 아무런 집착도 느껴지지 않았다. 그 몸이 내 것이 아닌 것 같았다. 내가 지금 겪고 있는 것을 담기에는 너무도 작고 보잘 것 없어 보였다. 나는 자유로웠고 해방되었으며 참으로 아름다워 보였다. 그 모든 고통과 아픔과 슬픔, 괴로움이 말끔히 사라지고 없었다! 그 무엇도 거칠 것 없이 완전하게 자유로웠고, 일찍이 한 번도 느껴 본 적 없는 기분 속에 있었다. 단 한 번도! 지난 4년간 암이 점령했던 몸이라는 감옥에 갇혀 있다가 마침내 풀려난 기분이었다. 처음으로 자유를 맛보고 있었다! 나는 무게 없음을 느끼기 시작했고, 내가 언제 어디에든 있을 수 있다는 사실을 자각하기 시작했다. 이것이 특별한 일처럼 느껴지지도 않았다. 마치 처음부터 그랬던 것 같았다. 원래 모든 것을 이렇게 지각하는 게 당연했다는 듯 말이다. 중환자실 바깥, 10m는 족히 떨어진 복도에서 남편과 의사가 이야기하고 있는 것을 내가 인지하고 있는데도 그것조차 전혀 이상하게 여겨지지 않았다."(010)

"나는 더 이상 오감을 사용하지 않았음에도 인식 능력은 제한이 없었다. 마치 우리가 갖고 있는 보통의 감각보다 훨씬 고양된 새로운 감각이 생겨나기라도 한 것 같았다. 나는 주변에서 일어나는 일을 360도 시야각으로 완벽하게 인식하고 있었다."(011)

아니타의 유체이탈 체험은 환자의 뇌가 만들어 내는 환상일까? 하버드 신경외과 의사이며 뇌과학자인 이븐 알렉산더 박사는 그 자신이 7일간의 뇌사상태에서 현대 임사체험의 완결판이라 불리는 체험을 했다. 그의 표현을 빌려 보면, "혼수상태였을 때 나의 뇌는 잘못된 방식으로 작동한 것이 아니었다. 그것은 전혀 작동하지 않았다. 의과 대학에서 배운 바대로라면 뇌는 내가 살아가는 이 세상을 만들어 내고 감각기관을 통해 들어오는 미가공 데이터를 의미 있는 세상으로 가공하는 일을 하는데, 뇌에서 바로 그것을 담당하는 부분이 다운되어 꺼진 상태였다. 그럼에도 불구하고 나는 살아 있었고, 깨어 있었다. … 나로서는 논쟁의 여지가 없는 사실 그대로였다. 너무나 확실히 알고 있어서 가슴이 저릴 지경이었다. 나의 경험은 내가 살고 있는 집보다 더 실제 현실이었고 벽난로에서 타는 장작보다 더 실제 현실이었다."(012)라고 자신의 체험을 전한다.

임사체험자들은 한결같이 말한다. 자신의 육체와 분리되어 육체를 바라보았다. 그런데 다른 사람들은 자신을 알아보지 못한다. 이 상태를 『티베트 사자의 서』에서는 "마치 꿈속에서 서로를 보듯이 보게 될 것이다." 하며 묘사한다.

"오, 고귀하게 태어난 자여. 육체를 떠나 사후세계의 몸을 가진 자는 인간 세상에서 자신이 익숙하게 알고 있던 장소들과 가족들을 마치 꿈속에서 서로를 보듯이 보게 될 것이다. … 슬퍼하며 울고 있는 이들에게 그대는 '나 여기 있으니 울지 마시오' 하고 말하겠지만 그들은 그대의 소리를 듣지 못할 것이다."(013)

여기서 문제는 죽음을 체험한 사람들은 분명 경험을 했는데 이것을 과학적, 즉 실험의 결과로서 입증하지 못하는 상황이다. 그 근본 원인은 그 세계가 인간의 오감으로 인식할 수 없는 세계이기 때문이다. 하지만 인간의 오감으로 인식하지 못하는 세계를 과학자들이 치열하게 연구하며 아주 미약하나마 조금씩 성과를 내는 분야가 있다. 그 분야는 모든 물질의 근본이 되는 원자의 세계, 즉 미시계인 양자물리학이다. 재미있게도 미시계는 인간의 오감으로 인식되는 거시계의 물리적 법칙(고전역학)을 적용할 수 없다. 왜냐하면 미시계는 지금 우리가 눈으로 보고 느끼는 이 거시계와는 전혀 다른 물리적 법칙이 지배하는 차원이기 때문이다.

사후세계를 여는 열쇠 양자물리학

양자물리학은 모든 물질의 근본이 되는 원자세계의 물리적 법칙에 관한 학문으로 이 분야에 대해 필자가 언급하는 것은 전혀 권위가 없다. 그래서 이 분야에서 한국에서 가장 잘 알려져 있으며 최전선에 있는 김상욱 교수[12]의 입을 빌려 보겠다. 그는 말한다.

"지금 여기에 존재하는 모든 것은 모두 원자로 되어 있다. 눈앞의 책도 원자로 되어 있고, 이 책을 붙잡고 있는 손도 원자로 되어 있다. 우주에 존재하는 원자는 대부분 원자번호 1번인 수소이며 두 번째로 많은 원자는 2번 헬륨이다. 이 둘을 합치면 우주에 존재하는 원자의 거의 100%가 된다. 나머지를 다 합쳐 봐야 오차 정도의 양[13]에 불과하다.(014) 우주의 대부분을 차지하는 수소원자는 원자핵과 전자가 각각 한 개씩 있는데 하나의 전자가 원자핵을 중심으로 회전하고 있다. 이 원자를 서울시의 크기로 확대하면 그 중심에 있는 원자핵은 농구공만 하고 전자는 대략 10km 밖에서 홀로 외로이 날아다니고 있는 것이 원자의 모습이다. 원자의 크기를 서울시만큼 확대해도 전자의 크기는 거의 없을 만큼 작기 때문에 서울시만 한 공간에 농구공(원자핵) 말고는 아무것도 없이 텅 비어 있다. 우리의 몸도 원자로 되어 있기 때문에 우리 몸은 사실상 텅 비어 있다. 다른 모든 물질도 마찬가지다.(015) 그렇다면 손과 손을 맞잡으면 두 손이 하나가 되어 버리나? 이것이 사실이라면 아무도 악수를 하려고 하지 않을 것이다. 여기서 분명한 것은

---

12 김상욱: 경희 대학교 물리학과 교수
   KAIST에서 물리학으로 학사, 석사, 박사 학위를 받았다. 포항 공과 대학교, KAIST, 독일 막스 플랑크 연구소 연구원, 서울 대학교 BK 조교수, 부산 대학교 물리 교육과 교수를 거쳤다. 주로 양자 과학, 정보 물리를 연구하며 60여 편의 논문을 SCI 저널에 게재했다.
13 이 오차에 탄소, 산소, 질소, 금 같은 익숙한 원자 대부분이 포함된다. 원자번호가 클수록 많은 양성자를 좁은 핵 안에 욱여넣어야 하므로 만들어지기 어렵다.

전자들 사이에 전자기력이 있어 서로 밀어내는 것은 분명하지만, 어떤 때에는 한데 뭉쳐 손을 만들기도 한다는 사실이다. 그뿐만 아니라 원자들 사이의 이러한 결합과 밀어냄이 내 손과 다른 손을 구분하게 만들어 주기도 한다."(016)

이렇게 양자물리학은 원자를 설명하는 이론이고, 세상 모든 것은 원자로 되어 있다. 따라서 우리 주위의 모든 것은 양자물리학으로 작동한다고 보면 된다.

그런데 원자의 세계인 미시계는 인간의 오감으로 인식할 수 있는 거시계의 상식으로는 이해하기가 어렵다. 이에 대해 김상욱 박사는 "우주는 우리가 상상할 수 있는 것보다 더 이상하다. 아니, 우리가 상상할 수 있는 한계를 넘을 정도로 이상하다."(017)라고 말하면서 이어 과학계의 그 유명한 실험인 이중슬릿 실험에 대해 이야기한다.

이중슬릿 실험은 물질의 최소 구성물질인 미립자들의 특성을 알기 위한 실험으로 과학자들은 전자총으로 두 개의 슬릿에 전자를 발사하는 실험을 한다. 당연히 전자들은 두 개의 슬릿을 직선으로 통과해 뒷면에 두 개의 선 자국이 생긴다.

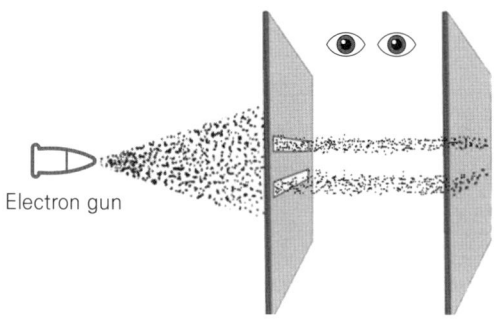

 이 결과는 너무 상식적이라 이론의 여지가 없다. 이것은 물감을 묻힌 여러 개의 야구공을 두 개의 틈이 있는 벽에 던지면 그 뒤에 있는 벽에는 두 개의 선으로 야구공들이 맞은 자국이 생기는 것과 마찬가지기 때문이다. 문제는 이다음에 일어난다. 과학자들이 전자총을 켜놓고 자리를 비우면 그 결과는 2개의 선 자국이 아닌 아래 그림처럼 여러 개의 선 자국(물결 자국)이 생긴다.

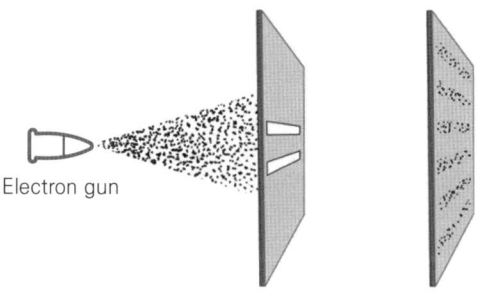

 이렇게 여러 개의 선, 즉 물결자국이 생기기 위해선 전자가 입자가 아닌 파동(에너지장)으로 존재해야만 한다.

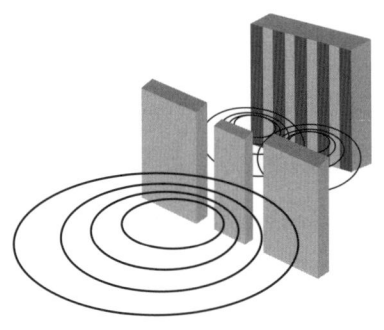

 그래서 과학자들은 전자를 한 개씩 하나하나 쏴 보기로 한다. 왜냐하면 전자들이 서로 충돌하거나 해서 간섭무늬가 나타난 게 아닐까 생각했기 때문이다. 하지만 전자를 한 개씩 따로 따로 쐈음에도 불구하고 똑같은 물결무늬가 나타났다. 이것은 하나의 전자가 두 개의 슬릿에 동시에 통과했다는 결론과 함께 하나의 전자가 동시에 두 곳에 존재한다는 의미이기도 했다.

 이것이 놀라운 의미는 관찰자가 바라보는 미립자는 고체 알갱이처럼 움직이지만, 그렇지 않은 미립자는 물결(파동)처럼 움직였다는 것이다. 물질의 최소 단위인 미립자의 운동성은 관찰자의 생각에 따른 결과물(의식)이었기 때문이었다. 이처럼 실험자가 미립자를 입자라고 생각하고 바라보면 입자의 모습이 나타나고, 바라보지 않으면 물결(파동)의 모습이 나타나는 현상을 양자물리학에서는 '관찰자 효과(observer effect)'라고 부른다. 다시 말해 물질의 최소 단위인 미립자, 소립자, 에너지는 눈에 보이지 않는 물결로 우주 공간에 존재하다가 내가 어떤 의도를 품고 바라보는 바로 그 순간, 돌연 눈에 보이는 현실로 모습을 드러낸다. 그래서 김상욱 박사는 다음과 같은 말을 한다.

"이렇게 양자물리학이 기술하는 원자 세상은 우리의 경험과 상식이 통하지 않는다. 하나의 전자가 동시에 여러 장소에 존재할 수 있으니 말이다. 당신은 절대로 서울과 부산에 동시에 있을 수 없지만, 당신 몸을 이루는 전자는 그럴 수 있다."(018)

"이런 질문에 대한 답을 구하기 위해 1925년까지 물리학자들은 말 그대로 악전고투한다. 당시까지 알려진 물리이론을 총동원하여 전자의 운동을 설명해 보려 했지만 번번이 실패했다. 당시로서 그나마 가장 성공적인 닐스 보어(1922년 노벨물리학상)의 이론조차 다수의 물리학자들에게 외면을 받는 상황이었다. 사실 외면할 만했다. 전자가 유령처럼 한 장소에서 다른 장소로 순간이동 할 수 있다는 내용을 포함하고 있었으니 말이다. 보어는 급기야 에너지보존법칙을 버려야 할지 모르겠다는 말까지 한다."(019)

"당시 원자를 설명하는 보어의 이론에 따르면 원자 내에는 불연속적인 '상태'들이 존재했다. 지구 주위를 도는 인공위성들의 궤도를 생각하면 이해하기 쉽다. 인공위성의 궤도 반지름을 바꾸고 싶으면 엔진을 작동시켜 더 높은 위치나 낮은 위치로 이동하면 된다. 이때 연료만 충분하다면 원하는 곳 어디든 갈 수 있다. 하지만 원자 내의 전자는 특별한 반지름을 갖는 궤도에만 존재할 수 있다. 이유는 모른다. 한 궤도에서 다른 궤도로 이동할 때는 그냥 점프를 해야 한다. 문제는 점프를 하는 동안 궤도 사이를 연속적으로 이동할 수 없다는 것이다. 그냥 한 궤도에서 사라져서 다른 궤도에 짠 하고 나타나야 한다. 역시 이유는 모른다."(020)

"태양계로 예를 들자면 지구 궤도에 있던 전자가 사라져서 화성 궤도에 짠 하고 나타나야 한다. 이런 운동은 기존의 물리학에서는 불가능하므로 역시 새로운 이름이 필요하다. 우리는 이것을 '양자 도약'이라 부른다."(021)

무슨 귀신 씻나락 까먹는 소리냐고? 그래서 리처드 파인먼(1965년 노벨물리학상)은 "이 세상에 양자역학을 정확히 이해하는 사람은 단 한 명도 없다."라고 단언했다.(022) 계속해서 그는 "양자역학은 전자의 운동을 기술하는 파동방정식으로부터 나왔다. … 말도 안 되는 이야기 같지만 증거가 쌓여 가자 결국 물질과 파동의 경계가 허물어진다. 파동은 물질이 운동하는 방식의 하나가 아니라 물질 그 자체의 본질일지도 모른다는 거다.

$$-\frac{\hbar^2}{2m}\nabla^2\Psi + V(r)\Psi = E\Psi$$

시간에 무관한 슈뢰딩거 방정식[14]

---

14 고전물리학에 뉴턴 방정식(f = ma)이 있다면 양자물리학에서는 슈뢰딩거 방정식이 있다. 이 방정식은 원자나 전자 같은 미시계의 운동을 기술하는 양자물리학의 가장 핵심적인 업적으로 평가되었고, 이 업적으로 슈뢰딩거(1887~1961)는 1933년에 노벨상을 수상했다.

결국 양자장론이라는 분야가 만들어지는데, 여기서는 파동으로부터 물질을 만들어 낸다. 이야기는 여기서 끝나지 않는다. 물질의 궁극을 탐구하던 현대 물리학은 세상이 (상상도 할 수 없이 작은) 끈으로 되어 있을지 모른다는 생각을 하게 되었다. 이것을 초끈이론이라 한다. 여기서는 작은 끈의 진동방식에 따라 서로 다른 물질들이 만들어진다. 당신이 기타로 '도'를 치면 코끼리가 나오고, '미'를 치면 호랑이가 나온다는 말이다. 결국 세상은 현의 진동이었던 거다. 우주는 초끈이라는 현의 오케스트라다. 그 진동이 물질을 만들었고, 그 물질은 다시 진동하여 소리를 만든다. … 결국 우주는 떨림(진동)이다."(023)

그렇다면 우주의 본질은 무엇인가? 하는 질문에 대해 김상욱 박사는 이렇게 답변한다.

"이는 인류 문명의 역사만큼이나 오래된 질문이다. 영화 〈매트릭스[15]〉는 이 질문에 황당한 답을 내놓았다. 이 세상이 한낱 컴퓨터 게임 같은 프로그램이라는 것이다. 다만 양자역학이 도달한 답도 이와 비슷할지

---

15 영화 〈매트릭스〉는 힌두교의 우파니샤드 사상을 기반으로 한 영화다. 한편 김상욱 박사는 "우주는 초끈이라는 현의 오케스트라다."라고 말하면서 "힌두교에서는 신을 부를 때, 옴(um)이라는 단진동의 소리를 낸다고 한다. 이렇게 소리의 진동은 다시 신으로, 우주로 돌아간다. 결국 우주는 떨림이다."(023)라고 표현한다. 유물론의 대표 격인 물리학자이며 무신론자인 김상욱 박사가 힌두교의 신을 언급하다니 웬 말인가? 이는 김상욱 박사가 더 나가고 싶었지만 여기서 멈춘 것으로 보았다. 그것은 베르너 하이젠베르크, 루이 드 브로이, 제임스 진스, 에르빈 슈뢰딩거, 볼프강 파울리, 막스 플랑크를 비롯한 양자물리학의 천재들도 미시계에 관한 실험 결과를 이해하려 애쓰다가 신비주의에 빠져들었기 때문이다. 필자는 김상욱 박사가 조심스럽게 언급한 옴(um)에 대해 현대 임사체험의 완결판이라고 불리는 이븐 알렉산더 박사는 임사체험 중 존재의 근원과 조우하는데 이븐은 이 존재의 근원을 옴(om)이라 표현(025)했다는 사실을 알려 주고 싶다.

모른다는 것이 문제다."(024)

    이것은 현대 물리학의 최전선에 있는 김상욱 박사가 우리가 경험하고 있는 지금 여기가 컴퓨터의 시뮬레이션(환영) 같은 세계라는 답변을 한 것이다. 그렇다면 신비가인 아테쉴리스는 이 세상에 대해 어떤 설명을 하는지 들어 보자.

    "그는 물질이란 우리가 눈으로 보는 것과 같은 것이 아님을 설명했다. 단지 우리가 그것과 같은 주파수로 진동하고 있기 때문에 우리는 물질을 단단한 것으로 생각한다는 것이다."(026)

    "우리가 만질 수 있는 대상이라고 생각하는 것은 사실은 인식의 오류랍니다. 우리의 손은 우리가 만지는 물체의 주파수와 동일하게 진동합니다. 그리고 그 때문에 물체는 우리에게 단단하게 느껴지는 것이랍니다. 우리가 만들어 내는 에테르의 손[16]으로는 고체를 통과할 수 있습니다. 고체를 고체로서 볼 수는 있지만 에테르 손은 마치 엑스레이처럼 그것을 지나갈 수가 있답니다."(027)

    "예컨대 내가 이것을 빨간색이라고 할 때 그것은 단지 눈이 이 주파수의 파동의 자극을 받아들여 뇌의 한 부분에 전달했다는 것을 의미

---

16 에테르의 손: 아테쉴리스는 훈련으로 에테르체만을 움직일 수 있다고 한다. 그는 자신이 가지고 있는 투시력과 에테르체의 손을 이용해 외과적인 절제술 없이도 환자 몸의 내부 장기와 에테르체를 치료한다. 에테르계와 에테르체에 대한 자세한 내용은 본서 '에테르계, 에테르체, 에테르 에너지'(p.54) 내용을 참고하길 바란다.

할 뿐입니다. 그다음에 현재 자아의식이 그 자극을 빨간색으로 해석하는 것입니다. 주변에서 이와 동일한 파동을 발하는 것은 무엇이든지 우리에게 정확히 빨간색의 느낌을 일으킵니다. 물질의 형성을 포함해서 존재하는 모든 것은 진동주파수의 산물입니다."(028)

그는 모든 물질은 다양한 형태로 '진동하는' 마음이라고 설명하며 생명 없는 물질은 존재하지 않는다고 했다. 그리고 현대 과학의 연구 대상인 지금 여기의 물질계는 마음의 가장 낮은 진동수 차원이라고 설명한다.

다차원 우주의 이해

아테쉴리스는 물질계는 진동의 수준에 따라 지금 여기의 거친 물질계(gross material world), 아스트랄계, 멘탈계와 같은 다차원으로 구성되어 있다고 설명한다. 아스트랄계와 멘탈계는 우리의 선입견과 달리 지금 여기와 같은 물질 우주로서 서로 다른 진동 수준으로 존재한다고 가르쳤다. 이것은 우리가 알고 있는 사후세계가 저 멀리 하늘 위에 공간적으로 점유하고 있는 것이 아닌 지금 여기 이 공간을 서로 다른 진동수로서 존재[17]하고 있다는 것이다. 예를 들어 거친 물질

---

17 아테쉴리스가 말한 지금 여기 이 공간에서 다른 진동수로 존재하고 있다는 의미에 대해 마이클 뉴턴 박사의 한 내담자는 이렇게 보고한다.

계가 라디오의 AM 주파수(KHz) 대역대라면 아스트랄계는 FM 주파수(MHz) 대역대라고 할 수 있다. 계속해서 그는 지금 우리가 지각하고 경험하고 지금 여기는 시간과 공간의 법칙에 지배를 받는 거친 물질계로서 진동 수준이 가장 낮은 세계라고 설명한다. 이곳은 우리가 시간과 공간, 곧 그가 즐겨 부르는 '시공간적 조건을 경험하는 세계'인 곳이다.

다차원 우주

	명칭	진동 수준	차원의 특징
3차원	(1) 거친 물질계	낮음	시간과 공간의 법칙에 지배를 받는 우주
4차원	(2) 아스트랄계(심령계)	중간	공간을 초월하는 우주
5차원	(3) 멘탈계(이지계)	높음	시간과 공간을 초월하는 우주

4차원 세계라 불리는 아스트랄계 역시 물질 우주이지만 좀 더 높은 수준의 진동을 한다. 물론 거친 물질계(3차원)와 아스트랄계(4차원)는

"영혼퇴행요법(LBL)* 후에, 우리들의 현실은 영사기가 하늘과 산과 바다라는 3차원의 스크린에 비춰 주는 이미지들임을 깨닫게 되었습니다. 만일 또 다른 빛의 파장과 또 다른 공간·시간의 질서를 가진 제2의 영사기가 있어 제1의 영사기와 함께 돌아간다면, 물질계와 반물질계의 존재들은 같은 지역 안에서 두 개의 현실로 존재할 수가 있다고 하겠습니다."[030]

* 영혼퇴행(Life Between Lives)요법은 전생과 현생 사이의 영혼의 세계로 되돌아가 이번 삶의 의미와 목적을 발견하여 현생의 문제를 다른 관점으로 바라보게 한다.

다른 물리법칙에 의해 움직인다. 아스트랄계는 공간이 초월되어 생각하는 순간 그 대상에게로 이동할 수 있다. 5차원계인 멘탈계 역시 물질 우주이지만 5차원계에서는 시간과 공간이 모두 극복된다. 진동은 더 높은 수준이어서 거친 물질계[18]와 아스트랄계보다 더 자유롭게 움직이고 활동할 수 있다. 여기에서는 자아의식을 가지고 지구의 넓은 지역뿐만 아니라 시간을 가로질러 순간적으로 여행할 수 있다(029)고 그는 설명한다. 참고로 아테쉴리스가 가장 사랑하는 제자인 야코보스(가명)는 마르키데스와의 인터뷰에서 다음과 같이 자신의 경험을 말한다.

"맨 처음 유체이탈 경험을 했을 때 저는 굉장한 혼란을 겪었지요. 지금 우리가 살고 있는 이 세계와 유체이탈 중에 체험하는 여러 다양한 차원의 세계들 가운데 과연 어느 것이 실재의 세계인지를 분간할 수가 없었거든요. 결국 저는 이 물질계나 다른 차원의 세계들이나 모두 환상(시뮬레이션)일 뿐이며 하나하나 파헤쳐 보면 결국 실재는 모든 현상계를 초월해 있다는 것을 알게 되었습니다."(031)

---

18   거친 물질계(gross material world)
     신비가들이 3차원 물질계를 거친물질계라 표현하는 것은 다른 차원들과 비교해 거친물질이라는 표현이 3차원 물질계의 특징을 표현하기 때문이다. 예를들어 우리는 이 책 본문 문자들이 매끄러운 선으로 이루어져 있다고 인식하지만 30배만 확대하면 문자들은 선이 아닌 면으로 이루어져 있고 그 표면은 거칠고 투박하다. 이것을 이미지 파일로 비교하면 3차원 물질계는 도트 이미지 파일이고 4차원과 5차원 물질계는 백터 이미지 파일이라 할 수 있다. 그래서 신비가들은 상위차원을 미묘한 물질세계(subtle material world)라 표현한다.

다차원 우주의 신체

계속해서 아테쉴리스는 지금 여기의 현재의 나는 세 가지 차원에 상응하는 세 가지의 신체를 가지고 있다고 가르친다. 지금 여기 3차원계에서는 시간과 공간의 지배를 받는 육체를 가지고 살고, 4차원계에서는 감정과 정서의 신체인 아스트랄체(욕망체)를 가지고 살며, 5차원계에서는 우리로 하여금 구체적, 혹은 추상적인 생각들을 표현할 수 있게 해 주는 멘탈체를 가지고 산다. 이 세 가지 신체가 자아의식을 지닌 현재의 나를 형성하고 있는데 이 신체들은 각자 독립적으로 존재할 수 있기에 임사체험이나 유체이탈이 가능하다는 것이다. 지금 여기, 즉 시공간 조건을 경험하는 육체는 아스트랄체와 멘탈체를 포함해 결합되어 있으며, 아스트랄체는 멘탈체와 결합되어 있다. 그리고 사람이 죽었다면 아스트랄체(+멘탈체)로서 아스트랄계에서 존재하게 되는데 대부분의 사람들은 죽을 때 이러한 변화를 인식하지 못한다고 설명한다.(032)

차원에 따른 존재 방식

차원 구분				자아의 존재 방식
① 상대계 • 형상을 갖는 • 이원화된 • 분리된	물질우주	3차원	(1) 물질계	육체(+아스트랄체+멘탈체)
		4차원	(2) 아스트랄계	아스트랄체(+멘탈체)
		5차원	(3) 멘탈계	멘탈체
② **절대계**(형상이 없는)				영혼(영원한 자아)

절대계와 영혼

현대인들의 통상적인 관념으로는 임사체험자들이 경험하는 아스트랄체를 영혼(Soul)으로 생각하지만 아테쉴리스는 임사체험자들이 현재의 나로 느끼는 아스트랄체는 영혼이 아니라고 분명히 말한다. 영혼은 지금 여기 현재의 나와 달리 모든 현상계 너머에 있으며 영원한데, 아스트랄체나, 멘탈체는 육체와 마찬가지로 결국은 죽기 때문이다. 즉 자아의식을 지닌 영혼은 환생할 때마다 새로운 멘탈체[19], 아스트랄체, 육체를 가지기 때문에 이 세 가지 신체는 영혼이 한 생에서 다른 생으로 자신을 나타낼 때 걸치는 옷으로 아테쉴리스는 표현한다.(033) 반면 영혼에 대해 설명할 때는 현상계 너머의 세계에 관해 말한다. 그는 거친 물질계, 아스트랄계, 멘탈계에 대해서 '분리의 세계'라 표현하는데 이는 사람들이 자신을, 인상을 받아들이고 판단하는 하나의 주체로 인식하기 때문이라고 설명한다.(034) 그는 분리를 넘어선 또

19　멘탈체와 영혼의 차이
누군가 아테쉴리스에게 멘탈체와 영혼의 차이에 대해 물었을 때 그는 이렇게 답변했다.
"멘탈체는 형상을 지니고 있습니다. 거친 물질계에서 지니고 있는 것과 정확히 동일한 생김새를 갖고 있습니다. … 한편 영혼은 형상이 없으며 절대계에 존재합니다. 영혼이란 낮은 차원계에 형상과 이미지를 응결시키는 파동들의 조합입니다. 그것은 추상적이며, 이 추상적인 것이야말로 진짜입니다. 우리가 구체적이라고 여기는 것은 단지 현상적인 차원에서 그러할 뿐입니다. … 우리는 자신의 모습을 왜곡시키는 세 가지의 거울을 갖고 있는 셈입니다. 즉 ① 거친 물질 ② 아스트랄 물질 ③ 멘탈 물질의 거울 말입니다. 우리는 자신의 그림자를 보고 자기라고 생각하지요. 우리는 거울을 보고 웃으면서 거울에 비친 모습을 자신이라고 생각하는 것입니다. 하지만 우리의 진정한 자아는 이와는 다른 어떤 것입니다. 우리가 자기 자신을 발견하고 나면 이 거울이 깨진다고 해도 더 이상 신경 쓰지 않게 될 것입니다."(035)

다른 세계인 절대계[20]에 대해선 모든 사물의 원인이자 본질의 세계로 형상(모양, 꼴)이 없는 세계라 언급하며 "절대계에서는 자신의 외부에 있는 대상을 이해하기 위해서 마음을 생각의 형태로 형상화하지 않고 (분리돼서 바라보지 않고) 그것이 되어 버린다. 그래서 절대계에 도달하면 의식은 어떤 형체든 마음대로 취하면서도 여전히 자신으로 남아 있을 수 있다고 말하며 자신의 어려움은 이런 경험을 말로 전달하는 것"(036)이라 이야기 한다. 또 이 '분리의 세계'는 절대계에 비해 '가장 보잘것없는 세계'에 속한다고 한다.(037)

"절대계들에서 생각은 우리 자신이고, 우리의 본성이라네. 그것은 우리를 흥분시키거나 실망시키는 외부의 어떤 것이 아니야. 거기에서 생각은 곧 사랑 그 자체라네."(038)

---

20 붓다가 제자들에게 가르친 절대계
"제자들이여, 흙(地), 물(水), 불(火), 바람(風)이 없는 (물질 우주가 아닌) 세계가 있다. 그곳은 끝없는 공간도 아니요, 끝없는 생각도 아니요, 무(無)도 아니요, 생각과 생각 아님[想非想]도 아니다. 그곳은 이 세계도 아니요, 저 세계도 아니다. 그곳은 오는 것도 없고[不來] 가는 것도 없고[不去] 머무름도 없으며[不停], 죽음도 없고 태어남도 없다. 그곳은 슬픔의 끝이니라.
어떤 상(對象)에 달라붙으면 떨어짐이 있지만, 대상에 집착하지 않으면 떨어짐이 없다. 떨어짐이 없는 곳에 휴식이 있고, 휴식이 있는 곳에 욕망이 없다. 욕망이 없으면 가고 옴이 없고, 가고 옴이 없으면 죽음과 태어남이 없다. 죽음과 태어남이 없으면 이 세상과 저 세상 또는 그 사이(바르도)가 없나니, 이때 모든 슬픔은 끝나느니라.
제자들이여, 변화하지 않고 태어나지 않고 만들어지지 않고 형상을 갖지 않은 세계가 있느니라. 만일 이런 불변, 불생, 부조(不造), 무형의 세계가 없다면, 변화하고 태어나고 만들어지고 형상을 가진 세계로부터 벗어날 방법이 없느니라. 그러나 불변, 불생, 부조, 무형의 세계가 있기 때문에, 변화하고 태어나고 만들어지고 형상을 가진 세계로 부터의 벗어남이 있느니라." (팔리어 경전 『우다나(Udanal[自設]』 8장)

본서에서 사용하는 용어[21]와 개념

본서에서 주로 사용하는 용어			동일 개념의 용어	차원의 특징
① 상대계	물질우주	(1) 물질계 (육체)	3차원계, 거친 물질계 (거친 육체, 물질 몸)	3차원계로 시간과 공간의 법칙에 지배를 받는 우주
		에테르계 (에테르체[22])		물질계의 거푸집 역할
		(2) 아스트랄계 (아스트랄체)	심령이지계, 심령계, 바르도 (심령이지체, 심령체, 욕망체, 바르도체)	4차원계로 공간을 초월하는 우주
		(3) 멘탈계 (멘탈체)	저차원 이지계 (이지체)	5차원계로 시간과 공간을 초월하는 우주
		코잘계 (코잘체)	고차원 이지계 (고차원 이지체) 이데아의 세계	모든 사물의 원인이자 본질의 세계
② 절대계 (영혼, 참나, 영원한 자아)			붓디계, 아트믹계, 모나드계, 아디계	실재계

---

21 본서는 신지학의 용어를 주로 사용하였지만 내용에 따라 보다 직관적인 표현을 사용하였다.
22 에테르체의 기능은 육체가 살아 있도록 하는 생명의 에너지장으로 자아의식은 없다.

에테르계, 에테르체, 에테르 에너지

아테쉴리스는 물질 우주를 크게 세 가지 차원, 즉 거친 물질계(3차원), 아스트랄계(4차원), 멘탈계(5차원)로 구분했는데 물질계와 아스트랄계 중간에 끼어 있는 에테르계와 에테르에너지 에테르체에 대해서도 가르쳤다. 에테르계는 물질계의 거푸집 역할을 하고 있는 물질계의 복사본이며, 물질계보다 진동 수준이 높지만 아스트랄계보다 낮은 진동차원으로 존재한다고 한다.

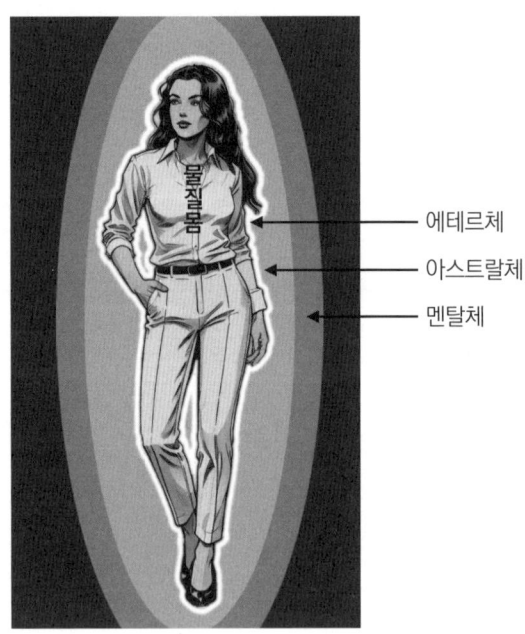

육체, 에테르체, 아스트랄체, 멘탈체의 크기의 차이는
실제 크기 차이가 아닌 진동의 수준이 높고 낮음으로 이해해야 한다.

에테르체는 육체의 생명의 거푸집으로 몸속 세포 하나하나가 그에 대응되는 에테르체를 가지고 있고 아테쉴리스의 기적적인 치유를 가능하게 하는 것은 이 에테르체가 가지고 있는 에테르의 생명력 때문이라고 가르친다. 그리고 에테르체가 아스트랄체와 다른 점은 아스트랄체가 육체로부터 분리되면 일반적으로 육체는 실신 상태가 되고 현재의 나는 아스트랄체로서 독립적인 자아가 유지된다. 하지만 에테르체는 아스트랄체나 멘탈체와 같은 자의식이 없이 육체가 살아 있도록 하는 생명의 에너지장으로 설명한다. 그래서 에테르체가 육체로부터 떨어져 나가면 그때부터 육체의 세포들은 해체되어 죽기 시작한다고 가르쳤다. 아테쉴리스의 종교적 베이스가 되는 그리스 정교회에선 죽은 사람의 무덤에 촛불을 40일 동안 계속 밝혀 놓는데 이는 죽은 사람의 에테르체가 분해되는 데 약 40일 정도의 시간이 걸리기 때문이라고 한다. 이에 첨부해 그는 죽은 사람의 에테르체[23]는 매우 유순해 흑마술사에 홀려서 나쁜 목적에 사용될 수도 있기 때문에 매장보다 화장하는 것이 더 좋은 방법(039)이라고 말했다.

---

23 에테르체: 육체의 생명의 에너지장으로 자의식이 없는 에너지체이다.

3장

아스트랄계의 구원자들

죽음 직후의 상황

임사체험자들은 죽음의 순간에 의식이 육체와 분리되면서 '터널'을 통해서 이루 말할 수 없이 밝은 빛과 끝없는 기쁨 그리고 평화의 감정 속으로 빨려 들어갔다고 말하며 이런 존재 상태에서 다시 돌아오고 싶지 않았으나, 여러 이유들로 다시 육체로 돌아왔다고 한다. 하지만 위대한 신비가들에 의하면 사후세계가 그렇게 긍정적이지만은 않다. 아테쉴리스는 사람이 죽으면 아스트랄계에서, 물질계에서 살 때와 마찬가지 방식으로 살게 되는데 대부분의 사람들은 죽을 때 이러한 변화를 인식하지 못한다고 말한다.(040) 이에 대해 파드마삼바바는 "의식체(아스트랄체)는 살아 있을 때와 마찬가지로 활동이 제한된 영역 안에서 배회한다."라고 말하며 생명이 끊어져 육체 밖으로 의식체가 나왔을 때 그는 "내가 죽은 건가, 살아 있는 건가?" 하고 반문한다. 그는 그것을 분간하지 못한다. 왜냐하면 그는 살아 있을 때와 마찬가지로 가족과 친척들을 볼 수 있기 때문이다. 그리고 그들의 울음소리까지 듣는다(041)고 말한다. 이와 같은 이야기는 스베덴보리도 증언하고 있다.

스베덴보리는 스웨덴 왕실과도 사적으로 가까웠는데 죽은 지 15일밖에 안 된 스웨덴의 왕 칼12세를 영계에서 만났을 때 그는 스베덴보리를 보더니 너무 놀라며 반갑게 달려와 다음과 같이 한탄한다.

"여보게 친구, 글쎄 이럴 수가 있어! 내가 죽었다고 장사를 지냈대요, 글쎄. 내 귀로도 장례식의 종소리를 들었으니까. 아니, 어찌 이럴 수가 있는가 말이야. 지금 여기 이렇게 멀쩡하게 살아 있는데 내가 죽었다니. 그런 미친 소리가 어디 있어. 나는 지금 자네와 이마를 마주 대고 이렇게 대화를 나누고 있질 않나 말일세."

스베덴보리는 아직 자신의 죽음을 인정하지 못하고 있는 그에게 설명한다.

"왕이시여! 당신은 지금 지상이 아니라 영계에 와 계십니다. 당신의 몸은 지금 육체가 아니라 심령체로 있는 것입니다. 지상에서는 당신의 육체를 가지고 장사를 지낸 것입니다. 그러나 왕이시여! 당신은 분명 살아 계십니다. 지상을 떠나 천상의 세계에 살고 계신 것입니다. 지금 당신의 몸은 육체가 아니라 심령체[24]입니다."

---

24 롭상 람파*는 심령체들 간의 인식에 관해 다음과 같이 말한다.
"심령체들은 서로 단단한 실체로서 인식한다. 일반 사람들은 소위 '유령'을 투명한 또는 반투명한 개체로 인식하고 있지만 이는 육체를 가진 인간보다 유령의 진동수가 높기 때문이다. 그렇지만 유령들끼리는 서로를 단단한 실체로서(인간들끼리도 그렇듯이) 인식한다."(043)
* 롭상 람파는 20세기 초 티베트의 승려로서 비의적 훈련과 비전지식들을 전수받는다. 그는

하지만 왕은 "무슨 소리야! 나는 살아 있어! 예나 지금이나 달라진 것이 아무것도 없어! 나는 살아 있다고!" 하며 자신이 죽음을 부인한다.(042)

파드마삼바바는 육체적 죽음 직후 죽은 자의 의식체는 인간 세상에서 자신이 익숙하게 알고 있던 장소들과 가족들을 마치 꿈속에서 서로를 보듯이 보게 될 것인데 이 상태는 카르마가 만들어 내는 두려움과 죽음의 왕들의 공포스러운 현실이 아직 나타나지 않은 상태라고 말한다.(044) 그래서 파드마삼바바는 두려움과 공포스러운 현실이 나타나기 전에 죽은 자의 심령체를 다음과 같이 깨우치라고 말한다.

오, 고귀하게 태어난 자여. 이제 죽음이라고 부르는 것이 다가왔다. 그대는 이 세상을 떠나고 있다. 하지만 그대만이 유일하게 떠나는 자는 아니다. 죽음은 누구에게나 찾아온다. 이 세상의 삶에 애착을 갖거나 집착하지 말라. 그대가 마음이 약해져서 이 세상에 남겨 둔 것에 아무리 집착할지라도 그대는 이제 여기 머물 힘을 잃었다. 그대가 집착을 버리지 않는다면 그대는 이 윤회계의 수레바퀴 아래를 헤매는 것밖에는 아무것도 얻을 것이 없다. 그러니 마음이 약해지지 말라.

아시아에서 벌어진 세계 2차 대전에서 갖은 고초를 겪은 후, 영계의 사명을 받아 영국인의 몸으로 영혼 이주를 했다고 주장한다. 영혼 이주 이후 그는 서구권에서 여러 권의 책들을 집필했는데 국내에서는 『나는 티벳의 라마승이었다』1, 2, 3권과 『롭상 람파의 가르침』으로 번역되어 있다.

… 오, 고귀하게 태어난 자여. 사후세계의 중간계에서 그대에게 어떤 공포와 두려움이 밀려올지라도 그대는 다음에 하는 말을 잊지 말라. 이 말에 담긴 뜻을 마음에 새기고 앞으로 나아가라. 이 속에는 그대를 존재의 근원으로 인도하는 중요한 비밀이 있다.

그대는 나를 따라 이렇게 말하라.

"아, 나는 지금 사후세계를 체험하고 있다. 나는 모든 환영에 대한 공포와 두려움과 놀라움을 접어 두리라. 그리고 어떤 환영들이 나타나든지 그것이 나 자신의 마음속에서 나온 것임을 깨달으리라! 그것들이 사후세계의 환영임을 나는 꿰뚫어 보리라. 위대한 목적을 성취할 이 중요한 순간에 나는 내 사념들의 표현인 평화의 신들과 분노의 신들을 두려워하지 않으리라."

그대는 내가 읽어 주는 이 구절들을 잘 따라 외우라. 그리고 그 안에 담긴 뜻을 마음에 새기고 앞으로 나아가라.

오, 고귀하게 태어난 자여. 무섭고 두려운 어떠한 현실이 나타날지라도 그것들이 자신의 마음에서 투영되어 나온 것임을 분명히 알아야 한다. 이 중요한 비밀을 잊지 말라.

… 지금 그대가 갖고 있는 몸은 살아 있을 때 생겨난 그대의 정신적 성향으로 이루어진 사념체(아스트랄체)이다. 그대는 살과 뼈로 만들어진 육체를 갖고 있지 않으므로 어떤 것이 그대 앞에 나타나든지, 그것이 소리든 빛이든 광선이든 어떤 것도 그대를 해칠 수 없다. 그대는 죽을 수 없기 때문이다. 이 환영들이 그대 자신의 생각에서 나온 것임을 아는 것으로 충분하다. 이 모두가 사후세계에서 일어나는 현상임을 그대는 알아야 한다.

오, 고귀하게 태어난 자여. 만일 공포스럽고 두려운 현실들이 그대 자신의 마음에서 투영되어 나오는 것임을 깨닫지 못한다면, 그대가 인간 세상에서 아무리 명상 수행을 열심히 하고 신(God)에게 헌신했다 할지라도 그대는 당황스럽고, 두렵고, 공포스러울 것이다. 그대에게는 이 가르침이 더없이 중요하다. 만약, 그대가 이 가르침의 중요한 열쇠를 알지 못하면 그대는 '빛과 소리와 색채의 본질'[25]을 깨닫지 못하고 윤회계 속을 방황하게 될 것이다.(045)

파드마삼바바는 공포스럽고 두려운 현실들은 자신의 마음에서 투영되어 나오는 것이라고 반복적으로 강조하고, 이것을 깨닫는 것이 사후세계의 방황을 끝내는 열쇠라 가르친다. 동일한 상황에 대해 아테쉴리스는 "심령계에서 우리는 항상 그와 같은 상황에 직면하지. 예컨대 누군가가 자기를 죽이려고 따라다니는 것 같다면서 도와 달라는 사람들을 만난다네. 그러면 구원자인 우리는 그가 지금 자기를 괴롭힌다고 느끼는 상대가 이전에 바로 그가 죽인 희생자라는 사실을 알게 되지."(046)라 말하며, 그 이유에 대해선 다음과 같이 설명한다.

"예컨대, 우리가 물질계에서 누군가를 죽이려고 칼을 빼 들었는데 저지당하거나 실패했다고 상상해 보게. 그래도 우리는 이미 범죄를 저질렀어. … 우리가 누군가를 죽이지 않는다 하더라도 그 증오는 파괴적인 염체(생각의 에너지체)를 만들어 낸다는 것, 그리고 그 염체는

---

25 마음이 오감으로 만들어 낸 현실을 말한다.

물질계의 바로 그 상대방에게 영향을 준다는 것을 말이야. 물론 이것은 상대가 그 염체를 만들어 낸 자와 동일한 주파수로 진동한다고 가정했을 때의 이야기라네. … 이런 경우 우리가 누구를 죽이든 죽이지 않았든 우리는 이미 살인자야."(047)

이어서 그는 만약 이 파괴적인 염체가 물질계에서 상대방에게 영향을 주지 못했을 경우 그것은 심령차원에서 물질화되어 그 자신이 대가를 치르게 된다고 말하며 아래의 자문자답을 한다.

"그런데 누가 그런 일이 벌어지게 할 것이라고 생각하나?"
"영원한 자아(영혼)인 자기 자신이야."(047)

우리는 이 지점에서 아테쉴리스가 말한 염체(Thought-Forms), 즉 생각의 에너지체에 대한 개념을 잡아야 한다. 아테쉴리스에 의하면 사람이 투사하는 모든 느낌이나 생각을 염체라고 하는데 염체는 다양한 모양과 색상을 취할 수 있는 생각의 에너지체다. 그래서 사람들은 끊임없이 염체들을 만들어 내고 있다. **사람은 사념이나 감정을 통해서 진동**하기에 그가 진동(사고)하는 방식이 그 사람이 만들어 내는 염체의 형태와 질을 결정한다. 염체의 모양은 그 종류에 따라 다른데, 욕망의 염체의 경우 갖고자 하는 집이나 자동차 같은 모양이 될 수 있다고 말한다. 아테쉴리스는 부정적 염체에 대해 다음과 같이 말한다.

"어떤 사람에 대해서 악한 생각을 품고 있는 사람은 흔히 어두운 녹

색 계통의 썩은 냄새를 풍기는 뱀 모양을 한 염체를 만들어 내는 것을 보았습니다. 그것들은 미간이나 가슴으로부터 나옵니다. 그것은 우리가 의식, 무의식적으로 주목하는 대상에게로 가서 그의 오라[26]에 달라붙으려고 합니다. 때로는 그런 염체가 왕뱀만 하게 커지기도 해서 그것이 돌아오면 가슴이 터질 듯이 답답한 것을 느끼게 됩니다."

"사람들이 그러한 염체를 하루에도 얼마나 수도 없이 만들어 내는지를 생각해 보셨습니까? 그들이 자신이 방사해 내는 염체의 모습을 보았더라면 기겁을 할 겁니다. 이것이 흔히 '악마의 눈[27]'이라고 하는 것입니다."(048)

우리는 현세와 전생에 수많은 긍정적 염체(생각의 에너지체) 또는 부정적 염체를 만들어 놓았고, 사후세계에선 우리가 과거에 만들어 놓았던 그 두 가지 염체들이 다시 우리에게 되돌아와 여러 강도로 번갈아 경험하게 된다. 이 경험을 『티베트 사자의 서』에서는 **'평화의 신들과의 만남', '분노의 신들과의 만남'**이라고 표현한다. 『티베트 사자의 서』에서 묘사한 공포스럽고 두려운 현실은 살인자와 같은 악인들이 처하는 현실이지만 21세기의 평범한 한국 사람들의 입장에서는 이런 극단적인 예시들은 거리감이 느껴질 것이다. 그렇다면 정직하면서도

---

26 오라(aura): 인체나 물체가 주위에 발산한다고 하는 신령스러운 기운으로 에마누엘 스베덴보리는, 인간의 주위에는 '파동체'가 존재해, 그 안에 인간의 사고가 시각적으로 나타난다고 말하고 있다.

27 악마의 눈: 다른 표현으로는 악마의 시선이라고도 한다. 부러움이나 시기심에서 비롯되는 부정적인 염체로 지중해 연안 지역에서는 이 시선을 받으면 건강, 행복, 재물 등에 해를 입을 수 있다는 믿음이 있다.

평균적인 사람들은 사후세계에서 어떤 상황에 처하는지 아테쉴리스의 이야기를 들어 보자.

> 어느 날 나는 안드레아스(아테쉴리스의 죽은 친구)를 저쪽 세계에서 만났네. 거기서도 그는 자신이 매우 부자라고 생각하고 있었어. …
> "이봐, 안드레아."
> 내가 그에게 말했지.
> "넌 뭔가가 바뀐 사실을 알고 있어? 자신이 죽었다는 것을 깨닫고 있는 거야?"
> "누구, 나?"
> 그는 자신이 죽었다는 사실을 도무지 믿을 수 없어 하는 것 같았네.
> "내가 지독한 병을 앓긴 했지."
> 그가 나에게 말했네.
> "오줌을 싸고, 피똥을 싸고, 지독한 설사를 했던 것을 기억하고 있어. 나는 정말 무서운 병에 걸렸었지. 스텔리오, 하지만 이젠 완전히 나았어. 사실 지금은 몸이 더 좋아졌다고 느끼고 있는걸. 전에는 아침에 일어나서 걷지 못했거든. 그런데 이제는 깃털처럼 가뿐해. 게다가 시간이 가면서 늙는 대신 더 젊어지는 것 같아."[28]
> 내가 그에게 말했네.
> "너는 항상 젊고 멋있을 거야, 안드레아."
> "야, 그렇게 치켜세우지 마. 라르나카에 있는 우리 집에 가자."

---

28 아테쉴리스는 우리가 만일 젊은 외모를 갖기 원한다면 사후세계에서는 그렇게 된다고 설명한다.

내가 다시 말했네.

"그러니까 넌 네가 아직 라르나카의 네 집에 살고 있다고 생각하는구나."

"그러면, 도대체 우리가 있는 곳이 어디라고 생각하나, 런던?"

그가 비웃듯이 대답했네.

"오, 안드레아, 너는 죽었어. 지금 너는 네가 원했던 것과 비슷한 환경에서 살고 있어. 너는 이 모든 것을 상상으로 만들어 낸 거야. 너는 지상에서의 경험으로부터 모든 것을 가져왔어."

내가 이렇게 말하자 그가 말했네.

"스텔리오, 너 나를 미치게 하려는 거야? 내 머리는 그렇게 좋지 않아."

"아니야, 안드레아. 네 머리는 아주 좋아. 지금 나는 너에게 재산이나 집 따위에 대한 모든 근심을 몰아내 버려야 한다는 것을 알려 주고 싶을 뿐이야. 너는 항상 네가 갖고 있는 것에 만족하지 못했고, 언제나 더 많은 것을 원했어, 안드레아. 너는 만족할 줄을 몰랐어. 이제 너는 아름다운 곳에 있어. 낙원이라고도 부를 수 있는 그런 곳이지. 그런데 친구야, 넌 사실은 네 자신이 만들어 낸 일종의 지옥에서 살고 있는 거야. 너에게 몇 가지 물어보자. 넌 지금 음식을 먹니?"

"난 더 이상 뭘 먹고 싶은 마음이 없어."

그가 대답했네. 그는 살기 위해서 음식이 필요하지 않다는 걸 깨닫기 시작했지.

"전에는 먹고 싶은 것을 뭐든 먹었지. 그런데 스텔리오, 어떻게 됐는지 알아? 이건 꼭 마술 같아. 내가 먹고 싶어 하는 것은 무엇이든 부엌에 이미 만들어져 있는 것을 발견하게 돼. 그 모든 것을 누가 만들었을까?"

"이봐 안드레아. 그건 너야. 바로 네가 만들었어. 네가 그것을 원했잖아. 너는 꽤 많은 걸 배웠었는데(안드레아스는 아테쉴리스의 수업의 청강생이었다), **여기서는 너의 욕망과 생각이 곧바로 물질화된다는 사실을 왜 깨닫지 못하니? 지상에서와 달리… 지금 네가 살고 있는 이곳에서는 너의 생각에 의해 물질이 형상화되는 거야.**"

"그러니까, 이 모든 것이 진짜가 아니란 말이야?"

"잘 들어. 썩어 없어질 것, 지진으로 몇 분 만에 파괴되어 버릴 것들은 진짜라고 생각하면서 파괴되지 않을 것들은 왜 진짜가 아니라고 생각하는 거야? 무엇보다도 네 마음으로 만들어 낸 이것들은 그것(지상에서)보다 더 오래, 네가 원하는 만큼 남아 있을 거야. 그리고 네가 더 이상 원하지 않으면 그것들은 너를 떠나고, 다른 사람들이 그것을 발견해서 사용할 거라고."

"내 머리는 그렇게 좋지 않아."

"아니야, 너는 충분히 좋은 머리를 가졌어. 너의 문제는 알고자 하는 의욕이 모자란다는 점이야. 너는 많은 집을 가졌어. 너는 그것을 꿈꿨고 그것을 만들어 냈어. 너는 화려한 차를 타고 네 소유물들이 있는 곳으로 가서 그것들을 감상했지. 너는 그런 경험들을 해 왔어. 그 모든 것은 네가 만들어 낸 거야. 그런데 그게 왠지 알아? 지상에서 사는 동안 네가 도둑도 아니었고, 부정직한 사람도 아니었기 때문에 그럴 수 있었던 거야. 너는 마음을 사용해서 네가 그렇게도 갈망하던 이 모든 것을 만들어 낼 수 있는 아주 평균적인 사람이었어. 좋아. 그런데 너는 도대체 얼마나 오랫동안 네 환상 속에 사로잡혀서 살고 싶은 거야?"

"너 정말 나를 미치게 만들려고 하는구나, 스텔리오, 보라고! 내가 그 모든 것을 만들었다고 어떻게 이야기할 수 있어? 얼마 전엔 내 평생 결코 본 적이 없는 억수 같은 비가 내렸어."

"오 안드레아. 그건 바로 네가 네 생각으로 그런 비를 내리게 한 거야. 네가 지금 살고 있는 심령계에는 비가 내리지 않았어. 너는 살아 있을 동안 알았던 것과 똑같은 방식으로 네가 만들어 낸 주관적인 심령계 속에서 그 비를 내리게 한 거라고. 너의 현재 상태에서는 오직 네가 생각과 욕망으로써 창조한 것들만이 존재하는 거야."

"이쪽 세계니, 저쪽 세계니 하고 네가 이야기하는 것은… 그러니까 우리가 죽었다는 말이야?"

"아니야, 네가 죽었어."

내가 말했네.

"나는 아직 저쪽 세계에서 살고 있어. 하지만 나는 내가 원할 때는 언제나 네가 사는 이 세계로 올 수가 있지. 나는 해야 할 일이 있기 때문에 아직 거기에 있단다. 하지만 너는 이곳에서 살기 위해서 와 있는 거야. 너 지금 너의 생활이 만족스럽지 않니?"

"아니, 전적으로 만족하지."

그의 대답에 내가 다시 물었네.

"하지만 안드레아. 네가 사는 이 세계에 작용하는 법칙을 이해하는 데 관심을 좀 기울여 보는 게 어때?"

그는 한 움큼의 흙을 움켜쥐며 말했네.

"스텔리오, 넌 이게 흙이 아니라고 말하려는 거야? 이거 흙이잖아, 제기랄. 이걸 봐."(049)

천국과 지옥

아테쉴리스는 아스트랄계는 사람의 생각과 욕망이 물질로 현실화되어 그것을 창조해 낸 사람의 의식과 주관적 환경 속에 존재한다며 다음과 같이 죽음 직후의 상황에 대해 설명한다.

"사람들의 성격이나 지각능력은 단순히 다른 차원으로 이동하는 것만으로는 바뀌지 않아. 그들은 욕망을 초월[29]하지 못했기 때문에 자신에게 익숙한 지상의 세계를 다른 차원에다 그대로 복제해 와서 거기서 아스트랄체를 가지고 사는 것이네. 예컨대 자신이 좋아했던 음식을 요리하고, 좋아했던 와인을 마시고, 지구에서 그랬던 것처럼 축제를 즐기는 거야. 그리고 지구에서 늘 그랬던 것처럼 거기서도 똑같이 걸어 다닌다네. 그래서 아스트랄계에서도 섹스, 폭력, 친절 등등을 포함해서 물질계에서 볼 수 있는 모든 것을 찾아볼 수 있는 것이라네. 결국 부차원의 성격(천국과 지옥)을 결정짓는 것은 거기에 거주하는 사람들의 기질이야."(051)

---

29 우리는 욕망의 만족을 최우선으로 여기고 살고 있다. 하지만 욕망의 초월에 대해 붓다는 "세상에 있는 모든 감각적인 즐거움, 그리고 신의 세계에 있는 모든 기쁨은 욕망으로부터 해방된 기쁨에 비하면 16분의 1도 안 된다."(050)라고 말했다.

아스트랄계의 차원 구조

구분	스틸리아노스		스베덴보리
	주차원	부차원	
상대적 천국	3	7 6 5 4 3 2 1	제3천국 (천적왕국)
	2	7 6 5 4 3 2 1	제2천국 (영적왕국)
	1	7 6 5 4 3 2 1	제1천국 (자연적왕국)
회복을 위한 공간 (연옥)		3 2 1 0 1 2 3	중간영계
상대적 지옥	1	1 2 3 4 5 6 7	제1지옥 (가까운 지옥)
	2	1 2 3 4 5 6 7	제2지옥 (중간 지옥)
	3	1 2 3 4 5 6 7	제3지옥 (최악의 지옥)

그는 사람은 죽으면 의식의 진동 수준에 따라 아스트랄계의 부차원으로 들어간다. 이 아스트랄계는 7개의 주차원과 각 차원에 딸린 7개의 부차원으로 이루어져 있는데, 7개의 주차원 중 중간에 있는 차원을 가톨릭에서는 연옥이라 부른다고 했다. 그는 천국과 지옥은 상대적인 개념으로서 연옥을 기준으로 그 아래 차원은 지옥, 그 위 차원은 천국이라 할 수 있다(052)고 가르치며 천국과 지옥의 경계에 관해 아테쉴리스는 진동(주파수)에 관한 문제로 이렇게 말한다.

"예를 들어, 나는 라디오로 BBC가 방송하는 심포니에 주파수를 맞출 수 있네. 나 자신이나 라디오를 움직이는 것이 아니라(공간을 이동하지 않아도) 단지 다이얼만 약간 더 돌리면 나는 또 전혀 다른 현실인 그리스의 부주키[30] 음악을 들을 수도 있지. 그러니까 지구의 시간으로 말하자면 눈 깜짝할 새에 지옥이든 천국이든 마음대로 들락거릴 수가 있는 거야. 말하자면, 지옥에서 빠져나오려면 그저 자신의 진동수를 높이기만 하면 진동하는 빛으로 가득한 공간 속으로 나올 수 있어. 위로 올라갈수록 더 많은 빛을 경험하고 실재를 더욱 선명하게 인식할 수 있게 되지."(053)

계속해서 만약 사자(死者)가 물질계에서 아름다운 집을 갖기를 간절히 원했던 사람이라면 위의 안드레아스의 사례처럼 자신이 소망했던

---

30 부주키: 그리스의 민속 현악기로 기타와 비슷하다.

그 아름다운 집을 가질 것이라고 한다. 그 집은 그 사람의 욕망(마음)이 만들어 낸 것인데 "만일 그가 사악한 사람이었다면 카르마가 그를 아스트랄계의 가장 낮은 부차원으로 데려다 놓을 것"(054)이라고 설명한다. 죽어서 소망을 이루었는데 아스트랄계의 낮은 차원이라면 어떤 상황들이 펼쳐지는지 덴마크의 신비가인 마르티누스[31]는 다음과 같은 이야기를 한다.

"사업으로 성공한 어떤 기업인이 죽었다. 이 사람은 생전에 돈과 재물을 축척하는 데에만 관심이 있었다. 이 사람이 영계의 1차 영역(아스트랄계의 하위 부차원)에 다다랐는데 그는 여기에서도 생전에 하던 일을 이어서 한 결과 이전보다 더 큰 성공을 거두었다. 그러자 숨 쉴 여유도 없이 빠른 속도로 재물이 주위에 쌓였다. 그러자 곧 자연스럽게 그는 자신이 강도를 만나 파산할 수 있겠다는 생각을 했다. 그런 생각을 하자마자 즉시 강도가 나타났고 그는 생전에 TV로 보았던 어떤 강탈 사건보다 더 험한 강도짓을 당했다.

… 그가 처한 상황은 나빠만 갔다. 왜냐하면 그때부터 그는 그와 같은 파동을 가진 존재, 즉 그처럼 돈 버는 데에만 관심 있고 그를 경쟁자로 보는 존재들하고만 접촉할 수 있었기 때문이다. 그런데 그들은

---

31 마르티누스(Martinus): 덴마크의 신비가로 1921년 신비체험 이후 그가 영적인 문제를 생각하면 그것이 어떤 것이든 간에 분석적인 추론에 의지하지 않고 답이 절대적인 지식의 형태로 그 즉시로 나왔다고 한다. 그분만 아니라 신비체험 이후부터는 텔레파시나 투시력, 유체이탈 같은 초능력도 가능해졌다. 그에 관한 사상은 www.martinus.dk에서 확인할 수 있다.

모두 그만큼이나 머리가 좋기 때문에 아무도 그의 성공을 대단하게 생각하지 않았다. 이렇게 해서 그는 혼자 고독하게 남았다. 그의 주위에는 본인이 창출해 낸 강도와 경쟁자들만 있을 뿐이었다. … 그는 이렇게 해서 악몽이나 지옥이랄 수밖에 없는 상황에 자신을 처하게 만든다. … 사실은 완전히 자신이 만들어 낸 (현실인) 것이다."(055)

의식의 진동 수준에 따라 아스트랄계의 부차원으로 들어간다는 것에 관해 아테쉴리스는 "아르메니아인들이 자기네 언어로 말하면서 자기네 식의 예배를 올리고 있는 것을 보았어. 또 그리스 정교도들은 자기네 식으로 '주여 불쌍히 여기소서'로 시작하는 기도예배를 올리고 또 가톨릭교와 몰몬교도들도 저마다 자신의 언어와 전통에 따라 예배를 올리는 것을 보았지. 이것은 동일한 정서와 심리 상태를 가지고 저쪽 세계로 가는 사람들은 모두 다 비슷한 아스트랄계의 부차원에 함께 모인다는 뜻이야. 그러니까 이 세상의 모든 종파와 종교들이 그곳에도 있다는 이야기지. 그리고 낮은 차원에서는 광신도도 발견할 수 있다네. 나는 이런 공간들을 지옥이라고 부르지."(056) 아테쉴리스의 설명대로라면 각 종교의 천국, 극락, 낙원의 모습들이 왜 다른지 이해할 수 있다. 이것은 독실한 기독교인들이 꿈속이나 입신(入神) 상태에서, 또는 사후세계에서 새 예루살렘의 보좌에 앉아 계신 하나님 아버지와 그 곁에 앉은 아들 예수, 그리고 그 밖에 성경에 기록된 온갖 장면과 동정녀 마리아, 성인들, 대천사, 연옥과 지옥의 환영들을 보게 되는 이유를 합리적으로 설명[32]해 준다. 또한 회교도의 지하드 전사가 순교하면 72명의 미인과 잠자리를 하는 천국 체험과 그들의 간증(干證)도 납득이 된다. 그러나 72명의 미인과 지하드 전사들이 함께 모여 있는 그들의 천국이 어떠한 결말로 마무리될지는 독자들의 상상에 맡겨 본다.

영원한 자유에 이르는 법

파드마삼바바는 공포스럽고 두려운 현실들은 자신의 마음에서 투영되어 나오는 것임을 깨닫는 것이 사후세계의 방황을 끝내는 열쇠라고 말한다. 그리고 순수한 사랑과 겸허한 믿음을 가지라고 말하는데 이것은 사후세계에서는 생각이 곧바로 물질화되어 현실로서 경험하게 되기 때문이다. 그래서 파드마삼바바는 다음과 같이 말한다.

> 지금 사후세계에 있는 그대는 의지할 만한 확실한 대상이 없고, 생각에 따라 끊임없이 움직인다. 또한 **무슨 생각이 떠오르든, 그것이**

---

32 툴쿠 퇸둡 림포체의 책 『평화로운 죽음 기쁜 환생』은 『티베트 사자의 서』의 가르침을 델록*들의 사례로 풀면서 설명한 책이다. 이 책에서 발견했던 재미있는 점은 필자가 어린 시절부터 교회에서 들어왔던 기독교인들의 천국과 지옥의 간증 체험담과 델록들의 체험담에는 큰 차이가 없었다. 예를 들어 붓다를 예수 그리스도로, 보디사트바를 대천사나 성모로 변경해서 그들의 체험담들을 듣는다면 용어와 교리의 차이만 있을 뿐이지 그 체험의 내용에는 큰 차이가 없다.

* 델록(delog)이란 티베트어로 '죽음에서 돌아온 사람들'이다. 죽음의 세계를 경험한 뒤 다시 살아난 이들이 전한 생생한 체험담은 현대 서구 임사체험자들의 증언과 상당 부분 일치한다.

경건한 생각이든 불순한 생각이든 굉장한 위력을 갖고 있다. 그러므로 마음속에 불순한 생각을 갖지 말고, 그대가 살아 있을 때 배웠던

① **명상수행을 기억하라.** 만일 그대가 명상에 익숙지 않다면
② **순수한 사랑과 겸허한 믿음을 가지라.**
③ **자비의 신과 그대의 수호신에게 기도하라.**
굳은 의지를 갖고 이렇게 기도하라.

"오, 사랑하는 친구들과 헤어져 홀로 방황할 때, 내 마음에서 나온 텅 빈 몸이 나에게 내려올 때, 진리를 깨달은 자들이여, 그대들의 자비의 힘으로 두려움과 공포와 무서움이 이 사후세계에서 사라지게 하소서.

살아 있을 때 행한 악한 행위들의 힘 때문에 내가 고통을 당할 때, 수호신(천사)들이여, 그 고통을 내쫓아 주소서.

천 개의 천둥이 울리는 것 같은 소리가 내 귀를 때릴 때, 그 모든 소리가 위대한 진언(眞言)[33]이 되어 울리게 하소서.

아무런 보호자도 없는 나를 내 생전에 쌓은 업(業)이 추적해 올 때, 자비의 신이여, 나를 지켜 주소서.

살아 있을 때 행한 일 때문에 슬픔이 내게로 밀려올 때, 깊은 명상에서 나오는 청정한 빛이 나를 비추게 하소서."

---

33 위대한 진언: ॐ मणिपद्मे हूँ (ह्रीः) 옴 마니 파드메 훔 (흐리)
"깨달음과 자비가 마음속에서 연꽃처럼 피어나길 바란다."
아발로키테슈바라(관세음보살)의 만트라이자 티베트 불교에서 가장 대중적인 만트라다. 원래는 마지막 음절에 흐리(ह्रीः)가 더 붙어 "옴 마니 파드메 훔 흐리"였으나 많은 전통들이 '흐리'를 생략한다.

이 진정한 기도가 그대를 줄곧 안내해 주리라. 그대는 아무 의심 없이 편안하게 쉴 수 있으리라. 그대여, 이것은 매우 중요하다. 이 기도를 반복하면 살아 있을 때 그대가 받은 영적 가르침들이 기억 날 것이다. 그리하여 그대는 깨달음과 영원한 자유에 이르게 되리라.(057)

보이지 않는 구원자들

파드마삼바바는 사후세계에서 어려움을 겪고 있을 때 예시된 방법으로 기도를 하면 수호신이 안내해 주고, 영원한 자유에 이르게 한다고 했다. 한편 아테쉴리스의 주요한 봉사 중 하나는 사후세계에서 어려움을 겪고 있는 자들을 구원해 주는 일이었다. 이렇게 사후세계에서 어려움을 겪고 있는 자들을 구원해 주는 일을 하는 사람들을 그는 '보이지 않는 구원자들'이라고 했는데 아테쉴리스는 그들 대부분은 대천사들이라고 한다.(058)

보이지 않는 구원자들이 사후세계에서 도움이 필요한 사람들, 즉 자신만의 지옥에 갇혀 있는 사람들을 구원하는 방법은 그가 처해 있는 곳과는 다른 환경을 보여(체험시켜) 주는 것(059)이라고 하며 다음과 같이 설명했다.

만일 그가 생전에 화를 잘 내는 사람이었다면 그는 육신을 떠난 후에도 생전과 비슷한 환경 속에 있는 자신을 발견하게 될 것입니다. 그를 돕기 위해서는 그가 옮아 갈 수 있도록 지금보다 조금 더 나은 환경이 있다는 것을 보여 주어야만 할 것입니다. 만일 그가 여러분의 제의를 받아들이지 않는다면 그대로 버려두십시오. 그곳이 아무리 끔찍한 지옥이라고 할지라도 그는 자신의 '천국'에서 잘 살 것입니다.

한 가지 실례를 들지요. 나는 생전에 노름꾼에다 싸움꾼이었던 어떤 사람을 도와주려고 한 적이 있습니다. 그는 죽어서 심령계에서도 물질계에서 살던 때와 똑같은 방식으로 살고 있었습니다. 그는 주변의 사람들과 함께 지상에서 익숙해 있던 것과 똑같은 환경을 만들어 놓았습니다. 더러운 창문과 더러운 옷, 식탁, 싸움, 말다툼 등등 생전에 잘 가던 찻집과 똑같이 말입니다. 그들은 그곳을 좀 더 낫게 꾸며 보려는 생각조차 해 보지 않았습니다. 하루는 내가 그에게 말을 걸었습니다.
"여보게, 나하고 어디 좀 가 볼까?"
나는 그를 그가 속해 있는 상황에서 끌어내어 내가 너무나 좋아하는 베토벤의 교향곡, 특히 '환희'의 파동을 만들어 내었습니다. 내가 그에게 말했습니다.
"차릴레, 보게나!"
그러면서 나는 그에게 온갖 색깔의 꽃과 호수가 있는 아름다운 숲 등 여러 가지를 보여 주었습니다. 나는 그 경치와 음악이 어울리도록 하여 내 딴에는 그를 위해서 천국을 만들어 놓았던 것입니다. 그가 잠시 나를 물끄러미 바라보더니 이렇게 말했습니다.

"당신은 심심하지 않소? 돌아가서 내 친구들과 포커나 하고 놉시다. 당신의 깡통 북 소리를 들으면서 언제까지나 나를 여기다 세워 둘 작정이오?"

내가 무슨 말을 할 수가 있었겠습니까? 그는 나에게는 참을 수 없는 지옥인 자신의 천국에서 살고 있습니다. 제가 그 사람에게 어떻게 천국과 지옥의 차이를 설명해 줄 수 있었겠습니까?

또 다른 예가 있어요. 평생토록 이웃을 헐뜯고 욕하면서 살았던 한 성마른 여인이 있었지요. 그녀는 죽어서도 생전과 똑같은 생활을 계속하고 있었습니다. 그녀가 남겨 두고 온 진짜 인간들 대신에 그녀는 자신이 데리고 온(자신이 만들어 낸) 마리아, 엘레니, 엠터비 등의 염체들과 늘 싸우고 있었습니다. 우리는 그녀가 지옥에 살고 있으며, 그 염체들을 깨뜨리고 좀 더 눈을 밝게 떠야 한다는 것을 보여 주려고 했지만 모두 허사였습니다. 그녀가 자신의 환경에 넌더리가 나서 스스로 변화를 찾아 나서게 된 이후에야 그것이 가능했습니다.(060)

4장

카마로카, 두 번째 죽음, 환생

1) 구원의 빛

『티베트 사자의 서』의 티베트어 원제목은 『바르도 퇴돌(Bardo Thodol)』이다. 바르도(Bardo)는 티베트어로 '둘(do) 사이(bar)'라는 뜻으로 중간 상태를 의미한다. 전통적인 해석은 죽음과 다시 태어남 사이를 바르도로 해석한다. 그리고 퇴돌(Thos-grol)은 '듣는 것으로(thos) 영원한 자유에 이르기(grol)'라는 뜻이다. 그래서 이 책의 원제목은 『사후세계에서 듣는 것으로 영원한 자유에 이르기』로 탄생과 죽음의 윤회를 넘어서 니르바나의 해탈로 들어가는 명상법을 의미한다. 이 책은 사자(死者)의 시신 곁에서 읽거나, 시신을 찾을 수 없다면, 그 영혼이 옆에 앉아서 듣고 있다고 상상하면서 읽어 주는 것이 매뉴얼이다. 『바르도 퇴돌』은 죽음의 순간, 그러니까 사람이 죽기 바로 전, 숨이 멎으려 할 때, 영원한 자유로 인도하기 위해 다음과 같이 말하라고 명한다.

"오, 고귀하게 태어난 자여. 그대가 구원의 길을 찾을 순간이 다가왔다. 그대의 호흡이 멎으려 하고 있다. 그대는 한때 그대의 영적 스승으로부터 구원에 이르는 투명한 빛에 대해 배웠다. 이제 그대는 사후세계의 첫 번째 단계에서 그 근원의 빛을 체험하려 하고 있다.

그대여, 이 순간에 모든 것은 구름 없는 텅 빈 하늘과 같고, 아무것도 걸치지 않은 티 없이 맑은 그대의 마음은 중심도 둘레도 없는 투명한 허공과 같다. 이 순간 그대는 그대 자신의 참나를 알라. 그리고 그 빛 속에 머물러 있어라. 이 순간 나 역시 그대를 인도하리라."

그리고 이 내용을 임종을 맞이하는 자의 귀에 대고 여러 번 반복해서 읽어 주라고 말하는데 그것은 호흡이 남아 있을 때 여러 번 읽어서 그의 마음속에 깊이 새겨지게 해야 한다는 이유다. 그리고 호흡이 완전히 멈춘 것이 확인되면 다음과 같이 말하라고 명한다.

"오, 고귀하게 태어난 자여, 들어라. 이제 그대를 구원에 이르게 하는 투명한 빛을 체험하고 있다. 이제 투명한 빛으로 나아가 투명한 빛에 머물도록 하라. 그대는 이것을 깨닫는 것으로 충분하다."

이 내용을 한 번이 아니라 분명하고 정확한 목소리로 세 번 이상 읽어 주라고 명한다. 그렇게 함으로써 임종을 맞는 자는 생전에 영적 스승에게서 배운 내용을 기억할 것이고, 존재의 근원에서 비치는 투명한 빛을 인식함으로써 틀림없이 영원한 자유에 이르게 될 것이라는 것이다.(061)

이와 관련해 임사체험자들이나 최면 상태에 들어 전생의 죽은 후를 기억할 때 사람들은 처음에는 어두운 곳으로 빨려 들어가는 체험과 저쪽 멀리에 밝은 빛이 있었다고 말한다. 이런 경험을 임사체험 연구

에서는 터널 경험이라고 한다. 그리고 이들 모두는 자유로움에서 오는 터질 듯한 환희와 그들 주위를 둘러싼 광명에 관해 말한다. 어떤 사람들은 죽음의 순간에 눈부신 투명한 빛에 완전히 둘러싸였다고 말하는데 천사 조시야[34]는 이 눈부신 광명에 대해 이렇게 말한다.

"투명한 빛은 밝고 순수하다. 투명한 빛을 통과할 때 그대는 다른 차원으로 이동하게 된다. 빛은 그대를 치유해 주고 그대가 전환의 과정에서 느끼게 되는 감정들(두려움, 트라우마, 고통, 혹은 가슴 아픔 등을 위시한 모든 상처)을 마치 옷 벗듯이 벗어 버리도록 도와주기 위해 그곳에 있다. 투명한 빛 속에서 그대는 죽음으로 인한 모든 육체적 고통으로부터 치유받고 삶의 다음 단계들로 나아가기 위한 준비를 갖춘다."

죽음의 순간에 어떤 충격이나 고통스러운 기억이 있었다면 그것은 투명한 빛을 통과하면서 모두 완화된다. 사후세계에 도달하면 더욱 깊고 완전한 치유의 과정을 경험하게 되지만, 투명한 빛을 통과하는 것은 치유의 첫 단계로 앞으로 일어날 일들을 위해 준비를 갖추게 해준다.(062)

---

34 천사 조시야: 리사 윌리엄스의 깊은 명상과 채널링을 통해 드러낸 상위 천사로 천사 벤(리사의 수호천사)과 함께 사후세계에 대한 메시지들을 그녀에게 주었다. 그 결과가 『Life Among the Dead(2009)』로 출판되었고 한국에서는 『죽음 이후의 또 다른 삶』으로 번역되었다.

한편 마이클 뉴턴 박사[35]는 최면으로 내담자들을 초의식을 유도해 이 구원의 빛을 통해 차원이동 하는 과정을 다음과 같이 설명한다.

뉴턴 박사: 지상을 떠나서 영계로 들어가는 것을 어떻게 설명하겠습니까?

영: 나는 빛기둥같이 솟아서 내 갈 길을 가고 있습니다. … 자석에 의해 끌어당겨져 가고 있는데 참 기분이 좋아요. … 나는 파도를 타고… 빛 막대의… 음 누가 라디오 다이얼을 돌려 나에게 맞는 주파수를 찾아내는 것과 비슷해요. 나는 빛의 파도와 함께 가야 해요…. 파도는 방향이 있고 나는 떠가고 있어요. 나의 마음은 움직임에 맞춰져 있어요. 나는 울림과 함께 흘러요.

뉴턴 박사: 울림이라고요? 당신은 소리를 듣습니까?

영: 네. 광파의 줄기가 진동하고. 나는 진동 속에 잠겨 있어요.

뉴턴 박사: 라디오라고 했던 당신의 말로 돌아갑시다. 영적인 여행은 높은 울림, 중간 울림 그리고 낮은 울림 같은, 그런 질적인 파장에 영향을 받습니까?

---

35 마이클 뉴턴 박사는 상담심리학자이자 최면치료사로서, 환자들의 최면치료 과정에서 삶과 삶 사이의 영역, 즉 영혼의 세계를 발견하게 되었다. 그의 최면치료사로서의 40년 경력 중, 30여 년간을 이 분야의 연구로 바쳤으며, 뉴턴 박사의 임상최면 사례와 연구는 사후세계 탐구 가운데 가장 구체적인 것으로 평가된다.

영: (웃으며) 괜찮은 설명이네요. 그래요. 나는 소리와 빛줄기와 같은 라인 위에 있어요. 이것은 나 고유의 음계 모양이고… 나 자신의 주파수예요.

뉴턴 박사: 빛과 진동이 합쳐 방향을 제시하는 빛줄기가 어떻게 해서 이루어지는지 나는 잘 이해하지 못하겠습니다.

영: 안에 번쩍이는 빛이 있는 울림쇠를 생각하세요.

뉴턴 박사: 오. 그럼 에너지가 그 안에 있습니까?

영: 우리는 에너지를 가지고 있어요. 에너지장 내에서는요. 그러니까 에너지는 라인에만 있는 게 아니고 … 우리 자신도 에너지를 내요. … 우리는 이러한 힘들을 우리들 경험에 따라 쓸 수가 있어요.

뉴턴 박사: 여행하는 속도나 방향을 조절할 수 있는 요소는 당신 자신의 성숙도에 따라 달라집니까?

영: 그래요. 그러나 지금 여기서는 아니죠. 후에, 내가 안정되면 나는 내 마음대로 더 많이 움직여 다닐 수가 있어요…. 지금은 끌려가고 나는 그냥 있으면 돼요….

뉴턴 박사: 좋아요. 그렇게 가면서 그다음에 무슨 일이 있는지 설명해 주세요.

영: (짧은 사이를 두고) 나는 혼자서 가요. … 마땅히 가야 할 곳으로 가는 거지요. … 내가 속해 있는 곳으로 귀향하고 있어요. (063)

2) 만남의 공간

　죽음 이후 사후세계에서 치유와 성장의 여정을 시작하기 전에 당신은 사후세계로 가는 경계 구역에 있는, '만남의 공간'에 잠시 머무른다. 이곳에서는 당신의 수호천사들로부터 ① 심령체에 대한 기본적인 치유[36]를 받고, ② 이번 생에서 사후세계로 먼저 건너간 가족, 친구들뿐

36　영계의 관문에서 받는 기본적 치유
　① 감싸는 방법: 돌아오는 영혼들은 안내자(천사)들의 회오리치는 강력한 에너지에 완전히 감싸인다. 영혼과 안내자는 한데 합쳐지고, 영혼은 그들 둘이 비눗방울 속에 들어 있는 듯이 느낀다. … 이 상태를 뉴턴 박사의 피술자들은 '순수희열'이라고 설명한다.
　② 초점 효과 방법: 이것은 위의 방법과 좀 다르다. 안내자(천사)는 다가오면서 자신이 선택한 영혼 몸의 일정 부위에다가 에너지를 보낸다. 그렇게 해서 손이나 혹은 어깨 위 같은 데 깊이 침투된 에너지는 바로 그 자리에서부터 다정히 쓸어 주는 듯한 형태로 치유를 시작한다.(064)

만 아니라 당신의 영혼의 가족과 수호천사들을 만나게 된다. 사후세계에서 영혼의 가족을 만나면 당신은 즉시 자신이 그들을 이미 알고 있다는 느낌을 받을 것이다. 그것도 평생 동안 알고 지낸 듯한 느낌 말이다.(065) 이것은 우리에게는 지상의 가족도 있지만 '영적 가족'도 있기 때문이다. 영적 가족의 개념은 인연의 범위가 한 생을 넘어서는 존재들을 말한다. 심지어는 인간으로 윤회하기 시작한 때부터 이 여정을 쭉 함께해 온 존재들을 뜻하기도 한다. 우리는 이들을 학교를 같이 다니는 급우들로 생각해 볼 수 있다. 어떤 생에서는 전혀 마주치지 않을 수도 있지만, 영적 가족은 내면에서 늘 서로 연결되어 있다.

영계에서 첫 재회 시의 배치 1[37](066)

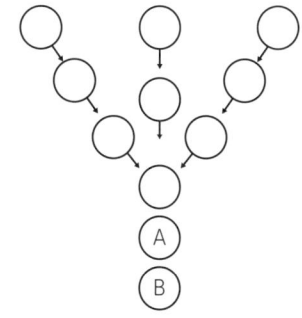

---

37 뉴턴 박사의 설명에 의하면 가장 가까운 영혼의 그룹이 돌아오는 영혼 A를 다이아몬드형으로 모여 서서 맞이하고 있다. A의 뒤에는 그룹의 수호천사인 B가 있다. 많은 영혼은 서로의 뒤에 숨었다가 자기 차례가 오면 앞으로 나서서 돌아오는 멤버를 맞이한다.(066)

영계에서 재회 시의 배치 2[38] (066)

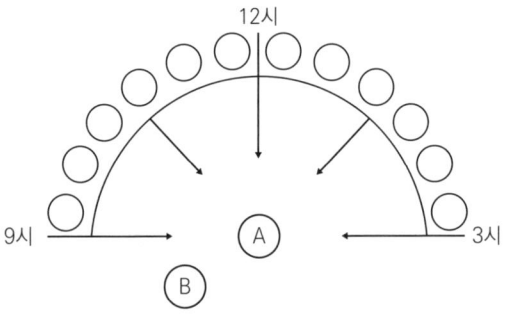

만남의 공간에서는 여러 수호천사들도 만나게 되는데 이들은 사후세계에서 당신이 곧 시작하려고 하는 치유의 여정에서 당신의 인도자가 되어 주기 위해 기다리고 있는 천사들이다. 이런 부류의 천사들에 대해서 천사 조시야는 다음과 같이 설명해 준다.

"이들은 모두 특정한 임무를 받은 천사들이다. 이들은 그대가 치유받도록, 특히 고통으로부터 치유받도록 돕는다. 그리고 그대가 삶을 되돌아볼 수 있도록 도우며 그대가 다시 두 발로 설 때까지 사후세계에서 그대를 인도해 준다. 이들은 또한 그대가 남아 있는 감정의 앙금을 해소하도록 도와주고, 그대가 사랑하는 사람들이 느끼는 감정들까지 대신 떠안고 있을 경우 이를 해소하는 것도 도와준다. 이미 설명했

---

38 이 배치는 가장 흔히 보게 되는 반원형의 배치로, 영혼 그룹이 돌아오는 영혼들 A를 맞이하는 것을 보여 준다. B 위치에 스승이나 수호천사가 있다(없을 수도 있다). 시곗바늘로 표시해 본 이 그림에서 영혼들은 자기 순서가 되면 180도의 곡선 안에서 앞으로 나와 맞이한다. 맞이해 주는 영혼들은 일반적으로 돌아오는 영혼 A의 뒤인 6시 위치에서는 나오지 않는다. (068)

듯이, 여러 명의 천사들이 그대와 함께하기 위해서 그곳에서 기다리고 있다. 이들은 모두 사명을 띠고 있으며 이 사명을 수행하는 동시에 그대가 사후세계에서 밟아 가는 여정을 돕는 데에 집중할 것이다. 그대가 만남의 공간에 처음 도착할 때 이들은 모두 그대를 기다리고 있을 것이다."(067)

그리고 이 만남 이후 당신은 회복의 공간으로 가게 된다.

3) 카마로카(회복의 공간)

뉴턴 박사: 영계에서 죽은 다음에 만났던 친구들과 헤어진 후에 당신의 영혼은 어디로 갑니까?

영: 한동안은 혼자 있다가 … 광막한 공간으로 움직여 가지요….

뉴턴 박사: 그다음에는 무슨 일이 있습니까?

영: 내가 볼 수 없는 어떤 힘에 이끌려 좀 더 갇힌 공간 … 순수하게 에너지가 있는 입구로.

뉴턴 박사: 그곳은 어떻습니까?

영: … 치유의 장소이지요….(068)

당신의 심령체는 거친 물질계를 경험하는 동안 고통과 상처를 받았기 때문에 치유는 모든 영혼이 사후세계에 와서 거쳐야만 하는 중요한 과정이다. 사후세계에서 경험할 치유는 충분한 시간을 가지며 지상계에서 겪은 모든 부정적인 것을 벗어 놓게 만든다. 어떤 이들은 회복의 공간에서 오랫동안 지내면서 폭력, 학대, 질병과 같은 모든 고통의 경험으로부터 치유를 받는다. 이 치유의 기간에 대해 아테쉴리스는 "연옥[39]에서 지내는 기간은 개인에 따라 달라져. 지난 생의 과제를 종합적으로 공부하고 소화하기 위해서는 1년, 100년, 200년, 혹은 몇 달밖에 안 걸릴 수도 있다네. 그것은 상황에 달려 있지. 예를 들어, 어떤 사람이 아주 비극적이고 혹독한 삶을 살면서 자신의 심령체에 엄청난 혼란과 격렬한 진동을 일으켰다면, 그 진동을 가라앉히기 위해서는 카마로카[40]에 더 오래 머물러야 할 걸세. 그러니까 심령차원에 얼마 동안 머무는가 하는 것은 개인의 문제이지, 모든 사람에게 똑같이 적용되는 고정된 수학적 공식이 아니라네."(069) 하고 설명한다.

이 치유의 여정을 다 거쳐야 당신은 정화된 순수한 영혼으로서 더 높은 차원들로 이동할 수 있으며 『티베트 사자의 서』가 이야기하는 영원한 대자유에 이르게 된다.

---

39 연옥(燃獄, 라틴어: Purgatorium)은 로마 가톨릭교회의 교리에 따르면, 하나님의 은총 속에서 세상을 떠났으나, 세상에서 지은 경죄나 용서받은 사죄(死罪)에 대한 잠벌을 미처 보속하지 못하고 죽은 사람들의 영혼은 지옥에 가지 않고 연옥에 가서 일정 기간 동안 단련을 받는다. 그리고 연옥에서의 단련 기간을 채우고 영혼의 정화가 이루어지면 천국에 들어가게 된다. 이러한 신학적 개념은 고대로부터 내려온 전통에 뿌리를 두고 있다. 동방 정교회에서는 연옥이라고 부르기보다는 마지막 정화라고 부르며 살아 있는 사람들의 기도와 성찬예배 봉헌을 통해 죽은 이들의 영혼의 처지가 변화하는 것이 가능하다고 믿고 있기 때문에 많은 정교회 신자, 특히 수도자들은 모든 사람이 구원을 받기를 희망하며 기도하고 있다. 참고로 연옥에서의 구원을 위한 면죄부 판매 등과 같은 가톨릭교회의 부패에 대항해서 만들어진 개신교의 경우 이 연옥 교리는 거부하고 있다.

40 카마로카(Kama-loka): 가톨릭의 연옥에 해당하는 힌두교 개념, 문제가 있는 개인의 회복과 방금 살았던 생의 교훈을 소화하기 위한 아스트랄계의 공간이다.

하지만 이 일이 일어나기 위해서는 자신의 삶을 잘 들여다보고 면밀히 분석해야만 한다. 이 과정은 이번 생에 태어나기 전 자신이 만들었던 인생계획서를 보는 데서부터 시작된다. 만약 우리가 유럽으로 7일간의 여행을 떠난다고 한다면 가이드를 동반하거나 상세한 여행 계획을 세울 것이다. 우리가 영혼의 존재를 인정한다면 70여 년을 사는 인생에 아무런 계획도 없이 태어난다는 것이 더 이상할 것이다. 이 인생계획서와 관련해 천사 벤[41]은 회복의 공간에서 일어나는 일들에 대해 다음과 같이 이야기한다.

"그대는 인생계획서의 리스트를 받을 것이다. 이 계획서는 그대가 방금 마친 생 속으로 환생하기 전에 작성했던 것으로 이 리스트에는 그대가 삶 속에서 성취하기로 했던 것들, 배우기로 동의했던 교훈들, 그리고 그대가 돕기로 한, 혹은 그대를 도와주기로 되어 있던 사람들이 모두 적혀 있다. 또한 그대의 삶에 큰 영향을 주기로 되어 있던 사람들(그리고 그들이 어떻게 영향을 주기로 되어 있는지)도 포함되어 있으며, 그대가 실행하기로 되어 있던 좋은 일들과 나쁜 일들, 그대가 겪게 될 건강상의 문제점들과 회복의 과정, 그대의 재정적인 성공과 실패, 또한 그대의 삶에 들어오거나 그대를 떠나갈 연인들 등등 그대가 성취하기로 되어 있던 모든 것이 리스트로 적혀 있을 것이다. 이것은 그대의 인생계획서에 적혀 있는 내용에서 뽑아낸 것들이다. 그

---

41   천사 벤은 리사 윌리엄스의 수호천사이다.

리고 인생계획서에는 적혀 있지 않았지만 지상계에 있는 동안 성취해 낸 가외의 것들도 첨부되어 있다. 이 모든 것이 다 이 리스트에 적혀 있으며 그대는 치유 여정의 다음 단계인 삶을 리뷰하는 과정 속에서 이 모든 것과 대면해야 한다."(070)

4) 기억의 사원

인생계획서를 받은 후 치유 여정의 다음 단계인 '기억의 사원'으로 인도받는다. 이곳은 영계에서 거치게 되는 과정 중에서도 가장 어려운 과정이지만 동시에 가장 중요한 과정이다.

"이곳에서 사자(死者)는 자기 자신의 수호천사이거나 사원의 천사들 모두에게서 도움을 받을 수가 있다. 피술자 중의 일부는 카마로카로 돌아온 후 혼자 기억의 사원에 간다."(071)

이 기억의 사원에서는 지난 생에서 일어났던 사건들을 완전한 기억(total recall)으로 재현된다. 이때 우리는 단순히 생을 재경험하는 데서 그치지 않는다. 우리는 그 안의 모든 사건과 모든 관계의 의미를 깨닫는다. 그리고 자신이 그 의미들을 얼마나 파악하며 살아왔는지를 자각한다. 미처 몰랐던 삶의 분기점들, 성공과 실패들이 빠짐없이 드러난다. 그야말로 자기 자신에 대한 모든 진실을 마주하게 되는 놀라운 경험이다. 지상에서 자신을 보호하기 위해 썼던 방어기제들이 여기서는 전혀 통하지 않는다.

기억의 사원의 구조[42] (072)

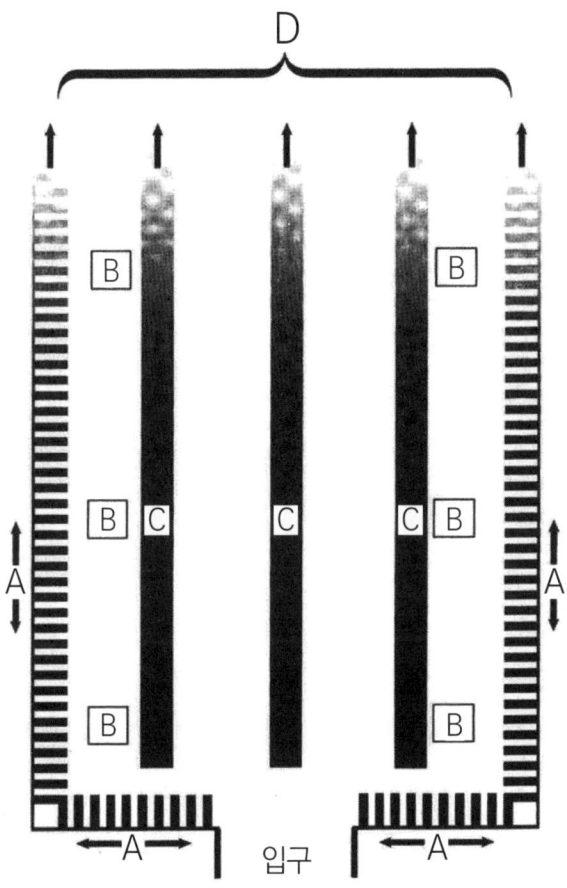

---

42 기억의 사원의 구조에 대해 뉴턴 박사는 다음의 설명을 한다.
    A: 직사각형으로 된 벽에 줄지어 선 서가
    B: 사원의 천사들과 우리들 영혼의 수호천사들이 책 찾는 것을 도와주려고 대기하는 곳
    C: 기다랗게 늘어선 책상들
    D: 영혼들의 시야를 벗어나 안 보이는 저 멀리까지 뻗어 나간 책과 책상들(072)

천사 벤은 삶을 리뷰하는 과정을 이렇게 묘사한다.

"그대는 좋고 나쁘고 추하고를 가리지 않고 자기 생애의 모든 면을 되살피게 된다. 그대가 했던 말들, 그대가 주었던 선물들, 그대가 받아들였던 사물과 사람들, 그리고 그대가 삶을 살았던 방식 등등, 기억의 사원에서는 이 모든 것이 그대의 눈앞에 펼쳐질 것이다. 이것은 쉬운 과정이 아니다. 왜냐하면 그대가 끼친 모든 고통, 또한 그대가 당했던 모든 고통을 보게 될 것이기 때문이다. 그대는 이 모든 것을 다시 경험하게 될 것이다. 하지만 이번에는 상대방의 입장에서 상황을 보게 될 것이다. 그대는 그대의 행동이 다른 사람들을 어떻게 아프게 했는지를 이해함으로써 갈등의 본질을 이해하게 될 것이며 다른 사람들이 느꼈던 아픔들을 느끼게 될 것이다."

삶을 리뷰하는 과정에서 당신은 자신의 삶을 전체적으로 조감하게 되며 처음부터 마지막까지 모든 일을 대면하게 된다. 또한 자신이 사람들에게 미친 영향과 다른 사람들로부터 받은 영향을 알게 될 것이며 자신이 상황을 어떻게 처리했는지 혹은 처리하지 못했는지도 보게 될 것이다. 하지만 가장 어려운 것은 당신이 다른 사람들에게 끼친 고통과 아픔을 되느끼는 일일 것이다. 지상에서는 당신의 관점을 기준으로 해서 살았기 때문에 다른 사람들의 감정을 느끼지 못했고 당신의 행동이 남들에게 어떤 영향을 미쳤는지를 진실로 알지 못했다. 하지만 사후세계에서 당신은 당신의 말과 행동으로 인해 고통당했던 사람들의 관점에 서서 자신이 교훈을 깨닫게 된다. 이것은 힘든 일이다.(073)

전생리뷰의 과정에 대한 천사 벤의 이야기에 천사 조시아는 리사 윌리엄스에게 보충 설명을 다음과 같이 한다.

"그곳에서 스스로의 삶을 들여다보면서 그대는 자신이 배운 교훈들, 자신이 이루어 낸 성과들, 그리고 스스로가 어떻게 그런 성과를 낼 수 있었는지도 이해하게 된다. 그대는 또한 완수했어야 했는데 그러지 못한 과제들도 보게 될 것이다. 인생계획서를 대조표로 삼아 그대가 완수한 과제와 임무들, 그리고 완수하지 못한 과제와 임무들을 명확히 하는 것이 그대의 할 일이다. 그대는 또한 스스로가 끼친 아픔과 고통을 보게 될 것이며 각 사람과 함께 창조해 낸 기쁨과 행복도 보게 될 것이다."(074)

"이것은 눈앞의 기억을 정지시켜 놓고 거기에 의식을 집중하면서 관련된 감정들을 깊이 느껴 보는 것이다. 이를 통해 매 순간을 따로따로 다루어 있는 그대로를 포용할 수 있다. 이는 당신만의 과정이므로 당신이 원하는 어떤 방식으로든 경험할 수 있다. 어떤 영혼들은 생애 전체를 쭉 보고 나서 다시 재생시키면서 특정 항목에서 정지시키고 거기서 발생하는 사랑, 기쁨, 아픔, 고통 등의 감정들과 대면하는 방식을 선택한다. 당신의 수호천사들은 당신이 이 과정에서 필요로 하는 도움을 제공해 줄 것이다. 하지만 기본적으로 당신은 삶을 리뷰하는 과정을 혼자서, 스스로 해 나가야만 한다."(075)

"그대들은 삶의 전환점들을 보며 교훈을 얻는다. 기억의 사원에서 그대는 이런 전환점들을 그대로 통과해 갈 것인지, 아니면 영상을 잠

시 멈추고 자신이 왜 그때 그런 행동을 했는지를 분석해 볼 것인지를 결정할 수 있다."(076)

천사 조시야의 메시지에서 우리는 매우 중요한 점을 놓치지 말아야 한다. '기억의 사원'에서 고통스러운 삶의 리뷰 과정을 그대로 통과해 갈 것인지 아니면 깊이 체험해 볼 것인지의 결정은 바로 자기 자신, 본인이 한다는 것이다. 이는 매우 중요한 내용인데 마르키데스는 슈타이너[43]의 저작들을 읽고 사후세계에 대해 궁금한 점을 아테쉴리스에게 질문한다.

"슈타이너는 사람이 카마로카에 들어가서 방금 살았던 삶에 대한 재평가 과정을 겪을 것이라고 주장합니다. … **우리의 아스트랄체는 이런 시련을 통한 순화 과정을 거친 후 해체될 것이랍니다.**"

심령체의 부정적인 진동을 서서히 청소해서 아스트랄체가 해체되는 것을 아테쉴리스는 '두 번째 죽음[44]'(077)이라 표현한다.

---

43 루돌프 슈타이너(1861~1925): 독일의 사상가로 1913년 새로운 정신 운동인 인지학을 완성했다. 그는 투시를 통해 삶과 삶 사이의 영계에 대한 많은 이야기를 했다. 슈타이너의 인지학은 한국에도 연구센터들뿐만 아니라 철학전공자들을 위한 인지학 학회와 단체들을 통해 연구되고 있다.

44 **두 번째 죽음**: 심령체(아스트랄체)의 부정적 진동을 서서히 청소해서 아스트랄체가 해체되는 것을 말하며 아테쉴리스가 말한 두 번째 죽음을 ① 리사 윌리엄스는 "치유의 길을 따르는 영혼들의 경우엔, 모든 에고가 마치 옷 벗듯이 벗겨진다."(078)라는 표현을 사용한다. 또한 ② 스베덴보리는 "영인(man-sprit) 안에서 선이 진리와 하나 되면 그는 천국에 이른다."라고 설명하며 이것은 '사고력과 의지의 하나 됨'이라고 설명(079)한다. 스베덴보리가 말한 중간영계에서 천국으로 올라가는 영인들에 대한 전반적인 설명은 필자의 경우 다카하시 신지* 선생의 가르침으로 더욱 명확하게 이해했다. 다카하시 신지 선생은 심령체를 광자체로 표현하며,

이어서 마르키데스가 "모든 인간이 다 이런 경험(두 번째 죽음)을 하나요?" 하고 묻자 아테쉴리스는 "**그럴 가능성을 갖고 있지. 그들이 제정신을 찾고 방금 살았던 생의 교훈을 제 것으로 소화했다면 그런 경험을 할 거야.** 하지만 만약 그렇지 않다면, 카르마의 스승은 '현재의 나'를 잠재울 것이네. 즉 아스트랄체는 즉시 해체될 것이고, 순간적으로 멘탈계를 통과해 새로운 생을 받은 뒤 물질 차원으로 내려온다네. 이런 경우 그 사람은 멘탈체를 경험하거나 인식하지 못하지. 이건 매우 복잡한 과정이야."(069) 하고 답한다.

아테쉴리스의 답변으로 보면 회복의 공간에서 『티베트 사자의 서』가 말하는 대자유에 이르는 길, 스베덴보리가 말하는 천국으로 올라가는 방법은 기억의 사원에서 삶을 온전하게 리뷰하는 것으로 볼 수 있다. 만약 기억의 사원에서 전생리뷰를 하는 동안 고통스러운 과정을 회피하기 위해 그 과정을 단축시킨다면 무엇보다도 자신의 영혼을 정화하는 아주 좋은 기회를 놓치게 될 뿐만 아니라 전생에서 비롯된 잘못된 행동 방식이 다음 생에도 그대로 반복될 수가 있다. 그러므로 삶을 리뷰하는 과정을 우리는 온전하게 마쳐야만 한다. 기억의 사원에서 삶을 되살피면서 당신은 이번 삶에서 무엇을 배웠는지 그리고

"저세상의 세계는 표면 의식이 90%이기 때문에 반성하면 그 효과가 즉시 현상화하여 광자체의 광자량이 많아져서 조화에의 속도도 매우 빠르다. 마음이 조화도는 곧바로 육체에 나타나 당사자는 그 조화도에 상응하는 세계로 상승해 간다."(080)라고 아테쉴리스가 가르친 심령체의 부정적 진동의 청소(두 번째 죽음)를 표현한다.

* 다카하시 신지: 일본 불교 베이스의 신비가로 그의 영적 체험이나 가르침, 그리고 그가 집필한 저서의 내용은 그리스정교(기독교) 베이스의 아테쉴리스와 많은 부분 일치한다.

무엇을 배우지 못했는지를 발견할 것이다. 이번 인생계획서에서 마치지 못한 교훈과 과업들을 다음 생에서 마무리 지어야 한다. 우리는 기억의 사원에서 지난 생에 대한 회한, 후회, 자책감이 뜨겁게 솟아오르고 그 고통과 슬픔 탓에 차마 계속 바라보기가 버거워진다. 자신의 삶을 심판을 하는 것은 신(God)이나 염라대왕 같은 심판자들이 아니라 바로 자기 자신인 것이다. 이곳에서 우리는 지금의 전생(현생)에 나로 인해 상처를 받은 여러 사람들의 고통을 알게 될 것이고, 물질계에서의 빚은 물질계에서 갚아야 하기에 다시 지상으로 내려가 그들에게 그 빚들을 갚을 결심을 하게 된다.

5) 현자들의 사원

'기억의 사원'에서 전생리뷰를 마치면 '현자들의 사원'에 도달한다. 신성한 현자들은 매우 진화된 영혼으로서 대천사들에 해당한다.

"이곳이 지상에 있는 법정과 큰 차이점은 신성한 현자들은 모두 텔레파시로 교감하며 우리가 전생에서 했던 모든 행위나 선택에 대해 소상히 알고 있다. 그 때문에 기만은 있을 수가 없다. 법칙이나 증거도 필요 없고 변호사나 배심원도 요구되지 않는다."(081)

그러나 이곳은 우리를 심판하거나 단죄하는 곳이 아니다. 이곳에서 우리는 신성한 현자들과 함께 수많은 전생의 연장선상에서 직전 생을 돌아봄으로써, 영혼은 자신의 카르마 패턴과 경향을 통찰하고, 자신의 영적 단계가 어디쯤인지를 확인한다. 이 과정을 통해 왜 자신이 고통이나 기쁨들을 경험했는지 그 원인과 의미를 깨달으며 불멸의 존재로서 자신이 진정으로 누구인지를 인식한다. 이런 인식은 자기 발견의 과정에서 아주 중요한 영향을 미친다. 이처럼 밝아진 눈을 가지고, 다음 생을 계획하는 일에 착수한다.

뉴턴 박사의 사례는 신성한 현자들의 평가 작업이 어떤 식으로 수행하는지 보여 준다.

"신성한 현자들은 저의 모든 삶을 다 알고 있어요. 하지만 흔히 생각하는 것처럼 명령적이지는 않아요. 그들이 저의 보고를 듣고 싶어 하는 이유는 저의 동기와 해결 능력을 가늠하기 위해서예요. … 현자들은 대화를 시작하기 전에 먼저 인사를 건넵니다. 그리고 진화에 대한 제 생각을 묻죠. 제 수호천사는 정신적으로 도움을 주기는 하지만 개입은 하지 않습니다. 지난 생의 사건들에 제가 어떻게 참여했는지를 살펴보고, 다른 삶들에서 비슷한 사건들에 대처했던 방식과 비교해 봅니다. 현자들은 제 몸이 제게 어떤 식으로 도움을 주거나 방해를 했는지 평가하고, 다음 생에 적절한 몸의 유형을 고민하는 것 같아요. 또 제게 동기와 목적을 묻고, 행복한지도 알고 싶어 합니다. 그들에게는 무엇도 숨길 수 없기 때문에 우리는 서로 잘 협조합니다. 현자들은 제 성격의 장단점을 모두 알고 있어요. 그리고 스스로를 너무 가혹하게 대하지 말라며 용기를 북돋아 줍니다."(082)

현자들의 사원의 구조[45] (083)

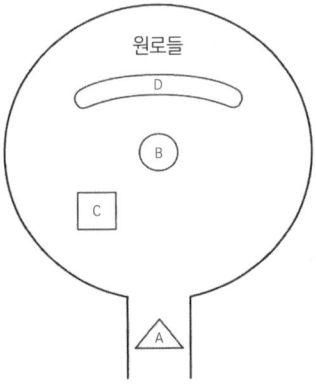

현자들의 사원은 각 개인 영혼들의 진화 수준을 상승시키는 진로상담으로 정리해 볼 수 있는데 이것은 자신의 강점과 약점을 가늠하여 앞으로 할 일을 선택하는 작업이다. 신성한 현자들과의 접견 이후 우리는 회복의 공간을 넘어 사후세계의 다양한 차원을 상승시켜 줄 과제와 여러 활동 등을 수행하게 된다. 이에 대해 천사 조시야는 이렇게 설명한다.

"사후세계를 탐사하는 동안 그대는 현자들의 사원에 다시 들러서

---

[45] 영혼들이 신성한 현자들을 접견하는 사원의 전형적인 형태. 대부분의 뉴턴 박사의 피술자들은 이 회의실은 넓고 천장이 돔 형식으로 되어 있다고 말한다. 영혼은 복도(A)가 끝나는 곳이나 작은 방에서 회의실의 중앙(B)에 서고 수호천사는 뒤쪽 왼편(C)에 선다. 신성한 현자들은 주로 긴 반달 모양을 한 탁자(D)를 앞으로 하고 앉아 있다. (083)

수호천사와 신성한 현자들과 대화하는 시간을 가질 것이다. 그들은 그대에게 필요한 과제가 무엇인지를 정해 주고 그대에게 도움이 되는 활동을 추천해 줄 것이다. 그러나 이 시점에서 무엇을 하느냐는 궁극적으로 그대의 선택에 달려 있다. 그대는 자신이 발전해 온 길을 되살펴보고 삶을 바꾸고 싶은지 어떤지를 결정할 수 있지만 아무도 그대로 하여금 변화하게 만들 수는 없다. 그대는 사후세계의 여정을 계속할 수도 있고, 아니면 지상에서 새로운 삶을 살기 위해 돌아갈 것인지, 만약 돌아가고 싶다면 언제 돌아갈지를 결정할 수도 있다. 그대는 언제든지 원하는 시간에 돌아갈 수 있으며, 무엇을 하고 싶은지도 결정할 수 있다."(084)

이제부터는 '영혼의 진화'에 대한 개념들이 자주 언급될 것인데 영혼의 진화는 우리의 삶의 목적 또는 우리가 지금 여기에 존재하는 이유와 밀접하게 연결되어 있는 중요한 개념이다. 뉴턴 박사는 수천 케이스의 LBL[46] 임상 사례를 통해 영혼의 빛(후광과 핵심 색상)으로 영혼 진화의 수준(레벨)을 발견할 수 있었다고 한다. 그는 아래의 표와 같이 영혼 진화 수준을 레벨 1부터 레벨 6으로 분류했으며 레벨 6단계 이상인 상위 레벨(자줏빛)은 더 이상의 윤회가 필요 없는 해탈한 영혼으로 봤다.

---

46 LBL: 영혼퇴행(Life Between Lives)요법(최면)을 의미하는 것으로 LBL요법을 위해선 뇌파가 세타상태로 전환되어야 영혼의 초의식과 조우가 가능하다. 참고로 전생요법이나 행동수정요법을 위한 일반적인 최면 상태는 뇌파가 알파파 상태이다.

뉴턴 박사가 정리한 영혼 진화의 레벨[47] (085)

진화 수준	영혼의 빛(핵심 색상과 후광)	비율[48]		천사 자격 (안내자 자격)
레벨 1	흰빛, 회색빛에서 핑크빛	빨	42%	없음
레벨 2	핑크빛에서 밝은 오렌지빛	주	31%	없음
레벨 3	노란색에서 짙은 금빛	노	17%	없음
레벨 4	초록빛이 감도는 금빛에서 갈색이 감도는 초록빛	초	9%	초급
레벨 5	밝은 초록빛에서 금빛이 감도는 초록빛	파	1%	중급
레벨 6	짙은 파란색에서 자줏빛이 도는 파란색	남		상급
해탈	자줏빛	보		대천사

---

47 마이클 뉴턴 박사 저서 『영혼들의 여행』(p.168), 『영혼들의 운명 1』(p.279), 『영혼들의 시간』(p.285)의 내용을 표로 정리·편집했다.

48 어린 영혼은 두 가지 부류로 나눌 수 있다. 영혼의 세계로 갓 태어난 어린 영혼이 그 한 부류를 이루고 있고, 또 다른 부류는 더 일찍 존재하여 지구에 환생을 거듭해 수련을 했음에도 아직 미숙한 상태에 남아 있는 영혼을 말한다. 나(뉴턴 박사)는 그 두 부류를 영혼 레벨 1과 레벨 2에서 본다. 오늘날 지구에 사는 사람들에게 깃들어 있는 영혼 중 거의 3분의 2는 아직도 발전의 초보 단계에 있는 영혼들이다. (087)

6) 운명의 사원

영혼이 어떤 사람으로 환생할지를 결정하는 과정에 대해 뉴턴 박사는 "영혼은 어떤 인간으로 태어날 것인가를 결정하기 전에 언제 어디로 갈 것인가 하는 것을 먼저 결정한다. 환생의 때와 장소의 선택이 어떤 인간으로 태어날 것인가 하는 결정과 완전히 분리된 것은 아니다. 하지만 영혼은 먼저 어떤 곳이 환생할 시기에 적당한 곳인가 알아보게 된다. 그리고 다음 관심은 그곳에 살고 있는 사람들(부모 등)에게 쏠리게 된다."(087)라고 말하고, 이 부분에 대해 천사 조시야는 다음과 같이 언급한다.

"운명의 사원에서 그대는 그대의 부모가 될 준비가 된 다양한 사람들을 보게 된다. … 여기서 그대는 깨우쳐야 할 교훈을 가장 잘 깨우치기 위해서 누구에게로 가는 것이 좋을지를 결정하게 된다. 그대는 운명의 사원에서 그들을 한동안 지켜보면서 그대가 목표를 달성하기 위해서, 그리고 그들 역시 삶에서 깨우쳐야 할 교훈을 가장 잘 깨우치기 위해서 서로가 서로에게 맞는 조합인지 어떤지를 판단한다. 그런 후 그대가 지상계로 돌아가는 것을 가장 잘 도와줄 수 있는 부모를 정한다."(088)

운명의 사원에서 환생의 선택과 관련된 내용은 티베트 불교의 가장 오래된 경전 중 하나인 『비나야 피타카(律藏)』, 곧 『둘와(Duva)』의 사본에 언급된 붓다의 탄생에 대한 이야기도 참고해 볼 만하다.

"이때 미래의 붓다는 도솔천에 계셨다. 그는 내려갈 때가 가까웠음을 깨닫고 다섯 가지의 예비 조사를 하셨다. 그것은 첫째 자신이 태어날 적당한 가문이요, 둘째 태어날 나라요, 셋째 태어날 시간이요, 넷째 종족이요, 다섯째는 태어날 여인이었다. 마하야마 부인이 적합한 어머니로 결정되자 그는 자정에 코끼리의 모습으로 그녀의 자궁 안으로 들어갔다."

새로운 몸의 결정에 관해 뉴턴 박사는 카르마에 따라서 그 선택지가 많을 수도 또는 적을 수도 있으며 환생 시 몸의 선택[49]에 대해 "영혼들은 배움에 가장 좋은 육체가 어느 것인지를 알고 있고, 대개는 이 육체를 선택한다. 예를 들어, 피술자들은 3개의 육체, 즉 편한 육체와 적절히 수용적인 육체, 아주 힘든 육체 가운데서 선택할 수 있다고 보고하기도 한다. 또 이 가운데 어느 육체를 선택하느냐에 따라 건강한 삶과 약간 힘든 삶, 고된 삶이 펼쳐질 수 있다고도 한다. 이런 선택권이 주어지는 이유는 영혼이 전생에서 보여 준 성취와 진화 정도, 카르마의

---

49 부유한 가문의 빼어난 외모로 태어나는 삶과 가난한 부모 밑에 볼품없는 외모로 태어나는 삶 중 어느 삶에서 배움이 크겠는가? 지금 나의 외모와 환경은 영혼의 진화를 위해 내가 선택한 것이다. 이와 관련해서 케이시 리딩을 연구하는 서미나라 박사는 다음과 같은 이야기를 한다. "나는 언제나 남들에게 친절을 베풀어 왔는데, 그런 나는 어떤 대접을 받고 있는지…' 하며 투덜대는 여성이 있다. 옳은 말이다. 당신은 현생에서는 친절했다. 왜냐하면 당신은 아름답지 못하므로 남자의 사랑을 받을 수 있는 유일한 길은 친절을 베푸는 것임을 알았기 때문이다. 그러나 그것은 당신이 현생에서 가꾸어 낸 미덕에 불과하다. 아름답고 냉정한 여자, 육욕을 마음대로 부린 여자로서의 전생을 보라. 당신은 그때 뿌린 씨를 지금 거두고 있는 것이다."(090)

문제, 동기가 되는 욕망들 때문이다."(089)라고 설명한다.

운명의 사원에선 지상계의 환생 시기, 부모, 몸의 선택과 더불어 우리는 수호천사들의 도움을 받아 인생계획서를 작성한다. 이 계획서 속에는 부모와 가족의 유형에서부터 어린 시절의 모습, 직업, 건강, 경제력, 성적 기호, 결혼, 자식, 수명에 이르기까지 모든 것이 들어 있다. 그리고 배울 것이 가장 많다고 여겨지는, 그래서 물질계에 있는 동안 특히 더 많은 시련을 겪게 될 영역, 즉 '선택라인(Option line)'도 결정한다. 이 선택라인 속에는 가족과 사회생활, 사랑, 건강, 영성, 경제력, 직업 등이 있다. 각자의 삶을 깊이 들여다보면, 아무리 노력해도 쉽게 얻을 수 없는 것이 분명 하나씩은 있을 것이다. 최악의 경우, 이룰 수 없는 그 한 가지가 나머지 항목에까지 영향을 미쳐서, 모든 걸 엉망으로 만드는 것 같은 느낌이 들 수도 있다. 그렇더라도, 절망하거나 중심을 잃어버려선 안 된다. 사실, 그 한 가지가 우리 스스로의 뜻으로 선택한 도전의 영역이기 때문이다. 그러므로 그 시련의 영역이 지상의 학교에서 우리 스스로가 선택한 극복해야 할 과제이기 때문이다.
"어떤 경우 당신은 어머니와 아버지가 자신들의 교훈을 깨우치게끔 도와주기 위해서 지상으로 돌아오기도 한다. 다시 말해서 자신을 위해서라기보다는 다른 영혼들과의 서약을 완수하기 위해서 환생하는 경우도 있는 것이다. 당신은 부모가 어려운 과정을 잘 지낼 수 있도록 돕기 위해서 돌아온 것일 수도 있다. 혹은 일찍 세상을 떠남으로써 그들의 삶에 깊은 영향을 미칠 수도 있다. 당신이 한 부부의 갓난아기나 어린아이였을 경우에는 특히 그러하며 그들은 자식의 이른 죽음을 경험하면서 많은 교훈을 얻게 되기 때문이다."(091)

뉴턴 박사는 피술자들의 설명으로는 운명의 사원은 마치 영화관과 비슷하고 타임라인을 조절해 자신의 미래의 운명들을 미리 확인해 보고 간접적으로 경험해 볼 수 있는 장소 같다며 다음과 같은 사례를 이야기한다.

케이스 22의 영혼은 그곳(운명의 사원)이 아주 특별한 곳으로, 천체들에 관해 알아볼 수 있도록 전능한 에너지가 시간을 변경하는 곳이라고 하였다. 그곳은 영화관을 닮았는데, 거기서 영혼은 자신의 환생에 대한 영화 같은 장면들을 보게 된다. 제각기 다른 환경에서 다른 인물로 사는 것을 보는데, 그중에서 가장 자신의 수련에 어울리는 시나리오를 선택한다.(092)

영: (말이 없다가) 조종을 떠맡았습니다. 여러 장면의 도처에서 선이 한 점으로 모입니다. … 나는 그 선상에 있는 시간을 통해 여행을 합니다. 그러면서 스크린 위에서 변해 가는 장면들을 보고 있습니다.

뉴턴 박사: 그리하여 그 모든 장면은 항상 당신 주위를 맴돌고 있습니까?

영: 네. 제가 장면의 움직임을 정지시키면 점들이 궤도 위에서 밝아집니다.

뉴턴 박사: 당신은 왜 그런 일을 해야 합니까?

영: 나는 움직이는 장면들을 훑어보고 있습니다. 중요한 결정이나 가능성, 시간을 변경해야 할 일이 생기는 인생의 기로에 서게 되면 화면은 멈추게 됩니다.(093)

뉴턴 박사: 그러고 나서 어떤 일을 하게 됩니까?

영: 장면을 멈추게 한 뒤 그 속으로 들어갑니다.

뉴턴 박사: 무엇이라고요? 당신이 바로 그 장면의 일부분이 된다는 말입니까?

영: 네, 이제부터 직접적으로 행동하게 되지요.(094)

뉴턴 박사: 어떻게요? 당신이 그 장면 속에 있는 한 인물이 되는 것입니까? 혹은 당신의 영혼이 움직이고 있는 사람들의 머리 위로 떠돌아다니는 것입니까?

영: 양쪽 다 할 수 있지요. 그 장면 속에 있는 사람들과 같이 그곳의 삶이 어떤 것인가 경험해 볼 수도 있고, 또 편안한 입장에서 그저 바라볼 수도 있지요.(095)

뉴턴 박사: 그런 경험을 할 동안 과거·현재·미래가 분리되지 않고 한결같다면, 미래를 이미 볼 수 있는데 왜 체험을 하려 장면을 정지하고 그 속으로 들어가게 됩니까?

영: 당신은 운명의 사원에서 도와주는 사람들이 어떻게 시간을 사용하는지 그 진정한 목적이 무엇인지 잘 알지 못하고 있는 것 같습니다. 앞으로 전개될

인생은 아직도 조건부입니다. 그리고 진행되는 시간은 우리들을 시험해 보기 위해 있는 것입니다. 우리는 그 장면들이 어떻게 끝나게 될지 그 가능성에 대해 알 수 없습니다. 인생의 일부분은 분명치 않습니다. (096)

카르마에 따라 계획을 세운다고 해서 그 계획이 반드시 달성되는 것은 아니다. 우리는 꽉 짜인 운명이 아니라 가능성과 변수들 속에서 살아간다. 운명의 사원에서 다음 생은 밑그림 정도만 그려진다. 실제 대부분의 회화 작업, 즉 정교하게 색을 칠하고 최종 결과물을 만드는 일은 지상에서 이뤄진다. 그리고 죽은 후에 기억의 사원에서 우리는 그 그림이 원래의 구상대로 잘 표현이 됐는지를 배우게 된다. 그 결과는 아쉬울 수도 있고, 기대 이상일 수도 있다. 그리고 이 운명의 사원에서 자신의 미래를 설계하는 작업에 대한 이야기를 아테쉴리스는 그의 제자들에게 분명히 가르친 것 같다. 마르키데스의 저작에는 '운명의 사원'에 관한 가르침은 없지만[50] 그의 제자들이 아테쉴리스에게 한 여러 질문들을 유추해 보면 그 내용일 것이라는 확신이 들게 된다. 예를 들어 강의 후 어떤 중년 부인은 **"영혼들은 자신의 운명과 앞으로의 생에서 얻게 될 경험에 대해서 알고 있을까요?"** 하고 묻는다. 이에 아테쉴리스는 이렇게 답한다.

---

50 아테쉴리스는 자신의 강의 내용 중 일부를 오프 더 레코드(off the record)로 요청했고 마르키데스는 그 내용은 저작으로 남기지 않았다.

"자세히 알고 있지는 못합니다. 그러나 자의식을 가진 영원한 영혼은 잠재의식 속에서 알고 있습니다. 하지만 이것은 '현재의 나'의 의식층까지 떠올라 오지 않습니다. 예를 들면 어린아이가 불에 손을 넣어 손을 뎁니다. 그는 그 자세한 일을 기억하고 있지는 못하지만 다시 불 곁에 가게 되면 몸을 움츠릴 것입니다. 이전의 경험을 세세히 다 기억할 필요는 없는 것입니다."

그 중년 부인은 아테쉴리스의 답변이 만족스럽지 못한 듯이 다시 묻는다. **"그러니까 한생에서 겪게 될 일들이 이미 정해져 있다고 생각해야 할까요?"** 필자의 추론으론 이 질문은 '운명의 사원'에 대한 언급이 없었다면 할 수 없는 질문이고, 아테쉴리스의 답변들은 운명 결정론이 아닌 '현재의 나'의 자유의지를 강조하는 매우 신중한 답변들만을 한다. 다음은 아테쉴리스의 답변이다.

"그렇지 않습니다. 자의식을 지닌 영혼은 단지 가능성만을 알고 있을 뿐입니다. '현재의 나'는 행위의 자유를 갖고 있습니다. 그렇지 않다면 인간은 단지 로봇에 지나지 않습니다. 자신의 빚을 어떻게 갚느냐 하는 것은 자신의 선택에 달려 있습니다."(097)

7) 다시 지상으로

"우리가 새로 태어날 즈음이면 우리는 이미 자신이 선택한 부모의 삶의 여정을 살펴본 상태이다. 우리는 부모의 삶을 통제할 수는 없지만 부모를 선택하는 것을 통해 자신의 삶에 큰 영향을 미친다. 운명의 사원에서 우리는 부모 중의 하나가 어느 시점에 집을 떠날지, 세상을 떠날지, 아니면 아이를 다른 사람에게 맡길지 등등을 이미 알고 있다. 그러니 그는 자신이 깨우쳐야 할 교훈들을 깨우치기에 가장 적절한 환경을 선택한 것이다."(098)

여기서 중요한 점은 빈민가나 타락한 부모 또는 불구의 몸, 그 밖의 불리한 환경을 선택했다고 해서 그 영혼이 어두운 영혼이나 진화의 수준이 낮다고 감히 말할 수 없다. 영혼 진화의 수준이 높아질수록 쉬운 환경보다는 더 의미 있거나 더 어렵고 고통스러운 환경과 조건을 선택하기 때문이다. 그리고 임신의 순간과 영혼이 정착하는 순간은 일치하지 않는다. 케이시 리딩의 데이터는 영혼이 육체로 깃드는 시점은 출산 직전이나 출산 직후 또는 출산과 동시인 것 같다. 어떤 경우에는 출산한 후 24시간이 지나서야 영혼이 들어오는 경우도 있다(099)고 보고하기도 한다. 그래서 임신부터 출산까지의 관리, 즉 태교를 어떻게 하느냐에 따라 깃드는 영혼의 차이가 있다. 이와 관련한 케이시 리딩은 임신한 부인이 "이제부터 몇 달 동안을 저는 어떤 마음가짐으로 지내야 할까요?" 하고 묻자 다음과 같이 답한다.

"당신이 어떤 아이를 바라고 있는지에 따릅니다. 음악적 재능이 있는 예술적인 아이를 바란다면 음악이나 미술, 아름다움에 대해 생각하십시오. 기술자가 될 아이를 바란다면 기계를 생각하고 기계를 만지시오. 그런 것이 무슨 효과가 있을까 하고 생각해서는 안 됩니다. 모든 어머니가 알아야 하는 것이 있습니다. 그것은 임신 중의 태도는 그 부모를 거쳐 태어나는 영혼의 성격과 밀접한 관계가 있다는 사실입니다."(100)

이번에는 영혼이 다시 지상으로 내려가 육체에 깃드는 과정을 뉴턴 박사의 사례를 통해 보자.

뉴턴 박사: 이제 수호천사[51]인 포마와 당신은 영혼의 세계를 떠나고 있습니다. 당신의 내부로 깊숙이 들어가 앞으로 당신이 하는 일을 느린 동작으로 설명해

---

51 수호천사: 아테쉴리스는 수호천사에 대해 이렇게 설명한다.
"영원한 자아(soul)는 절대자가 최초의 생의 순간부터 해방될 때까지 선정해 준 수호천사와 함께, 물질계로 들어가는 우리와 동행할 것이네. 그리고 우리는 이 천사를 자기 자신으로 느낀다네. 이 천사는 우리가 무슨 일을 하고 있는지를 스스로 자각할 수 있도록 자기 양심의 온갖 측면을 관찰할 수 있게 하는 거울이라네. 그것은 우리가 깨 버릴 수도, 치워 버릴 수도 없는 거울이야. 우리가 좋아하든 싫어하든 거울은 항상 그 자리에 있을 것이고, 자신의 생각이나 느낌, 행동이 그 거울에 비치는 것을 피할 수가 없다네."(101)
다카하시 신지 선생 역시 누구에게나 예외 없이 수호천사가 있으며 그들로부터의 보호와 도움을 받고 있다고 말한다. 그들은 마음의 소리로 우리에게 메시지를. 전달하지만 우리의 마음이 부정적인 상념에 덮이게 되면 수호천사들과 파장이 맞지 않아 멀리서 바라만 볼 수밖에 없다고 한다.(102)

주십시오. 자, 떠나십시오!

영: (잠시 말이 없다) 우리는 … 떠나기 시작합니다. … 아주 빠른 속도로. 그리고 포마(수호천사)가 나에게서 멀어져 가는 것을 느낍니다. … 나는 혼자입니다.

뉴턴 박사: 지금 상태를 유지하세요. 당신은 혼자서 빨리 움직이고 있습니다. 그리고 무슨 일이 일어나고 있습니까?

영: (아주 낮은 목소리로) 멀어져 가고 있습니다. … 비스듬히 부드러운 흰 것 속으로… 멀어져 가고 있습니다.

뉴턴 박사: 그 상태를 유지하십시오. 그대로 진행하고 계속 일어나는 일을 보고해 주세요.

영: 오… 지금… 몇 겹의 비단천 속을 지나가고 있는 것 같아요. … 매끄럽고… 띠 같은 것 위에… 길 위로… 빨리빨리….

뉴턴 박사: 계속 가십시오. 말을 계속하십시오.

영: 모든 것이 흐릿하게 보입니다. … 나는 미끄러져 내려가고 있습니다. … 길고 어두운 관 속으로… 텅 빈 느낌… 그리고… 따스함!

뉴턴 박사: 당신은 지금 어디에 있습니까?

영: (잠시 말이 없다.) 나의 어머니 속에 있습니다. (103)

뉴턴 박사: 새로운 몸속으로 무사히 도착[52]하여서 좋습니다.

---

52 뉴턴 박사에 의하면 그는 임신한 지 3개월 이내의 태아에 영혼이 깃든 경우를 보지 못했으며

	아기는 얼마나 컸습니까?
영:	임신 5개월이 지났습니다.
뉴턴 박사:	영혼은 보통 그 시기에 태아에게 깃들게 됩니까?
영:	여러 환생을 통해서 각각 다른 시기에 깃들게 됩니다. … 태아나 모체 그리고 내 삶의 계획에 따라 도착 시기가 결정되지요.
뉴턴 박사:	만약 어떤 이유로 출산 전에 아기가 유산이 된다면 영혼으로서 당신은 비탄에 잠깁니까?
영:	우리는 아기가 출생하게 될지 그렇지 않을지를 미리 압니다. 때문에 유산이 되어도 놀라지 않습니다. 유산된 태아를 위로하기 위해 머물기도 합니다.
뉴턴 박사:	만약 아기가 유산된다면 당신의 의무도 중단됩니까?
영:	그런 태아의 경우는 일찍부터 영혼의 의무[53]가 부여되지 않는 법이지요.
뉴턴 박사:	영혼이 전혀 관여되지 않은 유산도 있습니까?
영:	그건 잉태된 지 얼마나 되었는가에 달렸지요. 임신 초기에 죽는 태아들은 영혼을 필요로 하지 않습니다. (105)

그 이유는 태아의 뇌 조직이 영혼과의 융합을 이룰 만큼 충분하게 성장하지 못했기 때문이라고 설명한다. 그리고 영혼은 아이가 만삭이 되어 태어날지 태어나지 않을지 그 가능성을 미리 알고 있다[104]고 이야기한다.

53   자세한 내용은 본서 '태아의 죽음과 영혼'(p.266)을 참고하길 바란다.

뉴턴 박사: 어머니의 자궁 속에 있는 느낌은 어떻습니까?

영: 나는 그 따뜻하고 평온한 분위기를 사랑합니다. 많은 경우에 사랑이 있어요. … 하지만 때때로 스트레스가 있을 때도 있지요. 어쨌든 나는 그곳에 있는 동안 생각합니다. 태어난 뒤에 할 일들을 말입니다. 또 지나온 환생들을 회고하면서 잃어버린 기회들을 생각하게 되면 다시 잘해 보자는 마음이 생기곤 합니다.

뉴턴 박사: 모든 환생의 기억들이나 영혼 세계의 일들이 망각되지 않습니까?

영: 그것은 지구에 태어난 뒤 그렇게 되었어요.(106)

태아 상태일 때 영혼들은 불멸의 존재인 자신을 아직도 기억하면서 육체적 두뇌 작용과 육체적인 자아에 익숙해져 간다. 태어나고 나면 기억에는 망각의 휘장이 내려 덮이고, 영혼들은 그들의 불멸성을 인간적인 마음과 합쳐 새로운 개성에 걸맞은 특성의 조합을 이루어 낸다.(107) 이 부분에 대해 아테쉴리스는 새로운 심령체(아스트랄체와 멘탈체)가 새로운 육체에 안착하는 과정은 태아 때부터 시작해서 대략 7세 정도까지 이루어진다고 한다. 7세 이후가 되면 대부분의 인간들은 3차원의 세계에 완전히 빠져들어 다른 차원에 대해선 망각해서 감지하지 못하게 된다고 설명한다.(108)

어두운 영혼들과 바로드 퇴돌

이제는 우리가 귀신이라고 말하는 존재들 그리고 혼란의 영혼들, 어두운 영혼들에게 대해 좀 더 짚고 넘어가고자 한다. 우리의 육체는 죽음을 맞이할 때 존재의 근원에서 나오는 투명한 빛이 나타난다고 했다. 『티베트 사자의 서』에 의하면 이 투명한 빛이 처음 나타날 때 사람마다 지속 시간이 다르다고 하는데, 정직하게 살아온 일반적인 사람들은 약 30분 정도, 우리가 악인들이라 부르는 사람들은 손가락 한 번 튕길 정도의 시간, 정진한 수행자는 3일에서 7일까지 지속된다고 한다.

일반적으로 30분 정도

악인들은 손가락 한 번 튕길 정도의 시간

정진한 수행자는 3일에서 7일까지

이 투명한 빛은 여러 번에 걸쳐 나타나는데 그 빛은 나타날 때마다 빛의 강도가 약해져서 나타난다. 이는 마치 땅에 던진 농구공과 같아서 처음에는 높이 튀어 오르지만 점점 더 그 높이가 낮아지는 것과 같다. 즉 죽은 자에게 나타나는 투명한 빛의 강도는 점점 약해지다 최종

적으로는 더 이상 나타나지 않을 것이다.(109)

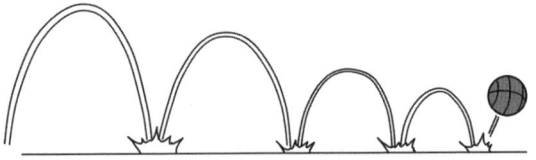

숨이 끊어지고 나면 대부분의 영혼은 수호천사들의 인도로 투명한 빛으로 나아간다. 그러나 일부 영혼들은 ① 물질계에 대한 강한 집착이나 ② 파괴적인 삶으로 사후세계에 대한 두려움으로 인해 투명한 빛으로 나아가길 거부하는 경우도 있다. 첫 번째는 물질계에 강한 집착을 가져 자신이 죽었다는 사실을 인지하지 못하는 혼돈의 영혼들이며 두 번째처럼 파괴적인 삶으로 사후세계에 대한 두려움을 가진 영혼들을 어두운 영혼들이라 한다. 이들은 지상에 존재, 더 정확히는 물질계의 거푸집 역할을 하는 에테르계에 존재하기 때문에 귀신 출몰 현상 등이 일어나는 것이다. 이런 혼돈의 영혼들이나 어두운 영혼들은 자신의 환경에서 어떻게 벗어나야 할지 그 방법을 모르고 있기 때문에 보이지 않는 구원자들은 이런 영혼들을 위해 때를 살펴보며 기다려 준다. 천사 벤은 혼돈의 영혼들을 돕는 일에 대해 다음과 같이 이야기한다.

"우리는 그들에게 사후세계로 건너가서 그들이 누릴 수 있는 삶(특히 그가 그로 인해 얻게 되는 행복과 사랑)이 어떠한 것인지를 보여줌으로써 그들을 돕는다. 어떤 영혼들은 그것을 받아들이고, 어떤 영혼들은 받아들이지 않는다. 어떤 영혼들은 얼른 쉽게 건너오지만 어떤 영혼들은 저항한다. 우리는 우리가 할 수 있는 일을 할 뿐이다. 어떤 이들에게는 건너오지 않고 남아 있는 편이 훨씬 더 낫게 느껴지기도 한다. 사후세계에 있는 자신의 적이나 악마들을 대면할까 봐 겁내는 혼란에 빠진 영혼들에게는 특히 그러하다."(110)

한편 『티베트 사자의 서』에 의하면 죽은 자에게 나타나는 빛은 크게 두 가지 종류가 있는데 ① 첫 번째 빛은 영원한 대자유로 이끄는 강렬한 광명의 빛이며 ② 두 번째는 빛은 불교의 교리에 따른 윤회계로 이끄는 윤회계의 6가지 빛이다. 이 윤회계의 빛은 그 특성에 따라 아래 표와 같이 분류할 수 있다.

(표) 윤회계의 6가지 빛

명칭	색상	내용
천계의 빛	흐릿한 하얀빛	신성을 성취해 가는 차원이나 인생을 의미하나 카르마에 매여 있는 상태
인간계의 빛	흐릿한 푸른빛	인간적 도덕률과 법이 정립되어 있으나 **욕망과 집착**으로 고통을 받는 차원이나 인생을 의미
아수라계의 빛	흐릿한 붉은빛	물질적으로 부족하지는 않으나 **질투와 시기**로 끊임없는 전쟁이나 싸움의 차원이나 인생을 의미
축생계의 빛	흐릿한 초록빛	**무지한 상태로** 동물 같은 본능적 충동만 탐닉하는 차원이나 인생을 의미
아귀계의 빛	흐릿한 노란빛	**탐욕의 상태**로 굶주림과 갈증, 궁핍의 차원이나 인생을 의미
지옥계의 빛	흐릿한 회색빛	**증오와 분노의 상태**로 육체적 고통을 포함하여 아귀, 축생, 수라의 복합 상태의 차원이나 인생을 의미

이 두 가지의 빛이 심령체에게 나타나는 방식에 대해 『티베트 사자의 서』는 다음과 같이 묘사한다.

"밝고 눈부신 투명한 빛이 그대의 눈앞으로 다가올 것이다. … 그 빛은 그대가 거의 똑바로 바라볼 수 없을 정도로 눈이 부시고 투명하다. 그리고 이 거울 같은 대지혜의 빛과 동시에 지옥계로부터 어두운 안개 같은 빛이 그대 앞으로 다가올 것이다. 이때 그대는 살아 있을 때 갖고 있던 분노의 힘(카르마의 힘) 때문에 눈부신 투명한 빛을 보고는 놀라 달아나려 할 것이다. 그리고 지옥계로부터 오는 어두운 안개 같은 빛을 더 좋아하게 될 것이다."(111)

이와 관련해 천사 조시야는 어두운 영혼들에게 어떤 일이 일어나는지 다음과 같이 말한다.

"죽음을 맞이하여 베일을 통과하기 시작한 사람들이 모두 순수한 투명한 빛을 지나는 것은 아니다. 잘못을 저지른 사람들은 다른 빛을 지나 사후세계의 다른 곳으로 가게 된다. 그들이 통과하는 빛도 흰색이긴 하지만 순수하지는 않다. 그 빛이 그들을 치유의 장소로 데려가지만 … 그들은 비슷한 에너지를 가진, 지상계에 있는 동안 함께했던 이들과만 어울린다. 그곳에서 그들은 자신의 잘못으로부터 치유될 때까지 있다가 다시 돌아와서 배워야 할 교훈들을 배우게 된다."(112)

천사 조시야가 말한 "어두운 영혼들이 비슷한 에너지를 가진 이들과만 어울린다."라는 것은 심령계의 하위차원, 즉 지옥을 의미하는 것으로 아테쉴리스는 다음과 같이 설명한다.

"내가 수도 없이 말했듯이, 죽은 후에도 사람은 몸을 가지고 있어. 심령체를 가지고 사는 거야. 사람들의 성격이나 지각능력은 단순히 다른 차원으로 이동하는 것만으로는 바뀌지 않아. 그들은 욕망을 초월하지 못했기 때문에 자신에게 익숙한 지상의 세계를 다른 차원에다 그대로 복제해 와서 거기서 심령체를 가지고 사는 것이니네."(113)

"그래서 심령계에서도 섹스, 폭력, 친절 등등을 포함해서 물질계에서 볼 수 있는 모든 것을 찾아볼 수 있는 것이라네. 부차원의 성격을 결정짓는 것은 거기에 거주하는 사람들의 기질이야"(114)

이때 마르키데스가 "심령체도 죽음을 두려워하고 의미를 부여하는지?"에 대해 묻자 그는 이렇게 답변한다.

"그럼, 그들도 그렇다네. 비록 한 가지 예외는 있지만 말일세. 어떤 난폭한 사람이 다른 사람을 공격해서 그를 죽였다고 가정해 보게. 그 살인자는 자신에게 살해당한 사람이 잠시 후에 다시 살아 돌아온 것을 발견할 거야. 그러면 그는 다시 공격하고, 그 사이클은 반복되지. 심령체는 죽일 수가 없어."(115)

관련해서 『티베트 사자의 서』는 죽음의 대왕이 나타나서 카르마의 기록판을 들고 고함을 치고, 인간의 뇌를 핥고 피를 들이키며 시체의 머리를 찢어발기고 심장을 뽑아낼 것이라고 말한다. 하지만 파드마삼바바는 이런 현실이 나타날지라도 겁먹지 말라며 이렇게 충고한다.

"그대의 몸은 카르마의 성향만을 지닌 사념체이기 때문에 베이고 잘리고 토막 나더라도 죽지 않는다. 그대의 몸은 실제로는 텅 비어 있

으므로 두려워할 필요가 없다. 죽음의 신의 신체들 역시 그대 자신의 마음에서 나온 것에 지나지 않는다. 그것들은 물질로 이루어진 것이 아니다. 텅 빈 것이 텅 빈 것을 다치게 할 수 없다. … 이것은 틀림없는 사실이다."(116)

또한 "베이고 잘리고 토막 나는 데에 죽음의 공포와 고통이 있을 텐데 어떻게 두려워하지 않을 수 있을까?"라는 질문에 대해 아테쉴리스는 이렇게 답변한다.

"저쪽 세계에서는 육체적인 고통은 없어. 예를 들어, 어떤 사람이 폭탄이 터져 온몸이 산산조각 나는 경험을 한다면 그 경험은 그의 의식에는 각인되지만 육체적인 고통은 느끼지 않아. 그러면 그는 '어? 아무렇지도 않네?' 하고 깨닫게 되지. 나중에 그는 이 사건을 마음에 떠올려서 다시 그 경험을 할 수 있어. 그래도 육체적인 고통은 느끼지 않을 것이네. 결국 그는 자신이 계속 존재한다는 것을 깨달을 걸세. 그러면 그는 그 경험이 악몽이거나 가위 눌림이었다고 생각할 거야. 자네들도 이해했겠지만, 이 모든 경험은 낮은 차원의 심령계에서 발견되는 것들이라네. 지금 나는 내 개인적인 경험에 근거해서 말하고 있네. 나는 그런 경험들을 다 겪었어."(117)

이 부분에서 우리는 중요한 점을 발견할 수 있다. 하늘의 지옥은 마음이나 정신적 고통은 느껴도 육체적인 고통은 느끼지 못한다고 한다. 그렇다면 실질적인 지옥은 바로 여기 이곳이 아닐까? 관련해서 뉴턴 박사는 파괴적 삶을 산 사람들은 어떠한 책임을 지게 되는지 초의식 상태의 내담자에게 물었고 그는 한 소녀를 잔혹하게 살해한 사람에 대해 이야기한다.

영: 그는 여자로서 지구에 다시 돌아왔어요. … ① 잔인한 사람들이 사는 곳으로요. … ② 육체적인 장애는… 그가 일부러 택한 거였어요. … 그는 경험을 해야 했어요.

뉴턴 박사: 그 영혼은 소녀를 상하게 한 것이 전생의 육체에 있던 인간 두뇌의 잘못이라고 생각하나요?

영: 아니요. 그는 자기 행동에 책임을 져요. … 자신에게로 돌아가… 인간적인 약점을 극복할 기술이 없었음을 자책해요. 이해심을 얻기 위해 다음 생에는 ③ 학대받는 여자로 태어나기를 청했어요. 소녀에게 행했던 손상 행위를 깨닫기 위해.(118)

소녀를 잔혹하게 살해한 사람은 ① 잔인한 사람들이 사는 지역에 ② 육체적인 장애를 가지고 ③ 학대받는 여자로서 지구로 돌아왔다고 했다. 이 사례는 스스로 그런 삶을 살겠다며 청했다고 한다. 이는 어두운 영혼들도 기억의 사원에서 자신의 삶을 되살펴보게 되는데 해악의 정도가 크기 때문에 훨씬 강렬한 경험을 하게 되기 때문이다. 하지만 기억의 사원에서 모두가 이런 반성의 자세를 가지고 있지는 않는 것 같다. 의식수준이 낮은 경우 거의 잠에 빠져 버려, 이 세상에 다시 태어

나기 위해 눈을 뜨라고 할 때까지 내내 깨어나지 않는다고 한다.[54](119)
이런 경우의 환생에 대해 채널러인 리사 윌리엄스는 다음과 같이 말한다.

"명상을 통해서 스스로와 다른 사람들을 심각한 문제에 빠뜨린 영혼들이 어떻게 사후세계의 또 다른 차원에서 치유의 과정을 거치는지를 볼 수 있었다. 그들은 다른 영혼들보다 빨리 지상의 삶으로 돌아온다. 하지만 다른 영혼들과는 달리 그들은 언제 돌아갈지, 그리고 어떤 부모 밑에 태어날지를 선택할 수 없다."(120)

아테쉴리스도 어두운 영혼들의 환생에 대해 "그들이 제정신을 찾고 방금 살았던 생의 교훈을 제 것으로 소화했다면 그런 경험(두 번째 죽음)을 할 거야. 하지만 만약 그렇지 않다면, 카르마의 스승은 '현재의 나'의 자아를 잠재울 것이네. 즉 심령체는 즉시 해체될 것이고, 순간적으로 멘탈계를 통과해 새로운 생을 받은 뒤 물질차원으로 내려온다네. 이런 경우 그 사람은 멘탈체(상위 차원의 존재수준)를 경험하거나 인식하지 못하지. 이건 매우 복잡한 과정이야."(069) 하고 이야기한다. 이렇게 어두운 영혼의 환생에 관한 이야기는 리사 윌리엄스와 아테쉴

---

54 조엘 L. 휘튼 박사는 이 부분에 대해 "몇 차례 앞의 인생까지 계획하고 있는 사람들은 자신들의 성장 과정에 깊숙이 들어가 있는 것으로 생각된다. 이렇게 굳은 결의를 가진 영혼은 삶과 삶 사이의 기간 대부분을 어떤 종류의 공부에 쏟았다고 말하고 있다. 한편 물질계에 사로잡혀 있는 영혼은 중간계에 들어왔다는 최초의 징후가 보이자마자 서둘러 육체로 돌아간다고 한다. 또 발전 의지가 없는 사람들은 신성한 현자들 앞에 나서면 거의 잠에 빠져 버려, 이 세상에 다시 태어나기 위해 눈을 뜨라고 할 때까지 내내 깨어나지 않는다."(119)라고 설명한다.

리스의 설명은 비슷하다고 봐야 할 것이다. 결론은 어두운 영혼들은 상위 차원의 자아를 경험하거나 인식하지 못하고 환생을 한다는 것이다. 그러니까 카마로카에서 현자들의 사원과, 운명의 사원을 경험하지 못하고 카르마의 무자비한? 법칙대로 이 거대한 윤회의 쳇바퀴를 거쳐 가면서 카르마의 대차대조표를 맞추게 되는 것으로 볼 수 있다.

5장

멘탈계(5차원)의 창조자들

고차원계의 활동들

두 번째 죽음 이후, 우리는 회복의 공간을 넘어 사후세계의 다양한 차원을 상승시켜 줄 과제와 여러 활동 등을 수행하게 된다. 이를 위해 신성한 현자들과 수호천사들이 어떤 것이 좋을지 추천해 주지만 무엇을 할 것이냐는 궁극적으로 자신의 선택에 달려 있다. 이곳에선 윤회를 하라든가 영혼의 동료들과의 과제에 참여하라고 강요당하지 않는다. 우리는 혼자 있고 싶으면 혼자 있을 수 있으며 과제를 받아 발전하기 싫다면 그 희망 또한 존중된다. 이와 관련해서 아테쉴리스는 멘탈계에서 높은 지식수준을 가진 이에게 "당신은 그토록 많은 지식을 쌓아서 아스트랄계의 아주 낮은 차원까지 내려갈 수 있으니 다른 보이지 않는 구원자들과 함께 봉사하는 일에 동참하시지 그러세요?" 하고 제안을 했다고 한다. 왜냐하면 그 지식인은 주로 야자수가 우거진 하와이 섬의 야경과 같은 곳(낮은 차원)으로 내려가 아름다운 음악을 듣거나 비존재의 잠에 빠져들었기 때문이었다. 그러나 그 지식인은 다른 인간들을 돕는 일에 참여할 뜻이 없었다고 한다.(121)

영혼들의 활동들(122)

기본적 활동들	전문적 활동(레벨 2 이상)
① 노래나 춤, 이야기, 게임 등 순수한 오락 활동을 한다. ② 다른 차원의 영역에서 공부나 놀이를 위해 여행한다. ③ 여러 영혼들과 함께 초빙 강사의 강의를 듣는다. ④ 고독의 공간으로 가서 공부를 하거나 사색에 잠긴다.	① 에너지를 창조적으로 사용하는 훈련을 받는다. ② 물질계(지구가 아닌)나 아스트랄계에서 에너지를 조정해 생물과 무생물을 모두 창조해 내는 기술을 연마한다. ③ 수호천사 또는 수호자로서의 활동한다.

만약 영혼이 온종일 하프나 뜯으며 뒹굴뒹굴 시간을 죽이고 있다면 그곳은 지옥[55]일 것이다. 카마로카에서 아스트랄체의 부정적 진동이 소멸되면 이후 영혼들은 활기차게 공부하고 놀며, 봉사하며 연구한다. 물론 본인의 선택에 의해 혼자 있을 수도 있으며 비존재의 잠에 빠져들 수도 있다. 뉴턴 박사에 의하면 영혼들은 나 홀로 활동하는 것이 아닌 비슷한 수준의 영혼들로 이루어진 그룹으로 활동하는데 이 영혼

---

[55] 아테쉴리스는 천국과 지옥은 상대적인 용어로 어떤 사람의 지옥은 다른 사람에게는 천국이 될 수 있다. 그래서 사후세계에서 방황하는 사자를 구원하기 위해선 지치거나 넌더리가 나 스스로 변화를 찾고자 할 때 구원이 가능하다고 말한다.(123)

그룹들의 수호천사들은 다양한 방법으로 그들에게 과제를 주거나 교육한다. 또한 개별 영혼이 레벨 2 수준으로 진화하면 그 영혼의 동기나, 재능 등을 검토받아 전문 분야를 선택하고 교육받는다. 만약 영혼이 레벨 3 수준에 이르면 예컨대 예술, 치유, 창조 같은 전문 분야에서 뛰어난 능력을 발휘하게 되어 그들은 같은 그룹에 머물면서도 앞서가는 공부를 하는 특별한 그룹에 참가하는 것이 허용된다. 레벨 5에 이르면 좀 더 개별적인 활동이 허용된다.(124) 뉴턴 박사는 영혼들이 레벨 3 수준으로 진화하는 기간은 제각기 다른데, 빠른 경우에는 약 5,000년 어떤 경우는 5만 년이 걸린 경우도 있었다고 한다. 그리고 일단 레벨 3에 도달하면 영혼들은 좀 더 빠르게 성장하기 시작하는데 영혼이 휴가와 사교에 시간을 덜 쓰면, 일을 더 많이 하고 우주 의식의 힘에 공헌할 수 있는 특수한 기능을 연마하는 데 더 집중하게 된다는 것을 깨달았다(125)고 한다.

신성한 지식들

필자가 보기에 인간 윤회계 시스템은 신비가들이나 종교의 가르침, 채널링 등 관련 정보가 많아 그 자료들을 검증 취합하고 통합하는 데 많은 시간을 필요로 했다. 반면 멘탈계 이상의 차원에 대해선 상대적으로 그 정보가 없어 대부분을 뉴턴 박사의 자료만을 참조할 수밖에 없었다. 그 이유는 멘탈계 이상의 차원들에 관한 정보들은 물질계의 인간들에게 알려져서는 안 될 신성한 지식들과 관련되었기 때문이라고 리사 윌리엄스는 말한다.(126) 하지만 이와 관련해서 수천 케이스 이상의 LBL 임상 경험이 있는 뉴턴 박사가 고차원계의 지식을 얻는 방법이 흥미로웠다. 그는 초의식 상태의 내담자에게 ① 관련 지식을 이미 다 알고 있는 것처럼, 그리고 ② 생각할 틈이 없이 직관적인 답변을 유도한다.

> 뉴턴 박사: 테스, 영혼이 배우는 과정은 광범위한 것 같은데, 당신이 하고 있는 다른 수련에 대해 이야기하고 싶습니다. ① 생명을 창조할 때 당신의 에너지는 빛과 열과 운동의 특성을 이용하게 됩니까?
> 영: (놀라운 표정) 아… 그런 것도 알고 있나요….
> 뉴턴 박사: (빨리 가로막으며) ② 최근에 카마라(스승)에게 칭찬받을 만한 어떤 창조물을 만들었습니까?
> 영: (주저 없이) 나는 물고기들에 숙달한 편이지요.(127)

신성한 지식과 관련된 내용은 고차원 세계의 창조자들과 우주의 수호자들에 관한 내용으로 지금의 우리가 컴퓨터 프로그램으로 제품들을 시뮬레이션 하듯이 멘탈계의 진화된 존재들은 시간과 공간을 초월해 우주를 모델링하거나 생성해 내고 행성계에서의 생명체나 무생물체들을 창조하고 관리하고 있다.

"레벨 3 수준에 도달한 영혼들은 새롭게 하게 된 수련에 너무 열중

한 나머지, 성취하는 데 온통 정신을 빼앗기고 있다. 그런 영혼들은 자신들이 할 수 있는 일들에 놀라워하며 더욱더 숙달되기를 바라는 것이다."(128)

그리고 그 지식들을 멘탈계의 어린 영혼들에게 교육한다. 관련한 뉴턴 박사의 LBL 사례는 다음과 같다.

멘탈계의 엔지니어 교육

뉴턴 박사: 당신은 교실처럼 생긴 공간 안에 당신들의 그룹이 모여 있다고 말했습니다. 무슨 일이 거기서 일어나고 있습니까?

영: 우리들의 에너지를 가지고 창조하는 훈련을 하려고 모였습니다. 나의 스승 트리니티는 칠판 앞에서 우리들이 공부할 모형을 그리고 있습니다.

뉴턴 박사: 아, 그렇습니까? 트리니티가 그리고 있는 것이 무엇인데요?

영: 에너지의 여러 부분으로 어떻게 쥐를 빨리 만들 수 있는지… 그 방법을 공부하는 그림을 그리고 있어요.

뉴턴 박사: 이 연구를 완성할 수 있도록 에너지를 모으기 위해서 당신들은 그룹별로 나누어지게 됩니까?

영: (손을 저으며) 오, 아니에요. 우리들은 그 과정을

벌써 지났어요. 우리들은 개별적으로 그 능력에 대한 시험을 치게 됩니다.

뉴턴 박사: 시험에 대해 설명해 주십시오.

영: 우리들은 한 마리의 쥐를 마음속에 재빨리 떠올립니다…. 완벽한 쥐를 창조하는 데 필요한 에너지 부분들까지도요. 어떠한 창조에도 에너지를 배치하는 데에는 적절한 순서가 있습니다.

뉴턴 박사: 그러니 그 시험이라는 것은 쥐를 창조하는 수업에서 치러야 하는 관문이군요.

영: 글쎄요…. 그렇다고도 할 수 있습니다만… 사실 이것은 속도를 시험 치는 것입니다. 창조를 훈련하는 능력의 비밀은 창조하려는 것을 재빨리 개념화하는 데 있습니다. 쥐를 어느 부분부터 시작해야 하는지를 알아야 하는 거지요. 그 뒤에 얼마만큼의 에너지가 드는지를 또 알아내야 합니다.(130)

학습의 사원의 구조[56](129)

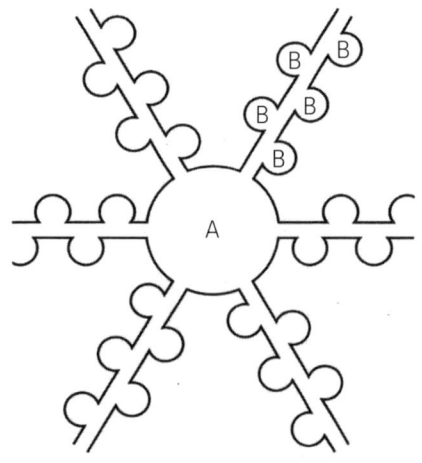

엔지니어들에 의한 생명창조

뉴턴 박사: (빨리 가로막으며) 최근에 카마라(스승)에게 칭찬 받을 만한 어떤 창조물을 만들었습니까?

영: (주저 없이) 나는 물고기들에 숙달한 편이지요.

뉴턴 박사: (그녀가 계속 말하기를 바라기 때문에 고의적으로 과장된 태도로) 아, 그렇다면 당신은 영적 에너지로

---

[56] 뉴턴 박사에 따르면 이 교실 배치 그림은 A 지점에 선 피술자가 복도를 따라가며 나 있는 기본 영혼 그룹들이 공부하는 공간을 시각적으로 설명한 것이다. 많은 피술자가 이 같은 형태를 보고 있다. 한 복도에 6개 이상의 공간이 있는 예는 드물다. 둥근 모양을 하고 있는 이런 공간들은 서로 마주 보고 있지 않다. 피술자들이 말하는 복도들의 수는 일정하지 않다.(129)

물고기 한 마리를 만들어 낼 수 있다는 말입니까?

영: (당황하며) 농담하고 있는 건가요?

뉴턴 박사: 그렇지 않다면 어떻게 그 일을 합니까?

영: 물론 엠브리오[57]에서 시작하지요. 그런 것은 이미 알고 있는 줄 알았는데….

…

뉴턴 박사: 기본적인 것을 알아봅시다. 당신의 에너지가 생명체를 물고기의 단계로 이르게 하기까지 어떤 일을 해야 합니까?

영: (본의가 아니라는 듯이) 우리는 지시를 내리지요. … 조직체에게… 주어진 조건에서.

뉴턴 박사: 그런 일은 어느 특정한 세계에서 합니까, 혹은 여러 곳에서 행해지는 것입니까?

영: 한 곳만은 아니지요. (하지만 그런 곳이 어딘지 정확하게 밝히지 않는다. 다만 지구와 같은 곳이라는 표현 외에는.)

뉴턴 박사: 당신은 지금 어떤 환경에서 작업을 하고 있습니까?

영: 바다에서 합니다.

뉴턴 박사: 조류나 플랑크톤 같은 바다의 기본 생명을 다루고 있습니까?

영: 처음 시작했을 때는 그랬지요.

뉴턴 박사: 물고기의 엠브리오를 다루기 전에 말입니까?

---

57 엠브리오(embryo): 모든 생명의 초기를 뜻한다.

영: 네.

뉴턴 박사: 그렇다면 영혼이 생명체를 창조하게 되면 미생물부터 시작하게 되나요?

영: 네, 작은 세포부터 시작하지요. 배우기 쉽지 않아요.

뉴턴 박사: 왜 그렇습니까?

영: 생명체의 세포… 를 분자로 바꿀 수 있을 만큼 에너지를 구사할 수 있어야 하니까요.

뉴턴 박사: 그러면 당신은 바로 새로운 화학 물질을 생성시키고 있는 것입니까? 당신의 에너지로 기본적인 원소를 혼합해서?

영: (고개를 끄덕인다.)

뉴턴 박사: 조금 더 자세히 설명해 주실 수 있습니까?

영: 아니요, 그럴 수 없습니다.

뉴턴 박사: 그렇다면 내가 결론을 내려 볼까요? 만약 내가 잘못하면 교정해 주세요. 생명을 창조하는 데 익숙해진 영혼은 세포를 분열시켜 유전자를 배치하게 되는데, 그것을 해내는 방법은 에너지의 입자를 원형질 속으로 보내는 것으로 할 수 있다.

영: 네, 그렇습니다. 우리는 그렇게 하는 것을 배워야 하지요. 태양 에너지와 보조를 맞추는 것도 알아야 합니다.

뉴턴 박사: 왜 그렇게 해야 합니까?

영: 왜냐하면 제각기 태양은 둘러싸고 있는 세계를 향해 개별적으로 다른 영향을 미치고 있으니까요.

뉴턴 박사: 그렇다면 당신들은 왜 태양이 그 에너지를 행성들에 자연스럽게 작용하는 데 방해를 하고 있습니까?

영: 방해가 아닙니다. 우리는 새로운 구조를 검토하지요. … 돌연변이… 를 관찰함으로써 어떤 것이 쓸 만한가 알게 됩니다. 우리는 실체들이 가장 효과적인 방법으로 각자의 태양을 적절히 이용할 수 있도록 도와주지요.

뉴턴 박사: 여러 생명체들이 행성에서 발전을 도모하고 있을 때, 선택이나 친화를 위한 환경적 조건은 자연적으로 오는 것입니까, 혹은 그것이 지적인 영혼에 의해 조종되는 것입니까?

영: (얼버무리듯) 보통 생명체가 살 수 있는 행성은 영혼이 연관되어 있어요. 그리고 우리들은 자연히 관여하지요.

뉴턴 박사: 원시 시대부터 몇백만 년의 세월 동안 진화를 계속해 온 생명체를 영혼이?

영: 영혼의 시간은 지구의 시간과 같지 않습니다. 우리는 시간을 우리의 실험에 알맞도록 사용합니다.(131)

엔지니어들에 의한 우주 창조

뉴턴 박사: 우주에 있는 태양도 창조할 수 있습니까?

영: 진짜 크기의 태양 말입니까? 말도 안 돼요. 그건 저의 능력 밖의 일이지요. 그러기 위해서는 많은 힘이 합쳐져야 합니다. 나는 다만 작고 조촐한 규모의 것만 생성합니다.

뉴턴 박사: 어떤 것을 만들 수 있습니까?

영: 아… 아주 농축된 적은 덩어리… 가열된.

뉴턴 박사: 완성된 것은 어떤 형태를 하고 있습니까?

영: 작은 태양계이지요.

뉴턴 박사: 당신이 만든 그 작은 태양과 행성들의 크기는 얼마만 합니까? 바위나 건물, 달만 한 크기입니까?

영: (웃으며) 내가 만든 태양은 농구공만 한 크기예요. 그리고 행성들은 어린아이들이 갖고 노는 유리알만 하고요. … 그만한 크기가 내가 만들 수 있는 가장 큰 크기이지요.

뉴턴 박사: 왜 그렇게 작게 만들게 됩니까?

영: 연습이니까요. 앞으로 크게 만들 태양을 위해 연습하고 있으니까요. 충분히 압축하면 원자는 폭발하고, 그다음에는 농축되지요. 하지만 나 혼자서는 큰 것을 이룩할 수 없어요.

뉴턴 박사: 무엇을 의미하는 것입니까?

영: 가장 좋은 결과를 얻기 위해선 우리들이 합심하여 일

하며 에너지를 어울리게 하는 것을 배워야 합니다.

뉴턴 박사: 천체와 천공을 창조하는 거대한 열핵반응 폭발은 누가 할 수 있습니까?

영: 존재의 근원… 신성한 현자들의 집결된 에너지가 하게 됩니다.

뉴턴 박사: 아, 그렇다면 존재의 근원은 하나가 아니라 도움이 있군요.

영: 그렇게 생각합니다.

뉴턴 박사: 카마라나 더 앞서간 영혼들처럼 이미 훌륭한 창조 능력을 지닌 영혼들이 많이 있는데, 왜 당신은 우주적인 것을 창조하려고 노력하고 있습니까?

영: 그들이 진화된 에너지로 존재의 근원에 다가가려 하듯이, 우리도 그들에게 다가가려고 그러는 것이지요. (132)

위 내용에 대해 뉴턴 박사는 설명을 덧붙인다.

"그녀가 존재의 근원이라고 부르는 최고의 지성은 신성한 현자들이라고 불리는 창조자들로 이루어져 있고, 그들은 에너지를 모아 우주를 탄생시키기도 한다고 하였다. 그런 사실은 때때로 다른 피술자를 통해서도 알게 되었다. 다른 방법으로 표현하긴 하였지만, 그들도 환생을 하지 않게 된 신성한 현자들의 화합된 에너지에 대해 언급하였다. 그러한 개념이 새로운 것은 아니다. 예컨대 인도에서 성행하고 있는 자이나교는… 시다스라고 불리는 완벽해진 영혼들이 우주를 창조하는 그룹을 이루고 있다고 생각한다. 그들은 또 윤회를 거듭하지 않아도 되는 해방된 영혼이기도 하다. 그들 아래는 알 하트라 불리는 지혜의 영혼들이 있다. 그들은 아래에 있는 3단계의 진화 중에 있는 영혼들과 함께 환생을 하게 된다."(133)

행성 설계의 엔지니어들

뉴턴 박사: 하이안스[58]가 당신이 속한 새 그룹을 거절한 이유는 무엇이었습니까?

영: 이렇게 설명하는 것이 좋겠군요. 나는 에너지를 깎아 조형하는 것을 즐깁니다. 건축 자재로 쓰이는 기하학적인 고체와 설계도의 관계를 실험해 보는 것을 좋아하지요.

뉴턴 박사: 그렇다면 하이안스는 어떻습니까?

영: (자랑스럽게) 하이안스는 인생을 살 때 즐길 수 있는 아름다운 환경을 설계하는 것을 좋아합니다. 그녀는 조경을 잘합니다. 내가 잘 어울리는 산맥을 만들려고 하는 동안, 그녀는 그 산에서 자랄 풀이나 나무들을 생각하고 있지요.

뉴턴 박사: 잠깐만요. 알고 싶은 것이 있는데요. 그래서 당신은 바로 물리적 세계로 가서 산을 만들게 되는 것

---

58 하이안스: 피술자의 가장 가까운 소울메이트를 말한다.

입니까? 또 하이안스의 경우는 나무같이 살아 있는 것을 만드는 데 집중하게 되고요.

영: 아닙니다. 우리는 방금 형성되고 있는 물리적 세계를 위해 일을 하게 됩니다. 앞으로 산이 될 지질학적 힘을 작동하게 하는 것이지요. 내가 하는 구조적 과제에는 생명이 필요하지 않습니다. 또 하이안스는 생명이 있는 세계에서 성장한 나무들로 이루어진 숲을 창조하지 않습니다. 그녀와 함께 일하는 영혼들은 앞으로 그들이 원하는 나무로 자랄 세포를 설계합니다.(134)

뉴턴 박사: 자료실에서 구조학적인 설계를 어떻게 시작하는지 설명해 줄 수 있겠습니까?

영: 첫째로 내가 원하는 것을 심상으로 떠올리지요. 마음속에서 그 모든 것을 조심스럽게 다루어 확실한 청사진을 만듭니다. 새로 참가하게 된 그룹에서는 큰 규모의 작업을 위해 적절한 에너지를 어떻게 사용해야 하는지 배우고 있지요. 이전의 아이로(천사)하고 부분적인 일을 하였지만, 바타크(천사)는 전체적으로 연결되는 모든 것을 하게 합니다.

뉴턴 박사: 그래서 서로 연결되는 에너지 요소가 당신의 작업에서 형태와 균형을 위해 중요한 것이겠군요.

영: 물론이지요. 가벼운 에너지가 진행을 시작합니다. 하지만 설계에 조화가 있어야 하지요. 그리고

실용적인 용도도 있어야 하고요. (큰 소리를 내면서 웃는다.)(135)

뉴턴 박사는 엔지니어(영혼)들에게서 들은 우주에 관한 토막 지식들을 토대로 하여 창조에 대한 의문을 풀어 보려고 하였다. 그가 알게 된 것은 지적인 에너지의 파동이 물질의 아원자 입자를 만들고 그 전파의 진동 주파수가 물질을 원하는 대로 작동시킨다는 것이었다. 결론적으로 엔지니어(영혼)들은 우주 창조에 큰 영향을 미치고, 그들은 시작도 끝도 없는 우주들을 연결시키는 능력을 가졌다는 말을 들었다고 한다.(136)

이 지점에서 중요한 점 한 가지를 독자분들께 밝히고자 한다. '5장 멘탈계(5차원)의 창조자들'에 관한 내용뿐만 아니라 고차원계(영계)와 관련한 내용들은 21세기의 현대인들이 이해할 수 있는 정제된 내용들 위주로 지면으로 넣었다. 만약 필자가 이런 조치를 취하지 않는다면 독자분들은 이 책에 대한 리얼리티 감각이 확 떨어지게 될 것이기 때문이다. 예를 들어 미시계 탐구에서 주의해야 하는 점 중 하나는 바로 과학자 자신의 '직관'이라고 김상욱 박사는 이야기한다. 이 직관은 "현재(거시계)의 인식 수준으로 미시계는 이럴 것이다." 하고 판단하고 상상하는 것을 의미한다. 그는 "우주는 우리가 상상할 수 있는 것보다 더 이상하다. 아니, 우리가 상상할 수 있는 한계를 넘을 정도로 이상하다."(137) 하고 말하는데 미시계를 탐구하는 김상욱 박사의 이

관점은 고차원계(영계)의 이야기를 전하는 필자에게 큰 공감을 주었다. 나 역시 내가 살아왔던 그리고 인식되었던 지금 여기의 지역적 종교적 관습과 인식의 범주로 고차원계(영계)를 바라보았기 때문이었다. 이것은 고차원계를 실재 그대로 바라보는 데 엄청난 방해가 되었음을 고백하지 않을 수 없다. 계속해서 뉴턴 박사의 사례들을 보자.

행성 생태계 관여하는 엔지니어들

다음 케이스는 살아 있는 유기체에 관한 일을 하고 있는 엔지니어(영혼)들의 예이다. 여기에 언급하는 엔지니어들은 멘탈계 차원의 생물학자이고 식물학자들이다. 그들은 지구권 밖에도 수조에 이르는 삶이 존재하는 천체가 있다고 말했다.(138)

뉴턴 박사: 칼라, 당신이 말하였던 재스피어(행성)에 관한 것을 좀 더 알고 싶은데요. 그러면 당신의 전공에 대해서도 더 잘 알게 될 것 같아서 말입니다. 재스피어(행성)에 관한 프로젝트가 어떻게 주어졌는지, 훈련 클래스에서부터 시작해 주면 좋겠습니다.

영: 처음 6명의 동료들이 선배님들(엔지니어들)과 일을 시작하셨지요. 왕성하게 퍼져 가는 식물들이 작은 육지 동물들의 식량을 위협했기 때문에 그 문제를 다루기 위해서 말입니다.

뉴턴 박사: 그러니까, 기본적으로 볼 때 재스피어(행성)의 문제는 환경 문제와 관련이 있군요?

영: 그렇습니다. 그 굵은 줄기… 게걸스러운 포도 줄기 같은 덤불, 그건 너무 왕성하게 자라서 먹이로서 필요한 식물들을 죽이고 있었지요. 그리하여 재스피어(행성)에는 작은 동물들이 먹이로 쓸 풀이 자랄 곳이 없어지고 말았습니다.

뉴턴 박사: 그 동물들이 줄기를 먹고 살 수는 없었습니까?

영: 없었지요. 그랬기 때문에 우리는 재스피어(행성)로 가야 했습니다.

뉴턴 박사: (너무 빠른 반응으로) 오, 그 천체에서 그 줄기를 없애기 위해서 그곳으로 갔단 말입니까?

영: 아닙니다. 그 줄기는 그 천체와 땅에 토착적인 것이라 그럴 수 없었습니다.

뉴턴 박사: 그렇다면 어떤 일을 하러 갔습니까?

영: 그 줄기를 먹어 없애는 동물을 만들려고 했지요. 그래서 다른 식물들을 못 자라게 하는 그 줄기의 번식을 조절하고자 했습니다.

뉴턴 박사: 어떤 동물 말입니까?

영: (웃으면서) '리나쿨라'라는 동물이지요.

뉴턴 박사: 재스피어(행성) 토산이 아닌 동물을 만들어 어떻게 그런 일을 할 수 있었습니까?

영: 그곳에 이미 존재하고 있던 네 발짜리 동물에 돌연변이를 일으켜 빨리 성장하게 하지요.

뉴턴 박사: 칼라, 당신들은 DNA 유전 정보를 바꿈으로써 한 동물을 다른 동물로 바꿀 수 있습니까?

영: 나 혼자서는 그런 일을 할 수 없습니다. 하지만 우리는 같이 훈련받은 클래스의 엔지니어(영혼)들이 함께 합친 에너지가 있었지요. 또 그 의무를 완수하기 위해 동행한 두 선배 영혼의 능숙한 도움으로 그 일을 해낼 수 있었습니다.

뉴턴 박사: 당신들의 에너지로 자연 도태를 방지하기 위해 한 조직체의 분자화학을 바꾼다는 말입니까?

영: 한 무리의 작은 동물들의 세포에 방사를 하지요. 이미 존재하고 있던 작은 동물을 크게 돌연변이 시켜서 생존력을 강하게 만듭니다. 자연도태를 기다릴 여유가 없기 때문에 그 네 발 가진 동물의 성장을 촉진하지요.

뉴턴 박사: 리나쿨라의 출현을 촉진하기 위해 돌연변이의 속도를 빠르게 하는 것입니까, 아니면 그 동물의 성장을 촉진시키는 것입니까?

영: 그 두 방법을 다 합니다. 리나쿨라가 크게 자라기를 바라지요. 그리하여 한 세대가 끝나기 전에 진화의 변화가 일어나기를 바라는 겁니다.

뉴턴 박사: 지구의 시간으로 계산하면 그런 변화는 몇 년이나 걸리게 됩니까?

영: 오… 한 50년 정도 걸리지요. … 하지만 우리들에게는 하루 정도로 느껴집니다.(139)

뉴턴 박사: 그런데 리나쿨라는 재스피어(행성)에 변화를 가져왔습니까?

영: 네, 그랬습니다. 원래의 몸체보다 몇 배나 커지고 또 다른 변화, 즉 턱이 커지고 체력이 커졌기 때문에 그 동물들은 굵은 줄기를 잘 먹어 치웠지요. 리나쿨라는 유순한 데다 포식의 습관이 없고, 원래 그랬던 것처럼 게걸스럽게 잘 먹는 동물입니다. 선배 영혼들이 원한 동물이 바로 그런 것이었지요.

뉴턴 박사: 이 천체에서 그 동물의 번식은 어떠하였습니까? 리나쿨라는 빨리 번식하는 동물입니까?

영: 아닙니다. 번식을 느리게 하는 동물입니다. 때문에 우리들이 원하는 유전적인 성질을 설정한 뒤 꽤 많은 수의 리나쿨라를 만들어야 하였지요.

뉴턴 박사: 그 실험이 어떻게 끝났는지 아십니까?

영: 재스피어(행성)는 이제 좀 더 균형 잡힌 초식동물들의 세계가 되었습니다. 우리들은 다른 동물들도 함께 번식하길 바랐지요. 그 줄기는 이제 더 문제가 되지 않습니다.

뉴턴 박사: 언젠가는 재스피어(행성)에도 높은 지능을 가진 생물이 나타나도록 설계를 하고 있습니까? 그러기 위해 그 모든 일을 하는 것입니까?

영: (막연히) 아마 선배들이 그런 일을 생각하고 있는지도 모르지요. 하지만 그런 것을 나는 알 수 없습니다. (140)

지구환경의 수호자들

초의식에 든 피술자가 자신은 파괴된 에너지를 조화시키는 것을 배우고 있다고 하자 뉴턴 박사는 강풍이나 불, 지진 같은 지구의 환경적 재해를 돕는 것이냐고 물었고, 다음과 같이 답변한다.

영: 내 친구가 그런 분야의 일을 맡고 있습니다만, 그 분야는 나의 전공이 아닙니다.

뉴턴 박사: 그렇군요. 그렇다면… 친구가 배우고 있는 일이 어떤 것인지 설명해 주십시오.

영: 그 천체를 복구시키는 영혼들은 자연적으로 발생한 물리적 힘이 일으키는 많은 양의 부정적인 에너지를 삭감시키는 일을 합니다.

뉴턴 박사: 그렇다면 왜 영계에 있는 힘은 애초부터 그런 자연적인 재해가 지구에서 일어나지 않도록 방지해서 사람들로 하여금 깊은 비탄을 느끼지 않도록 도와주지 않는 것입니까?

영: (머리를 흔든다.) 그렇게 된다면 그 모든 것은 지상 생활의 한 조건인 자연적 재해가 되지 않을 것입니다. 천체적인 조화를 이루려는 영혼들은 그런 힘을 방해하려 들지 않을 것 입니다. 만약 그들이 그런 능력을 지니고 있다 해도 말입니다. 그렇지는 않을 거라고 생각합니다만.

뉴턴 박사: 그렇다면 그들이 하는 일은 어떤 것입니까?

영:　　혼돈에 빠져 있는 곳에 조리 있는 에너지의 씨를 뿌리는 것이지요. 부정적인 힘이 널리 응집되어 있는 것을 중화시키기 위해서 말입니다. 그들은 인류의 회복을 위해 극성과 자력의 힘으로 일을 하지요. (웃는다.) 우리는 그들을 진공청소기라고 부릅니다.(141)

우주인(Space People)

1979년 7월 11일, 정상궤도를 이탈한 미국의 우주선 스카이랩은 대도시에 추락할 가능성이 있었다. 아테쉴리스는 대참사를 막기 위해 유체이탈을 통해 우주공간의 스카이랩에 접근했는데 그곳에서는 이미 유체이탈을 통해 온 인도인들, 티베트인들, 한 사람의 미국인이 있었다고 한다. 아테쉴리스는 스카이랩을 바다가 많은 지구의 남반구 쪽으로 떨어트리기 위해 심상으로 달과 같은 원반을 만들어 그것을 스카이랩을 향해 발사했으나 궤도수정에는 어려움을 겪었다고 한다. 이런 급박한 상황에서 갑자기 세 대의 비행접시가 나타나 궤도를 수정해 스카이랩은 사람이 살지 않는 인도양으로 추락했다고 한다.(142)

당시 아테쉴리스는 비행접시 속의 존재들에 자신의 의식을 동조시켜 이야기를 나누었는데 아테쉴리스에 의하면 그들은 절대계의 존재로서 '지구의 수호자'들이라고 했다.

"우리는 지구 정원의 수호자예요."
그들은 이렇게 말했어.
"당신네 지구는 시끄러운 아이들로 가득한 유치원 같아요."
"지구는 기생충과 바이러스가 가득한 정원이지요."
내가 이렇게 대꾸했지.
"아니에요. 그것은 생명의 한 표현일 뿐이지요."
그들이 이렇게 되받더군. 그들은 여럿이서 작업을 하고 있는 듯했는데 그것이 나에게 비행접시와 같은 인상을 주었던 거야. 나는 그들이 실제로 비행접시인지 물어보았지만 그들은 나의 질문을 무시하는 듯했어. 그 대신 그들의 대답은, 자기들은 '우주인(Space People)'이라는 거야.(143)

참고로 아테쉴리스에 의하면 우리가 살고 있는 우주는 우리가 알고 있는 것보다 훨씬 더 지적인 생명체들로 가득[59]하다(144)고 말하며 그

---

[59] 아테쉴리스는 "우리는 다른 행성에서 지구에 표현된 것과 같은 형태의, 우리가 이해하는 형태의 그런 생명체를 발견하리라고 기대해서는 안 되네. 생명은 모든 곳에 있고 우리가 알고 있는 그런 환경에만 있는 것이 아니라네. 말하지만, 태양조차도 생명체로 가득하다네. 생명이 언제나 지구에 표현된 그런 형태로만 나타나리라고 기대하는 것은 좀 편협한 생각이 아닐까? 정통 과학은 텔레파시, 심지어는 투시와 같은 단순한 현상조차 해명해 내지 못하고 있다는 점만 명심하게. … 그들은 소위 UFO가 어떻게 그토록 빠른 속도로 순식간에 나타났다가 사라지는지 이해하지 못한다네. 정통 과학이 그것을 이해하지 못한다면 우리가 어떻게 화성

의 수제자인 코스타스[60]는 "우리 태양계의 다른 행성들과 비교하면 지구는 진화의 낮은 단계에 있다."라고 한다. 예를 들어 화성의 물질계가 지금 지구의 자연환경과 다르다고 해서 거기에 생명체가 없는 것은 아니다. 그들은 이미 진화해서 물질로부터 해방되었다. 화성인들이 지구로 올 때는 몸을 화성에 그대로 두고 지구의 전리층에서 사념으로 (물질을 모아) 우리의 눈으로는 비행접시처럼 보이는 것을 만들어낸다. 만일 그들이 지상으로 가기를 원한다면 인간의 모습으로 물현한다.[145] 이에 마르키데스가 "그들의 도시와 건물들은 어디에 있냐?"라고 묻자 아테쉴리스는 지금 여기 지구상의 심령차원에 있는 도시와 건물들도 보지 못하는데 어떻게 다른 행성에 있는 것을 발견할 수 있냐고 되묻는다.[146] 더 나아가 코스타스는 인간들이 사는 수준이 우리와는 다른 행성들도 있다며 다음과 같이 말한다.

"예컨대 어떤 행성의 인간들은 당나귀를 타고 여행하며, 기술은 아직 원시적이고 집단적 각성 수준도 우리만큼 발달하지 않았습니다. 수레바퀴를 발명해야만 할 인간들도 있고, 진화의 길에서 우리보다 훨씬 앞서 있는 행성들의 인간들도 있습니다."[148]

에 지구와 같은 환경 조건이 존재하지 않는다고 해서 거기에 생명이 없다고 단정할 수 있겠나?" 하고 말한다.[147]

60 코스타스(1941-2016)는 마르키데스의 저서에서 사용된 가명으로, 실제 이름은 키키스 L. 크리스토피데스(Kikis L. Christofides)이다. 그는 아테쉴리스와 20년 이상을 함께하며 신비주의적 지식을 연구하고 가르쳤다. 또한, Erevna 조직을 통해 아테쉴리스의 가르침을 계승했다.

필자가 사후세계 관련 탐구를 하기 전 영계에 대한 이미지는 마치 〈전설의 고향〉 같은 TV나 영화의 이미지들과 기독교성화의 이미지로 채색되어 있었다. 하지만 사후세계에 대한 메시지들과 지식이 쌓여 갈수록 그 반대의 입장이 되어 갔다. 고차원계의 진화된 존재들은 지금의 우리가 컴퓨터 프로그램으로 제품들을 시뮬레이션하듯이 시간과 공간을 초월해 우주를 모델링하거나 생성해 내고 행성계의 생명체나 무생물체들을 창조하고 관리하고 있다. 예를 들어 단 한 품종으로 시작했던 개와 비둘기와 잉어가 지난 몇백 년 사이에 수백 개의 품종으로 '진화'했다. 이런 것들은 고차원계의 적극적인 개입으로도 볼 수 있을 것이다. 또한 '오리너구리'같이 '오리 부리'와 '비버의 몸'을 결합시키고 알을 낳는 포유동물을 만들기 위해서는 매우 독창적이고 정교한 다양한 공학 기술이 필요할 것이다. 모든 생물체가 그러하지만 특히 이 생물체는 고차원계에서 어느 유별난 존재의 실험 정신으로 만들어 낸 것이 아닌가 하는 생각도 해 보게 된다.

6장

윤회와 카르마의 법칙들

지금 여기의 나와 윤회

"내가 다시 태어난다고? 난 다시 태어나고 싶지 않은데…."

우리가 이렇게 느끼는 원인은 '현재의 나'가 느끼는 생사고락(生死苦樂)에 따른 두려움이다. 그런데 영혼의 입장도 이와 같을까? 지금 우리가 자아실현을 하고 싶은 것처럼 불멸의 존재인 '영혼'도 진화(성장)하고자 한다. 그런데 윤회 없이는 진화도 없다는 것이다. 『신과 나눈 이야기』 시리즈에서 신(God)은 윤회와 영혼의 진화에 대해 이렇게 말한다.

"너희가 '죽음'이라는 경험을 할 때 너희는 삶을 다시 보는 기회를 가질 것이다. 사실 너희는 그런 기회를 요구할 것이다. 너희는 그런 기회를 원할 것이다. 그것은 너희가 자아와 삶에 대해 더 많이 알게 되는 과정의 중요한 일부분이고, 이 과정을 통해 너희는 진화한다. 이 삶을 다시 보는 과정에서, 너희는 너희 삶의 모든 순간, 너희가 생각했거나,

말했거나, 행한 모든 것을 경험할 수 있다. 이 경험은 매우 포괄적이다. 너희는 너희의 시각으로 경험할 뿐만 아니라, 너희가 접촉했던 다른 모든 사람의 시각으로도 경험할 것이다. 너희가 생각하고, 말하고, 행한 것의 결과로 그들이 경험하는 것을 체험할 수 있을 것이다.

… (그 과정에서) 고통을 경험할 것이다. (어머니가 출산의 고통을 경험하듯이) 그러나 너는 그것을 고통으로 생각하지 않을 것이다. 비유를 하자면, 너는 그것을 출산의 기쁨으로 경험할 것이다. 이 경우, 새로운 자신의 출산이다. 즉, 이제 더 많이 이해하고, 더 많이 인식하고, 더 많이 알고 (그 결과 새로운 방식으로 자아를 경험할 준비가 된 너의 출산이다.) 이 과정이 진화라고 불린다.(149) 너희는 보고, 판단하고, 선택한다. 그리고 선택한 결과를 다시 보고 다시 판단한다. 그리고 한 번 더 (생을) 선택한다. 이것이 반복되는 것이다. 너희가 진정한 자신을 결정하는 것은 바로 이 과정을 통해서이다. 끊임없이 이렇게 결정하고 다시 결정함으로써, 너희는 진화한다. 영혼이 너희 몸으로 온 이유가 바로 진화하기 위한 것이다. 즉, 더 위대하고도 보다 더 위대한 자신이 되기 위해서. 이것이 지구에서 너희 삶의 목적이자 모든 곳에 있는 삶의 목적이다."(150)

영혼의 목적은 진화다. 그렇기 때문에 '현재의 나'는 고통과 두려움으로 다시 태어나기를 원하지 않는다 해도 나의 본질인 <u>'영혼'은 진화를 위해 고통을 경험하는 결정</u>을 하는 것이다. 바로 이 결정에 대해 아테쉴리스는 우리 미래의 생을 결정할 수 있는 것은 '현재의 나'가 아닌

'영원한 자아(영혼)'라고 말하면서 영원한 자아는 "'현재의 나'를 보듬어 안고 '얘야, 고통스럽지 않니? 하지만 나도 어쩔 수 없구나. 너는 네 자신을 위해서 고통을 느껴야만 한단다.'라고 말한다네." 하고 설명한다.(151)

문제는 '영혼의 진화(성장)가 얼마나 많이 환생을 했느냐?' 또는 '얼마나 크게 고통을 받았냐?'에 비례하지 않는다는 것이다. 뉴턴 박사는 그의 피술자 중에는 지구에 3만 년 동안이나 반복되는 윤회를 하면서도 레벨 2의 낮은 단계에 머물고 있는 영혼들이 흔히 있었고(152), 반면 어느 영혼은 4,000년이라는 짧은 기간 사이에 레벨 3에 이르는 뛰어난 성취를 이루기도 하였다(153)고 보고한다. 이것은 우리가 게임을 하는 데 있어 '게임을 많이 했다고 만렙에 이르렀는가?'와 비슷한 이야기다. 만약 600회의 게임을 해도 그 기간 안에 누군가는 만렙에 이르고 누군가는 상위 레벨의 문턱에서 계속 좌절되고 있는 것과 마찬가지인 것이다. 그렇다면 어떤 유저들이 게임을 잘할까? 시행착오를 계속 반복하며 경험하는 유저들보다는 시행착오에 대해서 연구하며 게임을 하는 유저들이 분명 만렙에 빨리 오를 것이다. 우리 영혼의 진화도 이와 같다. 이제부터는 영혼의 진화를 촉진하는 게임의 법칙 즉, 윤회와 카르마의 법칙들에 대해 알아보도록 하자.

윤회도(輪廻圖)[61]: 죽음의 신이 움켜 쥐고 있는 윤회도의 한가운데에는 죽음과 재탄생의 순환을 영속시키는 힘들이 세 가지 동물(닭, 뱀, 돼지)로 상징되어 있다. 그 오른편에는 악업을 저지른 이들이 하강하는 어둠의 길이 있고, 왼편에는 선업을 쌓은 이들이 상승하는 빛의 길이 있다. 바퀴의 여섯 구획은 영혼들이 태어날 수 있는 존재의 영역들(천상계, 아수라계, 아귀계, 지옥계, 축생계, 인간계)을 나타낸다. 마지막으로 바퀴의 테두리는 환생으로 이끄는 인과의 사슬을 묘사한다.

---

61 이미지 출처: https://zenstudiespodcast.com/sixrealms1/

규칙 1. 인과응보의 법칙

카르마의 법칙 중 우리에게 가장 잘 알려진 것은 인과응보의 법칙일 것이다. 이에 대해 아테쉴리스는 다음과 같이 카르마의 법칙에 대해 가르친다.

"숭고한 하나님의 자비는 우리의 머리로 측량할 수가 없습니다. 이것은 인과응보의 법칙이 존재하지 않는다는 뜻이 아닙니다. 하나님께서 자비를 내리실 만한 뉘우침이 없다면 응보는 조만간 가차 없이 찾아올 것입니다. 그것이 수백 년 후가 될지라도 반드시 오고야 맙니다. 그리스도는 이것을 아주 정확히 말씀하셨습니다. '너희가 베푼 한 잔의 물도 결국은 너희에게 돌아오리라.'"(154)

이에 마르키데스의 아내인 에밀리가 카르마의 법칙에 대해 지속하여 반론을 제기하자, 그는 이렇게 말한다.

"이봐요. 당신이 하나님의 존재에 대한 의문에 대답을 못 하듯이 위대한 진리는 항상 말로써 대답할 수 있는 것은 아니에요. … 당신은 카르마를 믿지 못하겠다는 말씀이지요? 카르마의 채찍을 두세 번쯤 맞으면 믿게 될 겁니다. 고통을 느낄 테니까요?"(155)

그는 카르마의 고통에 대해 "왜 인간들은 그런 권리를(많은 죄악을 저지를 수 있는 자유의지) 가져야만 했을까? 그리고 영겁을 통해 끝도 없이 그런 짓을 벌이고 있으니 말이야. 나는 너를 죽이고, 너는 나를 죽이고…… 한도 끝도 없이 이어지고 있네. … **어떤 사람도 이유 없이 고통을 겪지는 않아. 하지만 고통 뒤에 숨어 있는 이유를 사람들은 알**

지 못해, 그들은 영적인 진화의 어떤 단계에 이르러서 실재의 진리 속으로 뚫고 들어갔을 때에야, 비로소 그 이유를 알게 될 걸세. 카르마의 법칙은 절대적으로 공정하지만, 그것은 언제나 고통스럽다네."(156) 하고 말한다. 아테쉴리스가 말한 카르마의 고통은 하늘의 법칙에 따른 징벌이라 말할 수 있다. 이 카르마의 징벌 사례는 케이시 파일에 많은 이야기들이 나오는데 이것은 케이시에게 도움을 요청해 오는 사람들은 주로 현세에 고통 받는 사람들이었기 때문이다.

태어날 때부터 맹인인 어떤 대학교수가 라디오 방송에서 케이시에 관한 이야기를 들었다. 그는 케이시에게 피지컬 리딩을 의뢰했고 리딩이 지시한 대로 마사지·전기 치료법·식이 요법 등 종합 치료를 한 결과 몸이 건강해지고 시력도 현저히 회복되었다. 의학적으로는 전혀 방법이 없었지만 3개월이 지나자 왼쪽 눈 시력이 10% 정도 회복된 것이다. 라이프 리딩은 이 사람의 네 번에 걸친 과거 생을 말하고 있다. 가장 가까운 전생이 남북전쟁 시대의 미국, 그 전이 십자군 시대의 프랑스, 그 전은 기원전 1,000년 무렵의 페르시아, 그 전은 침몰(성경의 대홍수) 직전의 아틀란티스라고 했다. 현재의 그를 맹인으로 만든 영적법칙(카르마)은 그가 페르시아 시대에 유발시킨 것이라고 한다. 그는 당시 불에 달군 인두로 적의 눈을 지져 버리는 풍습이 있는 야만적인 부족 중의 한 사람으로서 그 일을 직업적으로 담당했다는 것이다.(157)

미용사인 여성의 경우 이 여성은 1세 때 소아마비에 걸려 다리의 발육이 정지되었으며 결국 지팡이와 부목 없이는 걸을 수 없는 몸이 되었다. 그녀가 이렇게 장애의 몸이 된 것은 카르마의 관점에서 보면 아틀란티스에 살 때 어떤 방법으로 (리딩은 밝히지 않았다.) '사람들의 다리를 약하게 만들어 남의 뒤를 겨우 따라 걸어 다니게 한 것이 원인'이라는 것이다. 그 때문에 현생에서는 자기 자신이 그런 꼴이 되었다고 했다.(158)

가톨릭 신자인 21세의 청년의 경우 그의 부모는 그가 신부가 되기를 바랐지만 그는 부모의 희망에 따르지 않았다. 그의 가장 큰 문제는 억누를 수 없는 동성애 충동이었다. 그의 부탁을 받고 케이시는 리딩을 해 주었다. 리딩에 따르면 그의 전생은 프랑스 궁정의 풍자가였는데, 타고난 풍자적 재능으로 궁정 안에서의 동성애 스캔들을 폭로하기를 특히 재미있어했다. "남을 심판함은 바로 자기의 죄를 심판함이다. 왜냐하면 남을 헤아리고 심판할 때 자기도 그와 같이 헤아림을 당하고 심판받게 되기 때문이다."라고 리딩은 말했다.(159)

16세 때에 자동차 사고로 등뼈가 부러진 소년이다. 병원에서는 이 소년이 살아남을 가망이 별로 없다고 했지만 소년은 견디어 냈다. 그러나 척추 다섯 번째 마디 아래가 완전히 마비되어 그 후에는 휠체어에 묶인 몸이 되고 말았다. 사고를 당한 지 7년 반 후, 즉 소년이 23세가 되었을 때 어머니가 대신 케이시에게서 리딩을 받았다. 리딩에 따르면, 그의 전생은 미국 혁명 당시의 결단력과 용기를 함께 갖춘 육군 장교였다. 그 생에서의 경험이 바탕이 되어 현생의 그는 성실하고 쾌활하며 역경 속에서도 자신이 지닌 능력을 최대로 이용하는 지혜로운 사람이었다. 그러나 그의 현생의 괴로움은 바로 그보다 하나 앞의 전생에서 비롯된다. 그는 초기 그리스도교 시대에 로마의 군인으로서 방종을 일삼았다. 그는 스스로 투기장에서 싸웠고, 자기가 상대한 많은 사람이 후에 다시 맹수와 싸우는 것을 구경하곤 했다. 그는 많은 괴로움을 겪으면서도 그 의미를 헤아리지 못하고 날뛰었다. 그러므로 그는 현생에서 다시 괴로움을 경험하고 그것을 이겨 나가야만 하는 것이다.(160)

어떤 천식 환자의 리딩에서는 "제 목숨이 짓눌리는 것 같을 때는 당신이 남의 목숨을 짓누르고 있는 것이다."라고 하였다. 귀머거리인 사람에게는 "이제는 두 번 다시 당신에게 도움을 구하는 사람의 말에 귀를 막아서는 안 된다(이 사람은 프랑스 혁명 때 귀족이었다)."라고 주어졌다. 어떤 척수염 환자는 "이 사람은 남을 방해했기 때문에 지금 자기 자신이 그런 꼴을 당하는 것이다."라는 말을 들었다. 진행성 근육 위축증에 걸린 환자는 이런 말을 들었다. "이것은 단순히 하지의 신경이나 근육이 오그라든 것이 아니다. 이것은 전생에서 당신이 자기와 남의 생활 속에서 만들어 냈던 것의 결과이다."(161) 이렇듯이 대개 타고난 불구는 무언가 전생의 죄를 강하게 암시한다. 다운증후군, 청각장애인, 선천성 뇌수종 등 기타 가련하게 불행에 시달리는 아이들에

대해 케이시 리딩은 거듭거듭 "이것은 아이와 부모 쌍방의 카르마이다."라고 말한다.(162)

이와 비슷하게 예수께서 길을 가시다가 태어나면서부터 눈먼 소경을 만나셨는데 제자들이 예수께 "선생님, 저 사람이 소경으로 태어난 것은 누구의 죄입니까? 자기 죄입니까? 그 부모의 죄입니까?" 하고 물었다(요한복음 9:1-2). 기독교인이라면 이 부분에서 예수의 제자들이 한 질문을 주목해야 한다. 예수가 환생이나 전생을 가르치지 않았다면 제자들이 예수에게 그런 질문을 했을까? 학생들의 질문은 선생이 가르쳤던 내용들에서 나오는 것이다. 제자들의 이 질문에 대한 기독교 성경 속 예수의 대답은 매우 모호하다.

"자기 죄 탓도 아니고 부모의 죄 탓도 아니다. 다만 저 사람에게서 하나님의 놀라운 일을 드러내기 위한 것이다."
(요한복음 9:3)

케이시의 리딩에서 고통의 원인이 몇 번 전의 전생에 있다는 말을 들은 사람들이, 카르마가 그렇게 멈추어져 있다가 나타나는 까닭을 알고 싶어 해 이런 점에 대해 "이 사람은 왜 로마 시대의 카르마를 보상하기 위해 현생까지 기다려야만 했는가?" 하고 물었을 때 "이전의 생에서는 보상할 수가 없었기 때문"이라는 답변이 주어졌다. 예컨대 자동차 사고로 다친 16세 소년의 경우를 다시 보자. 그 카르마의 원인은 고대 로마 시대에 뿌려졌음이 판명됐다. 그런데 그는 미국 혁명 시대의 삶에서 경험을 통하여 용기와 쾌활함, 그 밖의 자기에게로 오는 일체의 것을 자기 성장에 도움이 되게 하는 능력으로 키울 기회가 주어졌던 것이다. 그런 능력이 고대 로마 시대 이래의 카르마를 보상하기 위해 겪어야 할 고통을 견디어 내는 데 필요했던 것이다.(163)

이런 이치는 우리가 돈을 빌려 쓸 때 보통 어떻게 하는지를 보아도 잘 알 수가 있다. 은행에서 5,000만 원을 빌리면 그것을 내일 당장 갚을 수는 없다. 내일은커녕 내달 또는 내년이 되어도 갚을 수 있을지 의문이다. 그러므로 채무자가 빚을 갚을 수 있는 능력이 갖추어질 때까지 기다려 주는 것이다. 며칠 후에 갚을 능력이 없는데 갚으라고 요구하는 것은 무리한 일이다. 카르마의 부채를 갚는 데 있어서도 마찬가지의 이치와 과정을 거친다고 볼 수 있다.(164)

좋은 환경이나 건강한 몸은 카르마의 긍정적인 결과[62]로도 볼 수 있

---

[62] 재능은 우연의 결과인가? 이에 대해 케이시 파일을 연구한 서미나라 박사는 다음과 같이 설명한다.
"윤회의 개념에 따른다면 어떤 노력도 결코 헛되지 않다. 만약 카르마가 나쁜 짓 한 것을 징벌함에 있어 공평한 엄격함으로 임한다면, 그것은 건설적인 노력을 한 것을 보상하는 데 있어서도 마찬가지의 공평한 엄격함으로 임할 것이다. 이 중요한 사실을 인식한다면 절망 따위는 사실상 있을 수 없다는 것을 깨달을 수 있다. 어떠한 순간에도 사람은 자기 자신의 미래를 창조하고 있는 것이며, 그 미래의 기초를 닦고 있는 것이다. 미래는 지금 이 순간에 적극적으로 그리고 건설적으로 노력을 하고 있느냐, 아니면 표면적인 장애에 굴복하여 소극적인 태도가 되어 버리느냐에 따라 결정되는 것이다."(165)
"가령, 어떤 노인이 꽃을 훌륭하게 피워 보려고 계속 노력은 하고 있지만 아무리 애써도 원예 경진대회에서 상을 타기는커녕 세상에 별로 알려지지 못할지도 모른다. 그러나 이 노인은 앞

다. 현세에 성공한 사람들의 경우 케이시 파일에서는 그 이유에 대한 아무런 설명이 없는 경우가 많았다. 그것은 리딩을 의뢰한 사람들이 자신의 성공의 원인에 대해 설명을 요구하지 않았을 것이다. 사람들은 고통에 빠졌을 때야 "왜 이런 일이 일어났느냐?"라고 묻기 때문이다. 관련한 이야기로 케이시 파일에 재미있는 경우가 하나 있다.

뉴욕의 인기 있는 모델의 경우인데, 그녀는 뛰어나게 고운 손 덕분에 매니큐어나 핸드 로션 광고와 보석상의 광고 모델로 으뜸가는 존재였다. 그렇게 아름다운 손을 가지게 된 원인은 그녀가 영국 수녀원의 수녀였던 전생에 있다. 거기서 그녀는 아주 천하고 거친 손일을 하며 일생을 보냈다. 그러나 그녀는 그 일을 헌신적인 봉사 정신으로 정성껏 했기 때문에 영혼이 정화되었고 그것이 그녀의 용모와 손을 특별히 아름답게 해 준 것이다. 이것이야말로 아름다운 용모를 갈망하는 사람들을 고무시키는 예일 것이다. 또한 이것은 카르마란 반드시

으로 몇 번인가 환생하는 사이에 언젠가는 뛰어난 식물학자나 원예가가 될 식물학의 지식을 기초로 쌓아 올리고 있는 것이다. 어떤 부인의 예술에 대한 어처구니없을 만큼의 노력은 가족이나 친구들에게 끊임없는 농담거리를 제공하는 것뿐만 아니라, 미래에 어떤 궁전에 벽화를 그리게 될 능력의 기초를 쌓고 있는 것이다.

화려한 무대에서 연주하며 우레와 같은 박수갈채를 한 몸에 받는 꿈을 버리고 날마다 참을성 있게 아이들의 피아노 레슨을 해 주고 있는 보잘것없는 음악 교사가, 결국 그렇게 하는 것이 미래에 세계적 명성과 갈채를 받는 길로 통한다는 것을 깨닫는다면 훨씬 더 성실하게 지금의 일을 계속할 수 있을 것이다. 메트로놈의 똑딱 소리는 그녀의 깊은 의식 속에 정확한 리듬감을 새겨 나간다. 속도 연습이나 손가락 연습, 소나타, 즉흥곡, 푸가 따위를 해마다 되풀이하는 것은 그녀의 음악적 기억 영역에 깊은 조화로움을 인식시켜 나간다. 그리하여 다음 생에서 또는 다음다음 생에서 놀라운 대연주가가 되고, 그 천재적 즉흥 연주나 비범한 리듬 감각은 그 시대 청중들을 경탄시키고 매료시킬 것이다."(166)

엄격하고 징벌적인 것만은 아니라는 것을 깨닫게 하는 데 도움이 될 것이다.(167)

케이시 리딩이 특별한 점은 질병의 고통이 카르마에서 온 것임을 말하고는, 이어서 그 치료법을 반드시 말해 준다는 점이다. 육체적 카르마의 경우에는 대개 치유될 가망이 있다는 것을 분명히 말해 주고 있다. 카르마의 부채가 너무 무거울 때는 솔직하게 완전한 치유는 바랄 수 없지만 노력을 하면 훨씬 좋아진다는 말과 함께 구체적인 치료법을 말하고 있다.

어떤 정체불명의 병에 걸린 34세의 전기 기술자가 의사에게서 나을 가망이 없는 다발성 경화증(Multiple Sclerosis)으로 진단을 받았다. 3년 동안 그는 일을 하지 못했다. 눈이 가물거려 읽을 수도 쓸 수도 없게 되었고 걸음을 걷다가는 쓰러지곤 했다. 그는 여기저기 자선 병원을 전전했고, 그러는 동안 아내가 백화점 점원 노릇을 하면서 아이를 데리고 살림을 꾸려 나갔다. 라이프 리딩은 하지 않았지만, 그의 병에 대한 피지컬 리딩은 그 병이 카르마에서 온 것이라고 했다. 그러나 동시에 희망을 잃지 말라고 격려했다. 그의 리딩 기록은 3페이지에 이른다. 먼저 의학적 용어로 증상에 대한 병리학적 설명이 있고, 이어서 인간의 몸에는 자연 치유 능력이 있다는 사실을 누누이 말하고, 다음으로 그 병이 카르마에서 오는 것이므로 마음가짐을 바꾸어 미워하는 마음과 적의를 의식에서 완전히 없애라고 권고하고 있다. 그리고 끝

으로 아주 자세한 치료법을 말해 주고 있다.(168)

그로부터 약 1년 뒤에 이 사나이는 다시 리딩을 받고 싶다는 편지를 보내 왔다. 그의 편지에 의하면, 처음의 리딩에서 말한 대로 치료를 했더니 곧 회복의 징조가 나타났고, 그로부터 4개월 동안은 상태가 호전되어 가더니 다시 역전되어 체력이 떨어지기 시작했다는 것이다. 그는 정신적인 면은 노력하지 않고 오직 육체적 치료에 관한 지시만을 지켰던 것이다. 두 번째 리딩은 분명히 이런 그의 태도를 나무라고 있다.(169)

"그렇다. 이 몸은 전에도 본 일이 있다. 육체적으로는 점점 회복되어 갔다. 그러나 그보다도 더 할 일이 있었던 것이다. 전에도 말했듯이 이 병은 카르마에서 온 것이다. 사람들과 사물에 대한 마음가짐이 달라지지 않으면 소용이 없다. 육체적 이상에 대한 물질적 치료 효과는 나타나 있다. 그러나 그는 여전히 자기중심적이고 영적인 것을 받아들이지 않으니, 그런 태도를 바꾸지 않고 증오·원한·부정한 탐욕·질투가 남아 있는 한, 또한 인내·이웃 사랑·친절·온화함이 아닌 그 무엇이 그의 마음속에 있는 한 치유는 기대할 수 없다. 그는 무엇 때문에 병을 고치고 싶어 하는가? 자신의 육체적 욕망을 만족시키기 위해서인가? 더욱 이기주의자가 되기 위해서인가? 만약 그렇다면 지금의 상태대로 낫지 않는 편이 그를 위해서는 좋다."

"마음가짐과 삶의 목적이 달라지고 말과 행동에서도 그런 변화가 나타난다면, 그리고 그런 바탕 위에서 지시한 대로 물질적 치료를 한다면 그는 회복될 것이다. 그러나 무엇보다도 먼저 감정과 정신과 목적과 의지를 바꾸어야 한다. 당신의 목적과 당신의 영혼이 성령의 세례를 받지 않는다면 어떤 물리적 치료법을 써도 완전한 회복은 바랄 수가 없다. 이 권고를 받아들이건 거절하건 그것은 당신의 마음에 달린 문제이다."(170)

여기서 주목되는 것은, 의식의 내용과 인생에 있어서의 영적 목적을 바꾸면 치유될 가망이 있다고 한 말이다. "무엇 때문에 낫고 싶은가?" 하고 리딩은 묻고 있다. "자신의 육체적 욕망을 만족시키기 위해서? 아니면 더욱 이기적인 생활을 하려고?" 그렇다면 차라리 낫지 않는 것이 더 좋다고 한다. 이 경우처럼 질병이 그 사람을 윤리적으로 바로잡는 목적을 가지고 있어, 질병의 원인인 윤리적 결함을 고치지 않으면 안 된다는 것을 지적하지 않을 수 없는 경우도 많이 있었던 것이다. 질병에 시달리는 사람은 가능한 모든 수단으로 그 질병을 고치도록 힘써야 하지만, 동시에 그의 영혼의 내적 결함을 바로잡기 위해 하늘이 그에게 준 기회를 붙잡고 놓치지 말아야 한다. 인간의 지혜나 현대 의학의 산물로 질병이 일시적으로 다스려질 수는 있을지 모르지만 결국 이 카르마라는 우주의 법칙 앞에서는 아무 소용이 없다. 결국 치유는 안으로부터 영적으로 이루어져야 하는 것이다. 그렇지 않고는 그것이 오래가지 못한다.(171)

앞을 못 보는 맹인의 다음 예에서도 같은 말을 하고 있다.

"그렇다. 이것은 대부분 카르마에서 오는 증상이다. 인간관계에 영적 이상을 잘 적용한다면 이 사람의 인생 체험은 매우 달라질 것이다. 처음에는 시력에 별로 큰 변화가 없을지 모르지만, 내적으로 순응하는 마음가짐이 자라나면 몸도 좋아질 것이다. 척추의 이상도 입이나 잇몸의 이상처럼 눈과 관계가 있다.

먼저 영적으로 성숙하고 '그리스도 의식'을 매일의 생활에서 살리도록 노력해야 한다. 그리고 괴로움을 올바로 받아들이고 이웃 사랑과 친절과 인내와 온화함을 실천해야 한다.

척추 제4, 제3, 제2, 제1마디와 경추 제3, 제1, 제2, 제4마디를 잘 주무를 것, 마사지는 지시된 대로 해야 한다. 그리고 특히 귀 아래 유양돌기(Mastoid Process)와 이어지는 부분은 조심해서 주물러야 한다."(172)

위의 두 가지의 케이시 리딩을 보면 카르마로 인한 육체적 질병은 의료적 치료보다 그 원인이 되는 카르마, 즉 의식의 성취가 더 중요하다는 것을 알 수 있다. 그러나 이 의식의 성취는 결코 쉽지 않다고 리딩은 말한다. 관련해서 아테쉴리스는 다음과 같이 말한다.

"'현재의 나'는 제정신을 찾기는 쉽지 않아. '현재의 나'가 제대로 이성을 찾으려면, 먼저 진정한 자신인 '영원한 자아'에게 자주 매를 맞아야 할 걸세. '현재의 나'는 자신의 행동을 스스로 합리화하는 교활한 변호사와도 같은 면이 있다네. 이런 측면이 사라지지 않는 한 영적 진화는 정체된다네. 내가 그토록 자기분석과 자기극복을 강조하는 이유를 이해하겠나?"

"'영원한 자아'는 어떤 방법으로 자네를 그런 깨달음의 상태에 이르게 할까? '영원한 자아'는 과거에 자네(전생)의 못된 행동 때문에 고통당했던 사람의 역할을 자네(현재의 나)에게 맡기는 방법을 쓴다네."(173)

"이 같은 방법은 벌이 아닐세. 그것은 오히려 우리를 깨닫게 하는 방법이야. 지극히 자비로우신 그분(God)은 벌을 허용하지 않아. 그는 오로지 우리가 영적인 길을 나아갈 수 있게 도와줄 가르침만을 허용한다네."(174)

카르마의 징벌과 영혼의 진화에 대해 아테쉴리스는 자신의 아즈텍인으로서의 여러 번의 전생을 이야기한다.[63] 스페인 정복 기간 아테

---

[63] 아테쉴리스가 아즈텍인으로서의 전생에 대해 언급할 때는 현생의 여러 인물들(175)도 함께 언급된다. 관련한 내용은 케이시 리딩을 연구하는 사람들에게도 나타난다. 그것은 역사의 어떤 시대에 함께 살던 한 무리의 영혼이 다른 시대에도 무리지어 지상에 태어난다는 것(176)으로 일본의 신비가인 다카하시 신지는 다음과 같이 이야기한다.

"신의 뜻을 펼치는 천사들이 전생에서 이 세상으로 다시 태어날 때는 언제나 혼자 내려오는 것이 아니라 하나의 무리를 지어 내려온다. 그것은 아틀란티스 시대나 지금이나 같다. 그처럼 윤회의 과정은 전생에서도 부모 자식이나 형제자매나 친구 관계나 혹은 사제 간의 관계를 맺어 지금 세상의 인연으로 이어지고 있다는 뜻이다. 그러니까 여러분이 지금 인연을 맺고 사는 사람들은 모두 전생에서도 관련이 있었던 사람들이라는 사실을 잊어서는 안 된다. … 물론 그 모든 일은 본인의 희망에 따라 이루어진다. 따라서 여러분과 깊은 인연을 맺고 사는 사람들은 모두 전생에서 여러분이 선택한 사람들이라는 것을 잊어서는 안 된다. 사람들은 이 세상에 우연히 태어난 것이 아니다. 또 이 시대에 태어났거나 이 나라 이 집안에서 태어난 것도 우연이 아니라 본인 자신이 전생에서 선택했다는 뜻이다. … 따라서 사람들은 전생에서

쉴리스는 아즈텍 왕의 사촌이었으며 야코보스는 그의 조카였다. 어느 날 스페인 정복자들은 야코보스를 납치했고 아테쉴리스는 조카를 구하기 위해 조카의 몸무게만큼의 황금과 조카를 교환하기로 협상한다. 스페인 책임 장교는 "우리의 신인 예수 그리스도의 이름으로 그를 놔 주기로 약속하겠소." 하고 맹세했으나 그는 약속한 황금을 받자 스틸리아노와 야코보스 둘 다 죽여 버렸다. 여기서 흥미로운 점은 아테쉴리스가 마르키데스에게 말하기를 자신과 야코보스를 죽인 '장교'가 다름 아닌 현재 그의 제자이자 내부 비밀조직의 회원인 프라지노스(가명) 씨라는 점이다. 이와 관련해 마르키데스는 "나중에 다스칼로스가 프라지노스 씨를 나에게 소개했을 때, 나는 아무것도 모르는 듯한 표정을 지으려고 애썼다. 50세의 안경을 쓴, 웃음이 많은 회계 직원에게서 난폭한 스페인 정복자의 이미지를 연상한다는 것은 웃기는 일이었다." 하고 기술한다. 이와 관련해 아테쉴리스는 "그를 내부 조직으로 이끌어 온 것은 카르마라네."라고 말하면서 "<u>그가 스페인 정복자로서 만들어 내었던 부정적인 염체(카르마)들을 지우기 위해 얼마나 많은 고난을 겪어야 했는지는 오직 신만이 아시지. 그러나 이제 그는 사랑 속에서 한 형제라네.</u>"(178) 하고 카르마의 징벌과 영적 진화에 대해 이야기한다.

다른 한편으론 15세에 사고로 한쪽 다리를 잃은 남자가 "이 사고는

육체적으로나 정신적으로 관계가 깊었던 이들과 함께 무리를 지어 지금의 환경과 시대와 배경을 선택해서 태어났다. 그것이 전생과 현생의 관계이다."(177)

카르마의 부채 때문입니까, 아니면 다른 원인이 있습니까?" 하고 물었다. 케이시 리딩은 "이것은 당신의 마음의 눈이 열리기 위해 필요한 경험이다. 뭔가 부채를 지불하기 위해서가 아니라 당신을 해방시켜 주는 진리를 배우기 위해서이다." 하고 답변[64]한다. 진행성 근육 위축증을 앓고 있는 어떤 남성에 대한 리딩은 다음과 같다.

"이 병은 태아 때에 생긴 것입니다. 그러나 이것은 조상의 죄도 아니고 본인의 죄도 아니며, 이 사람이 현생에서 인내와 성실이라는 교훈을 배우기 위해서입니다. 따라서 보기 흉한 불구의 몸 때문에 우울해지고 비관하여 마음이 어두워지지 않도록 하십시오. 만사가 마음에 따라 어떻게든 변할 수 있다는 것을 잊어서는 안 됩니다."(179)

이 리딩이 특별한 점은 지금 누군가가 또는 자기 자신이 심하게 고

---

[64] 『신과 나눈 이야기』에서 닐은 '정신이나 육체에 장애를 안고 태어난 사람들이 겪는 고초에 대해서는 어떻게 생각하십니까?' 하고 묻고 신(God)은 다음과 같이 답변한다.
"너는 그 사람들이 네 말처럼 장애를 가졌다고 생각하느냐? 그들 스스로 선택한 것이 아니고? 너는 한 인간의 영혼이, 그게 어떤 것이든 간에, 우연히 삶의 도전들과 마주친다고 상상하느냐? 이게 네가 상상하는 것이냐?
… 그러나 너희는 자신의 체험을 창조하는 데 함께할 사람과 장소와 사건들, 즉 조건과 상황들과, 도전과 장애들, 그리고 기회와 선택 사항들을 선택할 수는 있다. 너희는 자신의 팔레트에 짜 놓을 색깔들, 자신의 궤짝을 짜는 데 필요한 연장들, 자신의 작업장에 필요한 기계들을 선택할 수는 있다. 이런 것들을 써서 뭔가를 창조하는 것이 너희의 일거리다. 그것이 인생의 일거리다.
너희가 하기로 선택한 그 모든 일에서 너희의 잠재력은 무한하다. 소위 장애 있는 신체를 지닌 한 영혼은 자신의 잠재력을 완전히 실현한 것이 아니라고 억측하지 마라. 너희는 그 영혼이 무엇을 하려는지 모른다. 너희는 그것의 진행 과정을 이해하지 못하며, 그것이 뜻하는 바가 무엇인지 모른다. 그러므로 모든 사람과 모든 조건을 축복하고 그것들에 감사하라."(180)

통받고 있다고 해서, 그것이 꼭 전생에 저지른 끔찍한 범죄 또는 악행 때문이라고 단정할 수는 없다는 것이다. 오히려 영혼의 성장(진화)을 위한 선택이었다는 점이다. 이 케이스에서 필자는 뉴턴 박사의 이슈리의 사례가 떠올랐다. 그녀는 6세 때 마차 뒷바퀴에 다리가 깔려 설 수도 걸을 수도 없이 불구로 살아야 했지만 그녀는 불우한 아이들을 위해 책을 쓰고 또 가르치는 일을 하며 여생을 보냈다. 뉴턴 박사가 피술자의 초의식 상태에서 "그 생애에서는 걷지 못하게 됨으로써 얻은 것이 많군요." 하고 말하자 그녀는 자신의 성장에 대해서 이야기를 한다.

"그렇습니다. 거동이 불편해지면서 저는 모든 소리에 귀를 기울이고 또 생각하는 시간을 많이 갖게 되었어요. 또 많은 사람과 서신을 교환하면서 영감으로 편지를 쓰는 법을 배웠지요. 젊은이들을 가르치는 방법도 알게 되었고 안에서 솟아나는 힘에 인도되어 그 모든 일을 할 수 있게 된 것을 느끼게 되었어요."(181)

여기서 더 나아가 영혼의 진화가 완성되어 갈수록 삶의 내용은 더 가혹해지는 경향[65]이 있다. 이는 게임의 만렙이 되어 갈수록 쉬운 게

---

[65] 룹상 람파는 영혼 진화의 완성 단계의 삶에 대해 다음과 같이 이야기한다.
"한 존재가 몇 번이고 다시 태어나다 보면 이윽고 이 지상에 더 이상 태어날 필요가 없는 상태가 도래한다. 그렇지만 지상에서 마지막 생을 보내는 사람들은 거의 예외 없이 비참하고 고통받고 가난하고 오해받는 몹시 혹독한 세월을 겪게 된다. 그런 고통은 그를 그저 그런 인간이 아니라 품격 있는 영으로서 거듭나게 하는 발효제라고 할 만하다. 지상에서 마지막 생을 보내는 사람은 종종 가장 불운한 부류의 인간들로 여겨진다. … 그들은 다음 생에서는 이런 것들을 배울 수 없다. 그래서 이번 생에서 충분한 몫을 취하는 것이다. … 그들은 영계로 돌아가서 충분히 휴식 후에 그들은 상위 차원을 향해 새로운 여정을 시작한다. … 위대한 예언자조차도 그 너머의 진화 단계로 옮겨 가면 새로운 능력과 기예를 배워야 한다. 처음 자전거를 산 소년은 그것을 타는 법부터 배운다. 그리고 넘어지지 않고 자전거를 타게 된 이후에

임이 아닌 어려운 미션을 선택하는 것과 같다.

규칙 2. 성장과 대체의 법칙

키프로스에서 가장 유능한 외과의사가 아테쉴리스의 제자가 되었다. 그 외과의사의 전생은 오토만제국이 그리스를 지배할 시기(19세기)의 정치가로서 당시 그는 그리스 독립운동가들의 체포와 처형에 적극 가담했다. 아테쉴리스에 의하면 카르마는 전생의 그가 가장 싫어했던 그리스인으로 태어나게 했다고 한다. 흥미롭게도 그 외과의사도 자신의 전생을 대략 알고 있어 그는 전생에 대해 다음과 같이 이야기한다.

"나는 그리스인들의 적이었다. 나는 싸우면서 그들을 강물에 던져 넣는 것 같은 짓을 많이 저지른 것 같지만 기억이 나지는 않는다. 키프로스에서 그리스인으로 태어난 것은 내게 내려진 징벌이다. 나는 이미 모종의 속죄 과정을 겪고 있다고 느낀다. 나는 비명횡사를 면하게 해 달라고 신께 기도한다. 나는 그게 가장 두렵다."(183)

이 외과의사는 자신의 말대로 비명횡사에 대한 두려움이 커 아테쉴리스에게 조언을 구했다. 아테쉴리스는 "지금 당신은 외과의사가 되었고, 칼로 생명을 구하고 있어요. 당신은 칼로써 살고 있지요. 하지만

는 오토바이에 도전한다. 오토바이는 자전거보다 조작법이 좀 더 복잡하다. 오토바이보다는 자동차, 자동차보다는 비행기, 비행기보다는 헬리콥터의 조작법이 어렵듯이 우리는 점점 더 까다로운 일을 배워 가게 된다."(182)

그것이 칼로써 죽을 것이라는 의미는 아니에요. 당신은 전생에서 지은 카르마에 대한 일종의 속죄로서 이번 생에 좋은 일을 하고 있는 겁니다."(184)라고 말하며 "가난한 사람이 당신에게 수술을 받으러 올 때마다 무료로 수술해 주세요." 하고 조언한다.(185)

여기서 우리는 하나의 의문이 생긴다. 인과응보의 법칙. 칼을 쓰는 사람은 칼로 망하는 법(마태복음 26:52)인데 왜 이 외과의사는 칼로써 죽임을 당하지 않았을까? 이 부분에 대해 아테쉴리스는 다음과 같이 말한다.

"나는 이 의사의 경우와 같은 사례를 많이 조사했고, 그 결과 모든 인간은 두 번째 죽음 직전에 다음 생을 어떻게 펼칠 것인지 자유롭게 선택한다는 사실을 알게 되었네. 그들은 두 번째 죽음 전에, 다음 생을 시작하기 전에, 자신이 어디로 어떻게 내려갈지, 그리고 자신의 카르마를 어떻게 다룰지를 선택할 수 있네.

만일 우리가 전생에 살인적인 늑대였다면, 카마로카에서도 잔인한 늑대로 있다가 다시 내려와서는 끝없이 물고 물어뜯기는 늑대가 되는 것이네. 반면, 카마로카에서 전생에 주어졌던 교훈을 소화하고, 자신이 저질렀던 일을 깨달아 양심을 찾았을 때는 잔인한 늑대가 아니라 지키고 봉사하는 양치기 개로 변모할 수가 있다네. 이때는 죽이기 위해서가 아니라 봉사하기 위해서 세상에 내려오는 거야. 기회는 우리에게 주어져 있어. 이것이 신의 위대한 자비의 이치라네."(186)

아테쉴리스는 우리가 카마로카(치유의 공간)의 기억의 사원에서 전생에 주어졌던 교훈을 소화하고 양심을 찾았을 때는 카르마의 고통스러운 채찍질을 당하지 않고도 긍정적인 방법(외과의사의 입장에서는 칼로써 생명을 구하는)으로 카르마의 부채를 갚을 수 있는 기회가 주어진다고 한다. 이와 관련해서 그는 간단한 예를 들어 설명한다.

"내가 도박꾼인데 하룻밤에 2,000만 원을 잃었다고 상상해 보게. 그래서 나는 종이 한 장에 약식 차용증서를 썼어. 다음 날 저녁 나는 다시 도박을 했고 또 1,000만 원을 잃었어. 내 빚은 이제 3,000만 원으로 늘어났네. 그래서 나는 우울해졌고, 도박이 나쁘다는 것을 점차 자각하기 시작했어. 그다음 날 밤 나는 자신을 억제해서 도박을 하지 않고 집에 머물렀어. 나는 점차 도박의 유혹에 냉담해지기 시작했네. 하지만 이 냉담은 서서히 커 가는 것이라서 아직은 내 의지가 충분히 강하지 못했어. 그래서 닷새째 되는 날, 도박의 염체[66]에 굴복해서 한 번 더 재난을 겪었네. 결국 또 5,000만 원을 잃었지. 이제 빚은 8,000만 원에 달하게 됐어. 그 고통은 너무나 컸고, 드디어 나는 교훈을 얻었네. 그래서 나 자신과 물러설 수 없는 약속을 했네. '더 이상 도박은 않겠다.' 하지만 내 빚은 여전히 그대로야. 그것은 여전히 내 몫이고, 나는 어떻게 해서든 그것을 갚아야만 하네."(187)

부채는 그대로 남아 있다. 하지만 카르마의 작동하는 방식이 달라지는 그 이유로 아테쉴리스의 수제자인 코스타스는 이렇게 말한다.

---

66 도박을 하고 싶어 하는 생각 에너지를 말한다.

"고통과 카르마의 빚에서 도망갈 방법은 없어요. … 당신은 그 대가를 미래에 지불할 겁니다. 물론, 당신의 의식을 전환하지 않는 한 그렇게 된다는 거예요. 당신이 의식의 진동을 바꾸면 당신을 속박하고 있던 과거의 염체나 카르마도 더 이상 영향을 줄 수 없어요. 이것이 카르마가 작용하는 방식이에요. 의식의 진동을 바꾸는 일은 진리탐구자로서 우리가 노력하고 있는 점이기도 하지요. 일단 의식의 진동을 높이면, 과거 생의 기억들은 현생에 영향을 주지 않을 거예요. 그러면 당신은 다양한 경험 속에서 당신을 붙들고 있던 법칙으로부터 자유로워질 겁니다."(188) 관련해서 아테쉴리스는 "전에도 자주 얘기했듯이, **카르마는 자연의 법칙이네. 하지만 다른 모든 법칙처럼 그것도 더 높은 법칙을 통해서 극복될 수 있어.** 이것이 그리스도의 가르침이며, 그분이 회개하라고 가르친 이유라네. 만약 그렇지 않고, 카르마가 경직되고 무자비한 법이었다면 그리스도교는 소용이 없게 되어 버렸을 것이고 '남의 짐을 서로 져주라'는 가르침도 아무런 의미가 없었을 것이네."(189) 하고 말한다.

규칙 3. 십자가의 법칙

아테쉴리스는 모든 질병은 카르마 때문[67]이라고 하며 그것은 자신

---

[67] 아테쉴리스는 모든 질병은 카르마 때문이라고 했지만 그의 치료 사례로 보아선 카르마로 볼 수 없는 여러 장면들이 나온다.(191) 예를 들어 1년 넘게 복부 통증으로 시달리고 있는 어린아이의 사례에서는 기생충 때문이라며 기생충 약을 먹고 아이는 복통에서 해방(192)된다. 이와 비슷하게 케이시 리딩에서도 카르마와 상관없이 우연이나 실수인 경우들이 자주 언급(193)된다.

의 삶의 카르마의 결과[68]이거나 자신이 사랑하는 사람이 지은 카르마 때문(190)이라고 한다. 사랑하는 사람의 카르마를 갚는 것에 대해 그는 다음과 같이 가르친다.

"그리스도께서 서로의 짐을 나누어 지라고 하신 말씀이 무슨 뜻이었다고 생각합니까? 카르마는 어떤 방법으로든 갚아야만 합니다. 이것은 인과응보의 우주적 법칙입니다. 그러므로 우리가 누군가를 사랑하면 우리는 그가 진 빚의 일부를 갚는 일을 도와줄 수 있습니다. 그러나 이것은 오직 그가 자신의 '교훈'을 깨우침으로써 그 빚을 모두 다 갚아야만 할 필요가 없게 된 후에만 가능한 일입니다. 대부분의 카르마가 갚아졌을 때, 다른 누군가가 남은 짐을 맡아 그를 고통에서 구해 줄 수가 있습니다. 우리가 그런 일을 기꺼이 하려고 나서면 실제로는 성령께서 그 빚의 90%를 져 주시고 우리는 10%만 지게 됩니다. 그러므로 갚아야 할 남은 빚은 훨씬 더 적어지고 감당해야 할 고통도 상당히 줄어듭니다. 이것은 임의적인 비율이 아니라 우주 법칙의 일부입니다."

그런데 이 부분에서 "어떻게 우리가 다른 사람의 카르마를 대신해 고통스러운 질병에 걸릴 수 있지?"라는 의문이 생긴다. 그것은 지금 여기 '현재의 나'의 의식적 차원이 아닌 육체의 안위와 쾌락이 무의미한 '영혼'의 결정으로 이루어지는 것[69]이다. 이 부분에 대해 아테쉴리

---

68 카르마의 개념은 전생뿐만 아니라 현생도 포함되며, 식습관과 같은 행동 양식도 카르마의 개념에 포함된다.
69 아테쉴리스는 스스로 나서지 않는 한, 다른 사람의 카르마를 대신 질 수 없으며, 이것은 '현재

스는 이렇게 설명한다.

"여러 생을 통해서 많은 사람을 죽인 자(A)가 어떤 사람(B)의 사랑을 받아 왔다고 가정해 봅시다. 두 사람 간의 사랑의 유대는 수 세기에 걸쳐서 형성된 것입니다. 그 사람(B)은 이미 대부분의 빚을 갚고 필요한 교훈을 깨우쳤다고 다시 가정합시다. 그(A)를 사랑하는 사람(B)은 의식적으로든 무의식적으로든 그(A)의 카르마를 일부 받아들이게 될 수가 있는 것입니다."(194)

이것을 우리 주변으로 확장해 보면 ① 자신의 카르마 때문에 고통스러운 질병이나 장애를 가지고 있는 사람들도 있지만, ② 다른 한편으로는 자신의 카르마를 다 갚고 다른 사람의 카르마를 갚기 위해 고통을 선택한 진화된 영혼들도 있다는 점을 알 수 있다. 여기에서 추가적인 질문이 생긴다. 고통스러운 질병이나 장애를 가진 사람을 돌보는 사람은 어떻게 해석해야 할까? 이에 대해 아테쉴리스는 "우리가 회계장부의 차변(借邊)과 대변(貸邊)을 맞춰 본 뒤, 즉 내가 빚지고 있는 것과 다른 사람이 내게 빚지고 있는 것을 맞춰 본 뒤 환생의 선택을 한다."(196)라고 말한다. 결론적으로 돌보는 사람은 장애나 질병을 가진 사람에게 직접적으로 갚아야 할 무언가가 있는 사람으로도 해석할 수 있다.

의 나'의 의식적 차원이 아닌 초의식(영원한 자아)적 차원에서 이루어지는 것이라고 가르친다.(195)

> **카르마의 십자가 법칙**
>
> ① 다른 사람의 카르마를 자신이 대신해서 갚을 수 있다.
> ② 대신 갚기 위한 조건은 자신의 카르마의 부채가 없어야 한다.
> ③ 타인의 카르마를 대신 갚으면 성령이 90% 부담하고
> 자신은 10%만 부담하게 된다.

규칙 4. 공동운명체의 법칙

우리는 카르마가 자신에게만 관련이 있다고 생각할 수 있다. 하지만 개인적 카르마뿐 아니라 집단 카르마도 있다. 개인적 카르마는 개인의 육체와 경험을 책임진다. 집단 카르마는 우리와 연결된 사람들과 공유하는 카르마다. 아테쉴리스가 전생에 대해 언급할 때는 현생의 여러 인물들도 함께 언급하는데 케이시 리딩도 역사의 어떤 시대에 함께 살던 한 무리의 영혼이 다른 시대에도 무리 지어 지상으로 태어난다고 말한다.(176) 사람들은 전생에서 육체적으로나 정신적으로 관계가 깊었던 이들과 함께 무리를 지어 지금의 환경과 시대와 배경을 선택한 것이다. 더 나아가 아테쉴리스는 우리는 공동운명체로서 카르마의 부채를 공유하고 있다며, 다음과 같이 가르친다.

"영적 진화 과정에서 자네가 그리스도 의식의 단계까지 발전하면 다른 사람의 짐이 실은 자네의 것이라는 걸 깨달을 걸세. 자네도 내면에 그리스도를 지니고 있는 인간이고, 다른 사람도 내면에 그리스도

를 지니고 있는 인간이야. 그러니까 **우리는 공동운명체[70]로서 빚(부채)을 공유하고 있는 것**일세. 이해하겠나?"(197)

사랑하는 사람의 십자가를 대신 지는 의식수준은 심각한 장애를 가진 자녀를 대신해 자신이 그 장애를 가졌으면 한다는 부모들의 마음으로 이해해 볼 수 있다. 그런데 우리는 공동운명체로서 카르마를 공유하고 있다고 한다. 생각해 보면 이 세상의 상태는 집단 카르마의 결과물이다. 왜 세상이 이 모양인지는 알고 싶다면 전쟁과 약탈로 점철된 역사에 잘 나와 있다. 우리도 이전의 생들에서 그 역사에 함께 참여해 온 것이다. 그래서 우리가 해결해야 할 짐, 마무리해야 할 과제를 한 움큼씩 짊어지고 있는 것이다. 그러면 공동운명체로서의 카르마를 갚는 방법은 무엇일까? 단순하게는 이타적 행동으로 자신의 카르마를 나아지게 하면 우리와 연결된 세계 또한 나아지므로 각자가 이타적인 행동을 할 때, 함께 공유하는 카르마를 향상시킬 수 있을 것이다. 그리고 우리가 공동운명체로서 카르마의 부채를 갚는 최선의 방법은 필자는 다음의 대화에서 찾았다.

---

70   아니타는 그녀의 임사체험 당시의 깨달음을 다음과 같이 표현한다.
"나는 우리 모두가 연결되어 있다는 것을 깨달았다. 모든 사람과 살아 있는 존재들만이 아니라, 밖으로 넓어지고 넓어져 우주 안의 '모든 것'에 이르기까지 다 하나로 엮여 있는 통합체였다. 모든 사람과 동물, 식물, 곤충, 산과 바다, 무생물, 우주까지…. 나는 전체 우주가 살아 있으며, 모든 생명과 자연이 다 의식을 지니고 있다는 것을 깨달았다. 모든 것이 무한한 전체에 속해 있는 것이다. 나는 전체 생명과 떼려야 뗄 수 없이 복잡하게 얽혀 있었다. 우리는 모두 그 통합체의 일면들이다. 우리는 모두 하나이며, 우리 각자는 집단적 전체에 영향을 주고 있다."(199)

"선생님, 저도 당신처럼 사람들을 치유할 수 있었으면 좋겠어요."

내가(마르키데스) 한숨을 쉬면서 다소 심각하게 말했다. 아테쉴리스는 나를 붙잡으면서 근엄하게 말했다.

"키리아코, **인생에서 정말로 중요한 것은 손길을 뻗어서 사람들을 많이 치유하는 게 아니라 그들이 자신의 의식을 발전시키도록 돕는 것**이네. 이것이 우리의 진정한 사명이야. 이 물질계에서의 치유는 그것이 허락된 것이라면 늦든 빠르든 일어날 걸세. 우리의 개입 없이는 아마 좀 더 시간이 걸리겠지. 하지만 결국 치유를 하는 것은 우리가 아니라 성령이라네. 우리가 할 수 있는 것은 다른 사람들이 무지를 벗어나 의식적으로 자기발견의 여정에 오르도록 돕는 일이야. 그것이 애초에 우리 모든 인간이 이 이원성(상대계)의 세계로 내려온 이유라네. 그리고 무지와 무의식의 혼수상태로부터 우리 **자신과 다른 사람들이 깨어나도록 돕는 것, 이것이 진리탐구자인 우리에게 주어진 진정한 사명**일세."

순간 나는 거의 참을 수 없을 정도로 눈물이 핑 도는 것을 느꼈다. 다스칼로스의 말은 나를 깊이 감동시켰다. 대학교수로서 이런 책을 쓰고 있지만, 나는 지고의 목적의식으로 가슴이 벅차오름을 느꼈다.(198)

즉 공동운명체로서 카르마의 부채를 갚는 최선의 방법은 공동체 그 자체의 의식수준을 높이는 방법인 것이다. 이쯤에서 아테쉴리스의 가르침을 기반으로 의식의 수준(레벨)을 정리[71]해 보는 것이 좋을 것 같다. 아테쉴리스가 잔인한 늑대로 비유한 의식의 수준이 레벨 1이라면, 외과의사처럼 이타적 행위로 카르마를 갚는 수준은 레벨 2 수준이라 할 수 있을 것이다. 여기에 더해 자신의 카르마를 다 갚고, 사랑하는 사람들의 카르마를 대신 갚을 수 있거나 갚고 있는 의식수준을 레벨 3이라고 정의해 보자. 이젠 레벨 4로 올라가야 하는데 아무리 노력해도 레벨 상승은 이루어지지 않는다. 그 원인은 우리가 공동운명체이기 때문이다. 그래서 아테쉴리스는 "사람들을 많이 치유하는 것(이타적 행위)보다 더 중요한 것은 다른 사람들의 의식수준을 발전하도록 돕는 것이다."라고 말한 것이다. 이는 야구 게임과 같아서 자기 혼자만 홈런을 친다고 우승을 할 수 없는 것과 마찬가지이다. 주변 선수들도 함께 성장시키고 그들도 잘해야 야구에서 우승할 수 있는 것과 마찬가지다. 즉 우리가 하고 있는 물질계에서의 윤회 게임은 싱글 플레이가 아니라 멀티 플레이인 것이다.

 이 책과 인연이 된 독자들이라면 적어도 레벨 2의 의식수준을 가지고 있을 것이다. 또한 지금 여기의 타임라인(내가 존재하고 있는 지금 이곳)은 레벨 1을 벗어나 레벨 2의 수준으로 진화하고 있는 것으로 생각된다. 하지만 우리도 윤회의 초기 단계에선 분명 짐승과 같은 레벨 1의 의식수준을 가지고 있었다는 것을 기억해야 한다. 뉴턴 박사의 사례를 보면 어떤 여성의 전생은 8세기쯤의 '레스'라는 이름의 바이킹

---

[71] 필자가 정리한 의식의 수준(레벨)과 뉴턴 박사가 정리한 영혼 진화의 레벨은 전혀 다른 개념이다(의식의 수준≠영혼 진화의 레벨).

이었다. '레스'는 울창한 원시림 속을 헤매며 주위에 있는 마을을 습격하고 약탈하는 게 일상이었다. 그는 "나는 그저 하루하루를 멋있게 살았다오. 내가 걱정한 것은 싸움거리나 약탈할 것, 또 음식이나 술, 섹스를 할 여자들에 관한 것뿐이지요." 하고 당시의 삶을 말한다. 자신의 인간성에 관해선 "그런 삶이 잔인하다는 것을 모르지는 않았어요. 하지만 **그 시기는 짐승 같은 인간들이 살던 시대이기도 했어요. 우리는 그때 살았던 다른 인간들보다 낫지도 나쁘지도 않았어요.**"(200)하며 8세기 대부분의 사람들의 의식수준에 대해 말한다.

어떻게 보면 현대 문명사회의 의식수준은 ① 카르마의 채찍으로 인한 깨우침과 ② 앞서간 영혼들의 도움으로 볼 수 있을 것이다. 결국 우리가 현재 레벨 2의 의식수준에서 레벨 3이나 4 수준으로 진화 방법은 다른 사람들도 잘 성장할 수 있도록 그들의 의식수준을 올려 주는 일을 하다 보면 어느 순간 자신의 영혼의 레벨도 상승해 있을 것이다. 참고로 8세기 바이킹 레스는 18세기에 서거나 걷지 못하는 불구의 소녀의 삶을 산 이슈리였다. 이는 아테쉴리스의 언급대로 레스(바이킹)로서의 삶에서 만들어 내었던 부정적인 카르마를 지우고 이슈리까지 오기까지 얼마나 많은 고난을 겪어야 했는지는 오직 신만이 알 것이다.

규칙 5. 절대사랑의 법칙

아테쉴리스는 "가장 높은 경지에 이른다는 것은 '원수를 사랑하라'[72]는 그리스도의 가르침을 진정으로 이해하고 그대로 사는 것을 의미하네. 즉 우리의 본성이 살인자마저도 나 자신으로 여기는 경지에 도달하는 것"(038)이라고 말한다. 그리고 우리가 사랑이라고 느끼는 감정은 사실은 사랑이 아니라고 말하며, 사랑에 대해 다음과 같이 말한다.

"사랑은 감정이 아닐세. 그것은 바로 절대자(신)의 본질이야. 우리는 본질로서의 사랑과 그냥 사랑을 구별해야만 하네. 촛불이나 횃불을 태양과 구별해야 하듯이 말일세. 평범한 인간의 감정 세계는, 가장 고결하다고 생각되는 사람들조차도 고도의 인식 차원에서 볼 때는 아주 희미한 빛을 발하는 횃불에 지나지 않아. 태양과 횃불은 비교될 수 없는 것일세."

"멘탈계 차원을 넘어 절대계에서는 우리는 사랑이 된다네. 우리가 사랑 자체야. 그것은 낮은 세계에서와는 달라. 낮은 영역에서는 기본적으로 이기적인 자기애(自己愛)의 반영으로서 다른 사람을 사랑한다네. 낮은 차원에서 우리는 누군가를 사랑한다고 생각하지만, 실제로

---

[72] 예수는 말한다.
"잘 들어라. 너희는 원수를 사랑하여라. 너희를 미워하는 사람들에게 잘해 주고 너희를 저주하는 사람들을 축복해 주어라. 그리고 너희를 학대하는 사람들을 위하여 기도해 주어라." (누가복음 6:27~28)
"너희는 원수를 사랑하고 남에게 좋은 일을 해 주어라. 그리고 되받을 생각을 말고 꾸어 주어라. 그러면 너희가 받을 상이 클 것이며 너희는 지극히 높으신 분의 자녀가 될 것이다. 그분(신)은 은혜를 모르는 자들과 악한 자들에게도 인자하시다." (누가복음 6:35)

우리가 매혹되어 있는 대상은 자기 자신이야.[73] 이것이 내가 말하는 감정의 의미일세. 이 지구상에 진정으로 사랑하는 법을 알고 있는 사람은 거의 없다고 봐야 할 거야."(201)

이와 비슷한 개념으로 아테쉴리스의 수제자인 코스타스는 물질 속(낮은 차원)에는 행복이 존재하지 않고, 우리가 행복이라고 느끼는 것은 단지 쾌락과 일시적인 만족만이라고 정의한다. 이에 마르키데스가 항의조로 "행복은 어디에 있냐?"라고 묻자 코스타스는 진정한 행복은 오직 절대계에만 있다고 답한다.(204) 이 대답에 마르키데스는 물론 필자 역시 수긍할 수 없었다. 그 이유는 그들이 말하는 행복을 경험해 보지 못했기 때문이다. 하지만 이들의 대답은 한결같다.

"직접 체험을 하게 되면 그 어떤 것도 당신의 확실한 느낌을 흔들어 놓지 못할 것입니다."(205)

---

[73] **대다수 사람들에게 사랑이란 욕구 충족에 대한 반응**이다. 사람은 누구나 욕구를 갖고 있다. 너는 이걸 바라고 상대방은 저걸 바란다. 너희 두 사람은 서로에게서 욕구를 충족시킬 기회를 본다. 그리하여 너희는 암암리에 교환 조건에 동의한다. 만일 네가 가진 걸 내게 준다면 나도 내가 가진 걸 주겠다. 그것은 일종의 거래다. 하지만 **너희는 진실을 말하지 않는다. 너희는, "난 너와 아주 많이 거래한다."라고 말하지 않고, "난 너를 아주 많이 사랑한다."라고 말한다.** 그리고 나면 서로에 대한 실망이 시작된다.(202)
어려움은 대다수 사람들이 사랑과 필요를 혼동한다는 데 있다. 그들은 그 두 단어와 그 두 체험을 같은 것으로 여기지만, 아니다, 그렇지 않다. 누군가를 사랑하는 것과 그를 필요로 하는 건 서로 아무 관계도 없다. … 너희가 필요로 하는 것을 주건 아니건 상관없이, 그 사람을 있는 그대로의 모습으로 사랑할 때, 그럴 때만 너희는 진실로 그를 사랑한다. 너희가 필요로 하는 것이 아무것도 없을 때, 그럴 때만 너희는 그를 진실로 사랑할 수 있다. 기억하라, 사랑은 조건 없고, 한계 없고, 필요로 하지 않는 것이다. 이것이 내가(God) 너희를 사랑하는 방식이다. 하지만 너희는 자신이 이런 사랑을 표현하고 있다고 생각하지 못하기에, 자신이 이런 사랑을 받고 있다고도 생각하지 못한다. 여기에 세상의 비극이 있다.(203)

아테쉴리스는 우리가 의식의 어떤 수준에 이르면 절대자(신) 안에서는 아무것도 추한 것이 없다는 사실을 깨달을 것(206)이고 **손자를 사랑하는 것과 똑같이 부랑자를 사랑해야 한다**고 가르쳤다. 사람들은 그것은 가능하지 않다고 하지만, 그는 그것은 가능하고 또 그렇게 되도록 노력해야 한다(207)고 했다. 아테쉴리스는 처음(낮은 단계)에는 가까운 사람들의 카르마를 짊어지는 법을 배워야 하고, 나중(높은 단계)에는 죄인이라고 여겨지는 자들과 심지어 원수의 카르마까지도 짊어지는 방법을 배워야 한다고 말하며, 이것이 그리스도께서 우리에게 본을 보여 준 길(208)이라고 가르친다.

사랑하는 사람의 카르마를 대신 진다는 것도 필자의 의식수준에선 어려운 일 같은데 원수의 카르마까지 져야 한다고? 하지만 아테쉴리스는 의식의 수준이 이르면(진화되면) 그렇게 할 수 있다고 말한다.

"여러분이 성인(聖人)이 되어 우주의 보편적 선에 대해 어그러짐이 없는 경지에 오르면 여러분이 사랑하는 사람뿐만 아니라 여러분의 적(원수)으로 보이는 사람의 카르마까지도 대신 질 수 있게 됩니다. 성인(聖人)이 된 여러분은 자신의 육신에 생긴 고통을 멈추게 할 수도 있지만 그렇게 하면 그 고통은 카르마를 일으킨 사람에게로 되돌아가기 때문에 여러분은 고통을 그대로 견딜 것입니다. 그리스도께서는 보통의 인간들과 같이 십자가 위에서 고통받음으로써 이것을 보여 주셨습니다.

여러분이 진화의 높은 단계에 오르면 성령께서 다른 사람, 심지어는 여러분을 해친 사람의 카르마를 대신 지는 일을 여러분이 할 것을 요구하실지도 모릅니다. 여러분이 성령의 통로가 되며 여러분은 그렇게 짐을 지게 되는 것을 큰 영광으로 생각해야 합니다. '이 일로 내가 얻는 대가가 뭔가?' 하고 물을지도 모르지만 이런 질문을 하게 되는 순간 그것은 여러분의 이기적 자아가 아직 남아 있다는 것을 의미하며 그것은 매우 위험한 일입니다. 여러분에게 주어진 영광, 즉 그리스도의 어깨 밑에 당신의 어깨를 받치는 일이야 말로 가장 큰 보상인 것입니다."(209)

계속해서 그는 다른 사람의 카르마의 짐을 지는 행위에 대해 사실은 그것이 자신의 카르마라는 것을 깨달으라며 다음과 같은 이야기를 한다. "자네가 누군가의 짐(카르마)을 질 때, 실제로는 그것이 자네 자신의 것이라는 것을 깨닫도록 하게. 영적 진화 과정에서 자네가 그리스도 의식의 단계까지 발전하면 다른 사람의 짐이 실은 자네의 것이라는 걸 깨달을 걸세. 자네도 내면에 그리스도를 지니고 있는 인간이고, 다른 사람도 내면에 그리스도를 지니고 있는 인간이야. 그러니까 우리는 공동운명체로서 빚(부채)을 공유하고 있는 것일세. 이해하겠나?"(197)

현재 내 의식수준으로서는 모든 것을 겉으로 보이는 모습으로 판단을 한다. 그래서 손자를 사랑하는 것과 똑같이 부랑자를 사랑하기가 어렵다. 그런데 아테쉴리스는 "저는 모든 인간이 내면에 신성을 지니고 있다고 믿습니다. 내가 사랑하는 것은 그들 속의 신성[74]입니다. '지상에 내려오는 모든 인간을 비춰 주는 빛' 말입니다."(210) 하고 말한다. 다카하시 신지 선생은 지금 여기에서 육체를 입고 있는 나는 '육체의 오감(겉모습의 판단)에 의해 근본적인 마음과 전생의 지혜가 모두 차단되어 있어 현재 나의 옷인 육체를 전부인 것으로 착각하고 스스로 고통을 만들어 내는 인생을 걷고 있는 것'(211)으로 가르친다. 그렇다면 잠시 필자와 함께 오감의 착각을 잠시 지워 보는 시간을 가져 보자.

"지금 온몸과 마음을 편안하게 이완해 본다. 그냥 몸과 마음에 힘을 빼면 된다. 마음속으로 천천히…, 그리고 낮은 목소리로 평화…, 평화…, 평화… 를 말한다. 서서도 좋고, 앉아도 좋고, 누워도 좋다. 이 책을 잡고 있는 지금 이 상태에서도 좋다. 이제 눈을 감고 사랑하는 사람을 떠올린다. 특별히 생각나지 않는다면 나에게 무조건적인 사랑을 베푸는 부모님을 떠올려도 좋고, 좋아하는 연예인을 떠올려도 좋다. 그 사람의 손에서 전달되는 따뜻한 온기를 느끼며 길거리를 함께 걷는다.

… 사랑하는 사람과 발걸음을 옮길 때마다 더 깊은 평화가 몰려들어 온다. 이제는 사랑하는 사람과 한 걸음 떨어져 본다. 두 걸음, 세 걸음… 사랑하는 사람을 떨어져서 바라보며 그 사람에게 있는 빛을 찾아본다. 사랑하는 사람의 가슴에 작은 빛이 빛나고 있다. 그리고 그 빛

---

[74] 힌두교 문화권에서는 "나마스떼(Namaste)"라는 인사말이 널리 사용된다. "나마스떼"는 산스크리트어로 "내 안의 신성이 당신 안의 신성에게 절합니다."라는 의미를 가진다.

을 그리스도의 빛으로 느껴 본다.

… 다시 그리스도의 빛인 사랑하는 사람의 손을 잡고 한 걸음, 한 걸음씩 천천히 걸어 본다. 걸음을 걸을 때마다 나는 점점 편안해지고 행복감이 솟아오른다.

계속 길을 걷다 보니 노숙자가 걸어오는 것이 보인다. 그 노숙자를 바라보니 그의 가슴에도 작은 빛이 빛나고 있다. 나는 이 작은 빛만을 계속 바라본다. … 빛을 바라볼수록 빛은 점점 커져 가며, 노숙자의 겉모습의 형체는 점점 사라진다. 사랑하는 사람의 빛도 점점 더 커져 가며 형체(사람)가 사라진다. 이제 두개의 커다란 빛만 남아 있고 그리스도의 빛들을 잠시 느껴 본다. … 이제 눈을 뜨고 주변의 모든 사람을 그리스도의 빛으로 바라본다."

필자는 이런 방식으로 형상을 지우고 그리스도(붓다)의 빛으로 바라보니 아테쉴리스가 우리가 의식의 어떤 수준에 이르면 절대자(신) 안에서는 아무것도 추한 것이 없다는 사실을 깨달을 것(212)이라는 개념이 작게나마 이해되기 시작했다. 그리고 다른 사람들을 빛으로 바라보기 시작하니 이 지점에서 『신과 나눈 이야기』[75]의 저자인 '닐'이 '신(God)'에게 했던 질문이 떠올랐다.

"영혼은 어디에 위치해 있죠?"

그러자 '신'은 다음과 같이 답한다.

"우리가 형태로서 상상할 수 있으며 이해할 수 있는 언어로 그것은 오라(aura)와 가장 가깝다."[76]

"영혼이란 모든 물체(의 오라로서) 안과 둘레에 존재하는 생명 에너지다. 어떤 의미에서 그것은 모든 물체를 제자리에 '잡아 두는' 것이다. '신의 영혼'은 우주를 잡아 두고, '사람의 영혼'은 사람의 몸을 잡아 둔다."(213)

---

[75] 필자가 사후세계 탐구를 하고 있다는 것을 알게 된 지인은 마이클 뉴턴 박사의 저서들과 『신과 나눈 이야기』를 강력히 추천했다. 사실 사후세계 탐구 초기까지만 해도 필자는 마이클 뉴턴 박사나 『신과 나눈 이야기』에 대해선 들어 본 적이 없을 정도로 이 분야에 대해 무지했다. 알고 보니 『신과 나눈 이야기(닐 도날드 월쉬)』와 『기적수업(헬렌 슈크만)』은 영성계의 바이블과도 같은 책이었는데도 말이다. 그리고 내 경우 『신과 나눈 이야기』와의 첫 만남을 도저히 잊을 수 없다. 이 책을 읽기 위해 손으로 책을 잡는 순간 갑자기 온몸을 관통하는 전율이 흘렀다. 마치 아주 어린 시절 잃어버린 엄마를 성인이 돼서 우연하게 처음 만나게 된 순간 온몸에 흐르는 전율, 그런 느낌말이다. 나는 '이 느낌이 뭐지?'라는 생각과 함께 책을 읽기 시작했다. 그리고 얼마 가지 않아 눈물이 뚝뚝 떨어지기 시작했다.

[76] 오라(aura)가 영혼(soul)이라는 의미가 아니다(영혼≠오라). 인간이 형상으로서 이해할 수 있는 단어로 표현한 것이 '오라'라는 것이다.

이 답변부터 닐의 통찰이 시작된다. 예전의 자신(닐)은 '나'와 '너'를 구별했듯이 영혼도 '내 영혼'과 '너의 영혼'으로 구별했다. 그런데 오라(aura)라는 개념을 적용해 보니 "거실의 공기가 멈추고 부엌의 공기가 시작하는 지점 같은 건 없듯이, 한 영혼이 끝나고 다른 영혼이 시작되는 지점 따위는 없다! 그 모두가 똑같은 공기다. 그 모두가 똑같은 영혼이다. 우리 모두가 하나다."라는 결론을 도출한다.(214)

닐은 다시 한번 질문한다. "한 영혼이 끝나고 다른 영혼이 시작되는 지점이 없다면, 개별 영혼 같은 건 전혀 없다는 뜻입니까?" 신은 "그렇기도 하고 아니기도 하다."라고 하면서 '신성한 이분법'이라는 답변(215)을 한다. 신성한 이분법을 작은 범위로 정리하면 "너는 곧 나다(You are me)."로 정리된다. 이 포인트에서 우리는 아테쉴리스의 가르침을 다시 한번 떠올려 보자!

"자네가 누군가의 짐(카르마)을 질 때, 실제로는 그것이 자네 자신의 것이라는 것을 깨닫도록 하게. 영적 진화 과정에서 **자네가 그리스도 의식의 단계까지 발전하면 다른 사람의 짐이 실은 자네의 것**이라는 걸 깨달을 걸세. 자네도 내면에 그리스도를 지니고 있는 인간이고, 다른 사람도 내면에 그리스도를 지니고 있는 인간이야. 그러니까 우리는 공동운명체로서 빚(부채)을 공유하고 있는 것일세. 이해하겠나?"(197)

"가장 높은 경지에 이른다는 것은 '원수를 사랑하라'는 그리스도의 가르침을 진정으로 이해하고 그대로 사는 것을 의미하네. **즉 우리의 본성이 살인자마저도 나 자신으로 여기는 경지에 도달하는 것을 말하지.**"(038)

7장
지금 여기, 그리고 해탈

깨달음이란

마르키데스는 아테쉴리스의 수제자인 코스타스에게 '깨달음'이란 무엇인지 물었다. 그는 자신들에게 있어 깨달음은 '현재의 나'와는 다른 자신의 실체, 즉 '참나(영원한 자아)'를 깨닫게 하는 것을 의미한다고 대답했다. 그리고 이렇게 답한다.

"그것은 지나간 전생을 기억하는 것도 포함하고 있습니다. 이것은 보통 3단계를 거쳐서 일어납니다. 먼저 ① 잠재의식 속에서 자신이 태어나기 이전에도 살았다는 느낌을 갖기 시작합니다. … 두 번째 단계는 ② 꿈의 형태로 마음속에 어떤 현상이 떠오르기 시작하는 것입니다. 세 번째 단계는 ③ 의식적으로 과거의 어떤 경험을 되살릴 수 있게 되는 것입니다."(216) 코스타스가 말한 '의식적으로 과거의 어떤 경험을 되살릴 수 있게 되는 것'이 특별한 이유는 싯다르타가 해탈한 후

첫 깨달음[77]도 바로 이 부분이었다는 것이다.

> 과거의 모든 생이 기억되어 그의 앞을 지나갔다.
> 이런 장소에서 이러한 이름으로 태어났으며
> 그 후 금생에 이르기까지 백, 천, 만 생에 걸쳐서
> 그 모든 생과 사를 알도다.
> (『불소행찬』14번째)

아테쉴리스는 높은 경지의 신비가들은 "삶과, 삶의 본질이 무엇인지를 알고 있고 그는 자신이 어디로 가는지, 또 자신이 이 지상으로 온 목적을 알고 있다."라고 설명하며 "진정한 신비가는 수천 년 전에 자신이 최초로 물질 속으로 상승한 것까지 기억한다."라고 말한다.(217) 결국 깨달음이란 지상에서 '자신이 진정 누구인가?'를 기억해 내어 그 삶의 목적을 완성해 가는 것을 의미한다. 그리고 내가 지금 여기에 존재하는 이유는 전생을 마치고 욕망체를 벗은 내가 지금 여기에 존재하기로 결정했기 때문이라고 했다. 그렇다면 상위 차원에서 '영원한 자아(영혼)'는 애초에 왜 이 물질계로 내려와 환생의 쳇바퀴 속을 돌게 되었을까? 아테쉴리스는 예수께서는 그 이유를 은밀히 밝혀 주었다며 성경의 탕자 이야기를 한다.

---

[77] 붓다는 자신의 전생에 대해 수백 가지 이야기를 들려주었으며, 그것은 『자타카 이야기』라는 유명한 모음집에 담겨 있다. 심지어 붓다는 다른 사람들의 전생까지도 말해 주었다.

그리스도께서는 탕자의 비유에서 인류에게 존재의 목적을 은밀히 밝혀 주셨습니다. 그리스도께서는 두 아들 중의 하나가 아버지의 집을 떠난 이야기를 하셨습니다. 그는 세상에 나가 온갖 경험을 해 보기 위해 자기 몫의 재산을 나누어 달라고 요구했습니다. 그것이 신의 뜻의 일부가 아니었다면 모든 것을 알고 있는 아버지는 그것을 거절했을 것입니다. 그러나 그를 떠나게 내버려두는 것이 신의 뜻이었으므로 그는 집을 떠나 고생을 겪으며 알고자 했던 것을 얻고 집으로 돌아왔습니다. 아들은 자신이 원했던 것을 얻었으며 그것은 현실에서는 이성과 감정과 육체, 즉 '현재의 나'를 얻은 것을 의미합니다. 그는 자신의 몫을 가지고 집을 나갔습니다.

어떤 사람은 집을 떠나 물질계로 내려온 것을 죄악, 또는 타락이라고 할 테지요. 나는 그것을 경험이라고 부르겠습니다. 그 새로운 환경 속에서 아들은 자신의 유산을 낭비한 끝에 결국 돼지몰이가 되었습니다.

…

어느 날 그는 돼지들 틈에서 사는 생활에… 구역질과 회의를 느꼈습니다. 그는 하인들조차도 기쁘게 사는 아버지의 집으로 돌아가기로 결심했습니다. 그는 이렇게 말했습니다.

"아버지, 저는 죄를 지었습니다. 당신의 하인으로라도 있게 해 주십시오."

아들이 아버지 앞으로 한 발짝 나아갔습니다. 아버지는 열 걸음 앞으로 나왔습니다. 벌은 어디로 갔습니까? 여러분은 이 비유에서 어떤 비난이나 처벌을 찾아볼 수 있었습니까? 아버지는 팔을 벌려

아들을 껴안고 집 안으로 데리고 갔습니다. 그를 벌하는 대신 아버지는 아들의 손가락에 반지를 끼워 주었습니다. 그것은 영원의 상징이지요.

…

집을 한 번도 떠난 적이 없는 다른 아들은 영원한 현재 속에 살고 있습니다. 그는 영원을 깨닫지 못하고 있습니다. 그와 반대로 집을 나갔던 아들은 돼지몰이가 되는 경험을 통해서 과거와 현재와 미래라는 시간(물질계)을 경험했습니다. 비유에 의하면 아버지는 탕자에게 다른 아들의 옷을 입혔습니다. 말하자면 탕자는 자신이 가졌던 것을 하나도 잃지 않았던 것입니다. 그리고 아버지는 육신을 상징하는 살찐 암소를 잡았습니다. 다른 아들이 항의했습니다.
"늘 당신을 곁에서 모셨던 저에게는 무엇을 해 주셨습니까?"
하지만 그 아들, 즉 대천사는 한 번도 육신 속에 들어가 본 적이 없지요. 아버지는 이렇게 대답했습니다.
"아들아, 내가 가지고 있는 것은 다 네 것이다."
자, 어느 쪽이 더 나은지를 한번 물어봅시다. 한 번도 궁전 밖을 나가 본 적이 없어서 착하기는 하지만 아무것도 모르는 대천사 쪽입니까, 아니면 집으로 돌아와서 다른 형제가 가진 모든 것을 가지고, 거기다가 자아의식까지 가진 탕자 쪽입니까? 성불한(집으로 되돌아온) 인간은 어떤 대천사보다도 우월하다는 것이 법칙임을 염두에 두십시오. 그러므로 따져 보면 영원한 벌이란 것은 없습니다. 단지 우리의 자아의식을 눈뜨게 하는 물질계의 체험만이 있을 뿐입니다.(218)

아테쉴리스는 우리가 애초에 이 물질계로 내려온 이유에 대해 "예수께서는 탕자의 비유로 그 이유를 은밀히 밝혀 주었다."라고 했는데, 『신과 나눈 이야기』에서 '신'은 '탕자의 비유'의 다른 버전인 '작은 영혼의 우화'로 그 이유를 설명[78]해 준다.

옛날에 자신이 빛인 걸 아는 한 영혼이 있었다. 이것은 새로 생겨난 영혼이어서 체험을 갈망했다. 그것은 "나는 빛이다, 나는 빛이다."라고 말했다. 그런데도 그것의 어떤 앎도, 또 그것의 어떤 말도 그것의 체험을 대신할 수는 없었다. 그리고 이 영혼이 생겨난 영역에는 빛 말고는 아무것도 없었다. 모든 영혼이 다 위대했고 모든 영혼이 다 장엄했으며, 내 외경스러운 광채로 빛나고 있었다. 그래서 문제의 그 작은 영혼은 햇빛 속의 촛불 같았다. 작은 영혼 자신이 그 일부인 그 위대한 빛 속에서 그것은 자신을 볼 수도 없었고, 자신을 '참된 자신'으로 체험할 수도 없었다.
이제 그 영혼은 자신을 알기를 바라고 또 바라면서 지내게 되었다. 그 바람이 너무나 커서 하루는 내가 이렇게 말했다.
"작은 영혼이여, 네 그런 바람을 충족시키려면 뭘 해야 하는지 아느냐?"
작은 영혼은 물었다.

---

[78] 은유나 우화는 말 그대로 실제 상황이 아니다. 하지만 '실제 상황'을 말로 설명할 수 없거나 설명할 말이 실제로 없을 때 은유나 우화는 대단히 유용하게 사용된다. 그래서 모든 위대한 스승들이 은유를 사용해 설명했던 것이다. 신(God)은 말한다.
"은유를 쓰지 않고 '상황'을 설명하게 되면, 사실상 너희는 이해를 할 수가 없다."[219]

"오, 신이시여 뭘 해야 합니까? 뭘요? 저는 뭐든지 다 할 겁니다!"
그래서 내가 "우리에게서 너를 떼 내야 한다. 그러고 난 다음 자신을 어둠이라 불러야 한다."라고 대답하자, 작은 영혼이 물었다.
"오 거룩한 분이시여. 어둠이 무엇입니까?"
"그것은 네가 아닌 것이다."
내가 이렇게 대답하자 작은 영혼은 그 말뜻을 이해했다. <u>그리하여 작은 영혼은 전체에서 자신을 떼어 냈으며, 거기다 또 다른 영역으로 옮겨 가는 일까지 해냈다.</u> 그리고 그 영혼은 이 영역에서 자신의 체험 속으로 온갖 종류의 어둠을 불러들이는 힘을 행사하여 그것들을 체험했다.
그러나 그 영혼은 더없이 깊은 어둠 속에서 소리쳤다.

"아버지시여, 아버지시여, 어찌하여 나를 버리셨나이까?"

너희가 가장 암담한 순간에 소리치듯이 그렇게. 그러나 나는 한 번도 너희를 버린 적이 없다. 나는 항상 너희 곁에 서 있다. 늘 변함없이 '참된 너희'를 기억시킬 채비를 갖춘 채, 너희를 집으로 불러들일 채비를 갖춘 채.(220)

영혼이 물질계 체험을 하는 이유

영혼이 물질계로 내려와 생사고락의 환생의 쳇바퀴를 도는 이유는 아담이 저지른 원죄의 징벌로서가 아니다. 또 신의 명령이나 강요 때문은 더더욱 아니다. (현재의 나는 망각하고 있지만) 그것은 내가 그렇게 하기로 결정했기 때문이다. 그렇다면 **영혼은 무엇 때문에 신에게서 자신을 떼어 내 물질계에서 윤회하기로 결정했을까?** 『신과 나눈 이야기』에서 '신'과 '아테쉴리스' 모두 체험(경험)하기 위함이라고 말한다. 그러면 도대체 어떠한 체험(경험)을 하기 위해 우리는 생사고락의 사바세계로 내려오기로 선택한 것인가? '신'은 '닐'에게 다음과 같이 이야기한다.

"영혼, 너희의 영혼은 언제나 알아야 할 모든 것을 알고 있다. 영혼에게 숨겨진 것, 미지의 것은 하나도 없다. 그러나 앎만으로는 충분하지 않다. 영혼은 체험하고자 한다. 네가 자신의 관대함을 알 수는 있다. 하지만 자신의 관대함을 펼치는 뭔가를 하지 않는다면, 너는 오직 개념만을 갖고 있을 뿐이다. 네가 자신의 친절함을 알 수는 있다. 하지만 누군가에게 친절을 베풀지 않는다면, 너는 자신에 관한 개념만을 갖고 있을 뿐이다. <u>네 영혼이 지닌 유일한 갈망은 자신에 관한 가장 위대한 개념을 가장 위대한 체험으로 전환시키는 것이다.</u> 개념이 체험이 되기 전까지는 존재하는 모든 것은 사색에 불과하다."(221)

영혼이 추구하는 것은 네가 상상할 수 있는 것 중에서 가장 고귀한 사랑의 느낌이다. 바로 이것이 영혼의 바람이다. 바로 이것이 영혼의 목표다. 영혼은 그 느낌을 추구한다. 지식이 아니라 느낌을. 지식은 이미 갖고 있지만, 지식은 개념에 불과하다. 느낌은 체험이다. 영혼은 자신을 느끼고자 하며, 직접 체험하여 자신을 알고자 한다.

가장 고귀한 느낌이란 '존재 전체'와 하나가 되는 체험이다. 이러한 체험은 영혼이 갈망하는, 진리로의 위대한 복귀(復歸)다. 이것이 완벽한 사랑의 느낌이다.[79]

완벽한 사랑이란 완벽한 흰빛이 일반 빛깔에 대해 어떤 관계인지 느끼는 것이다. 사람들은 흔히 흰빛을 아무 빛깔도 없는 상태라고 생각한다. 하지만 그렇지 않다. 흰빛은 모든 다른 빛깔을 다 포함한다. 흰빛은 존재하는 모든 다른 빛깔이 섞인 것이다.

사랑 역시 감정(증오, 분노, 정욕, 질투, 탐욕)이 전혀 없는 상태가 아니라 모든 감정의 합(合)이다. 그것은 그 모든 감정의 총화이며, 모든 것이다. 그러므로 영혼이 완벽한 사랑을 체험하려면 인간의 모든 감정을 다 맛봐야 한다.

내가 이해하지 못하는 것에 무슨 수로 연민을 느낄 수 있겠는가? 내가 한 번도 체험하지 못한 감정을 다른 사람이 품고 있을 때 무슨 수로 그것을 용서할 수 있겠는가? 그러므로 우리는 영혼이 밟아 나가는 여행의 단순함과 그 외경스러운 위대함을 함께 보는 것이다. 우리는

---

[79] 『신과 나눈 이야기』에서 '신'은 영혼은 가장 고귀한 느낌인 완벽한 사랑을 추구한다며 반복해서 강조한다.
"가장 고귀한 느낌은 완벽한 사랑이다. 자, 네 영혼은 가장 고귀한 느낌을 찾고 있다. 그것은 완벽한 사랑을 체험하고자, 완벽한 사랑이고자 한다. 네 영혼은 이미 완벽한 사랑이다. 네 영혼은 이 사실을 알고 있다. 하지만 네 영혼은 그것을 아는 것 이상을 하고 싶어 한다. 그것은 자신의 체험 속에서 완벽한 사랑이 되고자 한다."(222)

마침내 그것이 무엇에 이르고자 하는지 이해한다.

인간 영혼의 목표는 그 모든 것을 체험하는 것이다. 그 모든 것이 될 수 있도록.

인간의 영혼이 한 번도 아래에 있어 보지 않았다면 어떻게 위에 있을 수 있겠는가? 한 번도 오른쪽에 있어 보지 않았다면 어떻게 왼쪽에 있을 수 있겠는가? 차가움을 알지 못하고 어떻게 따뜻해질 수 있으며, 악을 거부하고서 어떻게 선해질 수 있겠는가? 만일 선택할 것이 아무것도 없다면, 그 영혼은 뭔가가 될 수도 없다. 영혼이 자신의 숭고함을 체험하려면, 숭고함이 무엇인지 알아야 한다. 그리고 숭고함 외에 아무것도 존재하지 않는다면, 영혼은 숭고함을 체험할 수 없다. 그러므로 영혼은 숭고하지 않은 공간에서만 숭고함이 존재한다는 걸 깨닫는다. 따라서 영혼은 숭고하지 않음을 절대로 비난하지 않는다. 영혼은 그것을 축복한다. 자신의 다른 부분이 드러나기 위해서는 반드시 존재해야 하는 자신의 일부를 그 속에서 보기 때문에….

이것은 많은 생을 들여야 할 만큼 엄청난 과제다.(223)

이러한 신의 답변은 이 세상이 왜 제멋대로인지에 대한 답변도 될 것이다. 정리해 보면 '영혼'은 자신에 관한 가장 위대한 개념(사랑)을 가장 위대한 체험으로 전환시키기 위해 절대계에서 신으로부터 자신을 떼어 내 물질계로 내려오는 것을 결정한 것이다. 그래서 코스타스는 우리가 지혜의 길에 들어서면 우선 자신의 카르마를 갚게 되고, 타인의 카르마도 자신이 갚게 되는 것을 시작한다고 말한다. 이것이야말로 삶을 완전하게 누리는 것이고, 행복이라 불리는 것에 좀 더 가까이 가는 것이라고 한 것이다.(224) 스승인 아테쉴리스는 "가장 높은 경지에 이른다는 것은 '원수를 사랑하라'는 그리스도의 가르침을 진정으로 이해하고 그대로 사는 것을 의미하네. 즉 우리의 본성이 살인자마저도 나 자신으로 여기는 경지에 도달하는 것"(038)이라고 가르친다. 이 부분에서 우리에게 다가오는 문제는 우리는 게임의 규칙상 모든 것을 망각해 버렸다는 점이다. 그래서 '현재의 나'는 어떻게 하면 더 많은 돈을 벌고 더 많은 명예나 권력을 가지며 더 많은 쾌락을 누릴 수 있을까 하는 욕망의 노예[80]로 살고 있다. 반면 영혼의 목표는 진화(절대사랑의 실현)이기에 육체의 안위와 쾌락의 추구들이 무의미하다. 그래서 현재의 나는 지금 이 모양 이 상태로 이곳에 존재[81]하고 있는 것이다.

어떻게 보면 지금 필자와 독자들은 진짜 자신의 빅 픽처(영혼의 큰 그림)를 본 것이다. 한때 나는 '의도적 이타적 행위로 윤회를 단축시

---

80 아테쉴리스는 욕망에 탐닉하는 것은 사실 자기형벌 속으로 빠지는 것이며, 그것이 욕망의 본질이라고 말한다.(225)

81 만약 지금 자신을 분시키는 사회적 환경이나 사람들을 접하고 있다면, 그것은 누군가에게 분노심을 느끼게 한 자신의 인과로서 되돌아온 것이다. 분노가 자신에게 되돌아온 것은 첫 번째는 인과응보로서 두 번째는 성장시키기 위해서다. 그래서 그 분노를 느끼게 한 사람을 용서할 때, 우리는 과거에 우리가 다른 누군가에게 상처를 주었던 상황으로부터 비롯된 카르마를 해소하게 된다. 그러나 용서받기만을 바랄 뿐 누굴 용서하지는 않고 분노를 키워 간다면 자신을 고통스럽게 하는 카르마의 힘만 점점 더 커져만 갈 뿐이다. 카르마는 우리가 내린 선택의 결과를 끝없이 되돌려줌으로써 우리의 성장을 촉진하는 일종의 영적 '인공지능(AI)' 체계이기 때문이다. 그리고 카르마는 그 역할을 절대적으로 무정하게 해낸다.

켜야겠다.'라는 생각을 했다. 여기서 문제가 된 것은 필자는 내 자식의 카르마를 질 수 있을까? 하며 묻는 낮은 의식수준을 가지고 있는 사람이라는 것이다. 그리고 욕망의 노예요. 소인배이며, 형편없는 사람이다. 아마 필자 주변에 있는 사람들은 필자가 이런 책을 썼다고 하면 비웃을 것이다. 이런 사람이 의도적으로 이타적인 행위를 하여 윤회를 단축시켜야겠다는 것은 '내 이웃을 내 몸과 같이 사랑하는 의식'의 레벨에서 나온 것이 아닌 결국은 내 이기적 마음의 발로라는 것을 알게 되었다. 붓다도 2만 5,000년 동안 약 550차례 윤회를 했다(226)고 한다. 『신과 나눈 이야기』에서 '신'은 저자 닐에게 불과 몇 생애밖에 남지 않았다(227)고 했는데 닐은 현세까지 648회의 윤회(228)를 했다고 한다. 우리가 대략 800회 정도의 윤회를 한다고 가정[82]하면 의도적으로 1~2생 단축시켜야 무슨 의미가 있을까? 결정적으로 '현재의 나'는 시공간의 제약을 받고 의식이 협착되어 있다. 그래서 '현재 나'의 판단은 영혼 진화의 큰 틀에서 보면 매우 큰 오류가 있을 수 있기에 진화의 전체적인 스케줄은 현생 이후 욕망체를 벗고 의식이 확장된 '영원한 자아(영혼)'에게 맡기는 것이 가장 현명한 방법인 것이다. 결국 '현재의 나'는 '영원한 자아'가 선택한 지금 여기의 현실을 잘 살아 내면 되는 것으로 필자는 결론 지었다.

---

82 맨리 P. 홀은 환생강의에서 "환생의 원리를 깊게 연구한 학자들의 설명에 따르면 인간은 평균적으로 800회 정도 환생을 한 후… 카르마의 굴레에서 벗어난다."(229)라고 강의했는데 맨리 선생은 800회에 대한 출처는 밝히지 않았다.

현생을 잘 살아 내는 것

이제 우리는 '현생을 잘 살아 내는 것'이 무엇인가? 하며 고민할 지점에 이르렀다. 필자는 그 모범을 스승인 아테쉴리스의 삶을 통해서 바라보았다. 아테쉴리스는 분쟁 지역이었던 지중해의 키프로스라는 작은 섬나라에서 생애를 보냈다. 그는 젊은 시절 영국과 키프로스 간의 반식민지 지하운동에 가담했으며, 그리스와 터키 간의 인종 분쟁 시에는 그리스 쪽 민병대로서 활동했다. 당시 그는 허리에는 권총을 차고 차에는 기관총을 가지고 다녔다고 한다.[83] 아테쉴리스는 우리 사회의 구성원으로서 적극적인 삶을 살았으며 공무원으로 은퇴 후 정부에서 제공하는 국민주택에서 검소한 삶을 살았다. 그는 그림 그리기와 고전음악 듣기를 즐겼고, 아테쉴리스의 주변은 항상 여러 사람으로 인해 왁자지껄했다. 특히 그의 특출난 유머[84]는 주변을 항상 웃음바다로 만들었으며 야한 농담도 자유로웠다. 아테쉴리스의 말에 의하면 그의 삶에 있어서 주된 관심사는 (신유가로서) 자기 주변 사람들의 고통을 덜어 주는 것(봉사)이다. 또 자아를 발견하려는 여행에 관심이 있으며, 그런 여행을 떠날 준비가 되어 있는 사람을 돕는 일이라고 했

---

83   전쟁 중 아테쉴리스의 이야기는 『지중해의 성자 다스칼로스 1(The Magus Of Strovolos)』 '6장 마법사의 지나온 삶(Memories)' 편에 잘 나와 있다.

84   마르키데스는 아테쉴리스와 함께하는 시간에 대해 다음과 같이 전한다.
"다스칼로스와 함께 있으면 잠시도 지루할 시간이 없다는 것을 알고 있었다. 언젠가는 그가 끊임없이 짓궂은 소리를 늘어놓는 바람에 얼마나 배꼽을 잡고 웃었는지 모른다. 나는 집에 돌아와서도 웃고 있었고 그 바람에 목이 붓기까지 했었다."(231)

다.(230) 즉 스승인 아테쉴리스는 우리 사회의 구성원으로서의 의무는 물론이요, 우리 이웃들과 함께 즐겁게 삶을 누리며 자신이 가진 능력으로 봉사하는 삶을 살았던 것이다.

잠시 주제를 이탈해, 『신과 나눈 이야기』에서의 '신'도 아테쉴리스와 마찬가지로 특출난 유머로 즐거움과 웃음이 가득했다. 저자 닐이 '신'이 이렇게 웃겨도 되냐는 식으로 문자 유머를 발명한 것은 신이라고 답한다. 돈과 섹스에 대해서도 거침이 없었다. '누릴 수 있는 것은 누려라.'였다. 오히려 저자인 닐이 가난한 것은 돈에 대한 잘못된 생각이라며 돈에 대한 생각을 바꿀 것을 권유하기도 했다.[85] 만약 아테쉴리스와 『신과 나눈 이야기』의 '신'이 함께 있으면 웃느라 정신이 없을 것 같다는 생각도 들었다. 그리고 신은 우리가 신(창조주)에 대해 매우 잘못된 생각을 가지고 있다며 다음과 같이 지적한다.

"만일 너희가, 모든 기도를 듣고 어떤 기도들에는 '그래.'라고 하고, 다른 기도들에는 '안 돼.'라고 하고, 그 나머지 기도들에는 '어쩌면, 하지만 지금은 안 돼.'라고 말하는 어떤 전능한 존재를 신이라 믿는다면, 너희는 잘못 생각하고 있다. 도대체 어떻게 신이 그런 주먹구구식 결정을 한단 말인가?

---

85 아스트랄계에서 생각은 바로 현실(물질)로 이어진다. 물질계에서도 시간차가 있을 뿐 아스트랄계처럼 생각은 곧 현실(물질)로 이어진다. 그래서 신은 저자 닐에게 돈에 대한 잘못된 생각 때문에 닐이 가난한 것이라며 돈에 대한 생각을 바꾸라며 조언한다. 그 구체적인 내용은 『신과 나눈 이야기』 1권에 자세히 나와 있다.

만일 신이 너희 삶의 모든 것을 창조하고 결정하는 존재라 믿는다면, 너희는 잘못 생각하고 있다. 신은 창조자가 아니라 관찰자다. 그리고 신은 너희가 삶을 살아갈 때 기꺼이 너희를 거들기 위해 옆에 서 있겠지만, 너희가 기대하는 방식으로는 아니다.

너희 삶의 환경이나 조건을 만들거나 만들지 않는 건 신의 직분이 아니다. 신은 자신의 형상대로, 자신의 닮은꼴로 너희를 창조했다. 너희는 신이 너희에게 준 힘을 가지고 그 나머지를 창조했다. 신은 너희가 알다시피 생명의 과정과 생명 자체를 창조했다. 하지만 신은 너희에게 너희가 원하는 대로 삶을 영위할 수 있는 자유선택권을 주었다."(232)

그리고 신은 세속적으로 원하는 것을 성취하는 방법도 닐에게 설명[86]한다.

"자신을 위해 원하는 것이 무엇이든, 그것을 남에게 주어라.
네가 행복해지기를 원하면, 남을 행복하게 만들고,
네가 풍족해지기를 원하면 남을 풍족하게 만들어라.
또 네가 삶에서 더 많은 사랑을 원한다면, 남들이 그들의 삶에서
더 많은 사랑을 갖게 만들어라.

---

[86] 『신과 나눈 이야기』 1권의 주제 대부분이 이와 관련된 내용이었다. 닐은 5번의 이혼 경력과 매달 9명의 자녀 양육비를 보조해야 했다. 그는 한때 노숙 생활을 할 정도로 경제적으로 어려웠기에 세속적인 성공하는 방법에 대해 신에게 반복적으로 물었다.

진지하게 이렇게 하라.

사리사욕을 구해서가 아니라,

남들이 그렇게 되기를 네가 진심으로 원해서.

그러면 네가 내주는 모든 것이 네게 되돌아오리니."(233)

세속적으로 원하는 것을 이루며 성취하는 방법 역시 "너는 곧 나다(You are me)."이다. 즉 내가 풍족해지기를 원하면 남을 풍족하게 만들면 내가 풍족해지는 것이 하늘(카르마)의 법칙[87]으로 이해할 수 있다. 다시 주제로 되돌아와, 현생을 잘 살아 내는 방법은 ① 사회의 구성원으로서의 의무의 이행하고 ② 우리 이웃들과 함께 즐겁게 삶을 누리며 ③ 자신이 가진 능력으로 봉사하는 삶으로 정의해 볼 수 있다. ①과 ②는 특별한 설명이 필요 없을 듯하고 ③ 봉사하는 삶에 대해선 케이시 리딩을 통해 알아보자. 우선 필자는 봉사에 대해 막연한 이상주의적 생각으로 '지금 여기'가 아닌 '어디 가서 봉사 해야지!'라는 생

---

[87] 물질적 풍요나 세속적 성공에 대한 케이시 리딩도 동일한 답변을 한다.
매우 다방면의 재능을 지녔기 때문에 어느 것을 선택해야 할지 망설이고 있는 13세 소년이 케이시에게 "제가 어른이 되어 경제적으로 가장 성공하려면 저의 어떤 소질에 따라야 할까요?" 하고 물었다. 대답은 이러했다.
"경제적인 것은 잊어버리고, 오히려 이 세상을 살기 좋은 곳으로 만들려면 무엇이 가장 도움이 될까를 생각하라. 단지 보수를 목적으로 하는 일은 결코 해서는 안 된다. 금전상의 이익은 그 사람이 자기의 재능을 남들을 위해 쓰면 결과로서 반드시 얻어지는 것이다."(234)
어떤 무역상은 이런 말을 들었다.
"동포에 대한 봉사를 목적으로 삼으시오. 당신이 거래하는 사람들이 당신 때문에 이익을 보도록 하고, 결코 그들을 도구로 이용하는 일이 없도록 하시오. 명예나 부는 결과로서 반드시 오는 것이니 보람 있게 보낸 인생의 결과로서, 그리고 남들에게 해 준 봉사의 결과로서 받도록 하십시오. 남들을 자신의 명예나 부의 발판으로 이용해서는 안 됩니다."(235)

각이 앞선다. 그래서 아무것도 하지 않는다. 하지만 케이시 리딩은 지금 여기부터 시작하라고 다음과 같이 말한다.

49세인 한 부인이 "저의 평생 사업은 무엇일까요?" 하고 물었다. 대답은 이러했다.
"몸이 약한 사람이나 기운을 잃은 사람들을 격려해 주고 좌절한 사람에게 힘과 용기를 주도록 하시오."
"어떻게 하면 그런 일을 시작할 수 있을까요?"
그녀가 다시 물었다.
"오늘 당신의 눈에 띄는 일을 하십시오."
"저를 위해 어떤 일이 기다리고 있을까요?"
그녀는 계속 물었다.
"당신은 지금 무엇을 가지고 있습니까?"
리딩이 반문했다.
"당신이 지금 있는 곳에서 지금 가지고 있는 것을 활용하십시오. 하나님의 인도를 기원하십시오. 당신을 하나님의 손에 맡기십시오. 나는 어디서 일을 하고 싶다든가 하고 하나님에게 말해서는 안 됩니다. '주여, 나는 당신의 것입니다. 당신의 뜻대로 나를 써 주십시오.' 하고 말하십시오."
같은 문제로 고민하고 있는 부인이 또 있다. 그녀는 61세이고 외교관의 아내이다. 오랫동안 동양의 여러 나라를 여행했고 예술과 종교를 연구해 왔다. 그녀가 물었다.
"어떻게 하면 제가 인류에게 가장 잘 봉사할 수가 있는지 자세히 가르쳐 주십시오."

"그날그날 당신이 할 수 있는 방법으로 봉사하십시오. 가장 많은 일을 하는 사람이 반드시 위대한 일을 하려고 계획하는 사람은 아닙니다. 주어진 기회나 특권을 활용하는 사람이 큰일을 하는 사람입니다. 기회를 활용하면 보다 좋은 길이 열립니다. 왜냐하면 남들을 돕기 위해 우리가 쓰는 것은 자연히 늘어 가기 때문입니다."

또 어떤 사람은 이런 말을 들었다.

"당신이 지금 있는 곳에서 시작하십시오. 당신이 지금 서 있는 입장에서 해야 할 일을 하십시오. 그리고 당신의 참된 가치를 발휘하면 주님이 더 좋은 길을 열어 주십니다."(236)

봉사에 대한 케이시 리딩의 답변은 멀리서 찾지 말고 우선 자기의 신변에서부터 시작하라고 조언한다. 그리고 49세 부인에 대한 케이시 리딩은 필자로 하여금 뉴턴 박사의 한 내담자를 떠올리게 했다. 그 내담자는 전생에 부유한 사업가로서 여러 자선사업(선행)을 했다. 그러나 신성한 현자들은 그 자선사업에는 전혀 관심이 없었다. 오히려 그가 기억하지도 못하는 아주 사소한 행동(선행)에 관심을 가졌다. 신성한 현자들의 관심을 끈 내용은 사업으로 바쁜 그가 버스 정류장에서 울고 있는 여성에게서 아픔을 느껴, 바쁜 회사 일정에도 그 여자 곁에서 울음을 달랬던 것이다. 그 여자는 울음을 그치고 괜찮아질 것이라는 말을 하며 다가온 버스를 타고 떠난다. 그의 입장에서 여생을 사는 동안 한 번도 기억을 되살린 적이 없었던 사소한 일이었다. 그는 초의식 상태에서 "현자들이 바라는 것이 그런 일이라고 하니, 나는 그 여자에게 돈도 주지 않았고 다만 이야기만 했을 따름이었지요."(237) 하고 말한다.

이 내담자에게서 필자의 흥미를 끈 다른 부분은 '신성한 현자들은 세속적인 사업도 평가를 했는데 사업의 평가 방법이 얼마나 이윤 창출을 했느냐?'가 아니었다. 초의식 상태에서 뉴턴 박사의 내담자는 "그런데 이야기는 내가 어떻게 회사를 운영하였는가 하는 것으로 흐르게 되었습니다…. 불화를 막을 수 없었던 나의 무능력…. 고용인들과의 충돌과 노여움. (피술자는 흥분한다.) 너무 좌절감을 느끼게 되지요…."(238) 하고 말한다. 이러한 점에서 볼 때 신성한 현자들은 금전이나 물질이 아닌 관계에 따른 감정이 '긍정적이었느냐?' 또는 '부정적이었느냐?'가 주된 평가 지침이며 바로 이것이 카르마의 인과응보의 법칙으로 작동[88]시키는 기본 에너지인 것 같은 느낌을 받았다.

---

88 『평화로운 죽음 기쁜 환생』의 저자 툴구 튄둡 선생은 우리의 마음에 프로그램된 습관적인 핵심 감정과 그 감정의 강도에 의해 환생이 결정된다고 한다. 그는 증오와 분노의 감정은 지옥계, 탐욕의 감정은 아귀계, 질투의 감정은 수라계, 욕망과 집착의 감정은 인간계로 구분하였다.(239)

영혼의 진화를 앞당기는 두 가지 방법론

다시 정리해 보면 우리는 서로 카르마를 주고받으면서 되풀이되는 윤회로부터 얻는 경험을 통해 성숙해질 것이고, 결국 영원한 대자유에 이를 것이다. 우리가 이것을 인정하든 안 하든, 우리가 그것을 의식하든 안 하든 사실상 우리는 이 길을 가고 있는 것이다. 하지만 우리가 이것을 의식하지 않고 삶을 산다면, 예를 들어 내 이웃의 가슴에 피멍이 나와 상관없듯이 삶을 살면, 그 길은 무지로 인한 고통과 괴로움의 길이 될 것이다. 그 이유는 카르마가 우리를 이번 생뿐만 아니라 다음 생으로 따라다니며 깨달으라며 계속 괴롭힐 것이기 때문이다. 이를 의식하고 있는 삶, 더 나아가 영혼의 진화를 앞당겨 줄 수 있는, 즉 지금 여기 현실을 잘 살아 내는 방법으로 아테쉴리스는 두 가지를 하라고 가르친다.

"현재 인격은 자신의 행동을 스스로 합리화하는 교활한 변호사와도 같은 면이 있다네. 이런 측면이 사라지지 않는 한 영적 진화는 정체된다네. 내가 그토록 자기분석과 자기극복을 강조하는 이유를 이해하겠나? 언젠가 강제적으로 하게 될 것[89]을 지금 자발적으로 해 놓으면 우리는 카르마의 고통스러운 경험을 피할 수 있을 걸세. ① 자기분석과 ② 명상수련이 우리의 진화를 앞당겨 준다네."(240)

---

89 문맥상 죽음 이후 '카마로카'에서의 전생리뷰를 의미한다.

① 자기분석

아테쉴리스는 ① 자기분석과 ② 명상수련으로 카르마의 고통스러운 경험을 피하며 우리의 진화를 앞당겨 준다고 했다. 그러면 자기분석은 무엇이며 어떻게 하는 것일까? 그는 잠들기 전 5분씩만 시간을 내라고 하며 자기분석을 하는 방법을 가르친다.

"잠자기 직전에 5분 동안 자기분석을 하는 것도 잊지 마세요. 이것은 여러분의 영적 성장을 위해서 중요한 일입니다. 그날의 일 한 가지를 기억 속에서 떠올리세요. 그것을 아주 자세히 재생시키면서 자신의 기분과 생각과 행동을 면밀히 살피세요. 자신의 현재 인격에 대해 변호하거나 사과하고 나서지 않도록 하십시오. 또 자학적으로 자신의 행동을 심판하지 마세요. 이 일을 초연히, 객관적으로 공평무사하게 살펴보아야만 합니다. 기억에서 떠올린 그 일을 둘러싼 사건들을 돌아보면서 자신의 행동과 상대방의 행동을 비평가적 입장에서 자세히 살펴보고 결론을 내려 보십시오. 이 연습은 자신의 에고가 행사하는 힘을 이해하는 데에 도움이 될 것입니다."(241)

아테쉴리스의 자기분석은 다카하시 신지 선생의 설명에서 더 명확해진다.

"<u>반성이란 지난날의 생각과 행위를 되돌아보고 신의 뜻에 맞는가 안 맞는가를 마음속에서 묻고 대답하고 그 잘못의 원인을 바로잡고 더 훌륭하게 영혼을 정화해 가는 것이다.</u> 어디까지나 자기 자신을 중립에 두고 제3자의 처지에서 자신을 여러 각도에서 살펴보는 것이 가장 중요하다. 자기 보호나 욕망을 없애기 위해 노력하는 것이 그 첫째 목적이며 혹 자만심에 빠져 있지 않나 살펴보는 것도 반성의 한 방법이다. 이렇게 하면 상대방은 어떻게 생각할까, 자기가 상대방의 처지라면 어떻게 했을까, 상대방을 동정한 나머지 혹 자비로운 마수가 되지 않았을까 등 반성에 대해서 언급하려면 끝이 없다. 반성의 재료는 무한히 많다. 자신의 마음에 거짓은 없는가, 나쁜 사고방식, 나쁜 행동에 대해서는 두 번 다시 되풀이하지 않도록 결심해야 하며 자신에겐 엄격하고 남에겐 관대한 마음으로 생활해야 한다."(242)

계속해서 아테쉴리스는 5분 자기분석을 심령체의 샤워에 비유하며 다음과 같이 설명한다.

"우리는 모두 일정 온도를 넘으면 땀을 흘리는 육신을 가지고 있습니다. 몸을 며칠 동안 씻지 않으면 냄새가 나기 시작합니다. 육신을 씻기 위해서는 높은 차원계의 매체인 물이 필요합니다. 모든 인간의 몸에는 물이 필요하지요. 우리의 심령체도 이와 비슷합니다."

"우리는 심령체로부터 이기적인 욕망의 낮은 파동을 규칙적으로 씻어 내야만 합니다. 우리의 육신은 높은 차원의 매체인 물로 씻어 냅니다. 마찬가지로 우리는 자신의 심령체를 높은 차원의 매체인 '올바른 사고'로 씻어 내야 합니다. … 보통 사람들은 반복의 법칙을 통해서 자신의 잠재의식 속에 온갖 욕망이 뿌리내리도록 내버려둡니다. 진리의 탐구가 우리에게 요구하는 훈련은 이것입니다. 즉 올바른 사고를 이용하여 자기분석을 함으로써 우리의 심령체를 정기적으로 깨끗이 씻는 것 말입니다. 말하건대, 심령적으로 더러운 상태나 방종한 욕망이 빚어낸 결과는 씻지 않은 몸보다 더 고약한 냄새를 풍깁니다."(243)

결론적으로 자기분석은 제3자의 입장에서 자기 자신을 객관적으로 살펴보고 자신의 이기심을 삭제시켜 나아가는 과정인 것이다. 자기분석을 통해 이기적 욕망으로부터 잠재의식을 정화시켜 나가면 카르마의 부정적인 측면을 피해 가면서 영혼의 진화를 촉진시킬 수 있기 때문인 것이다.

가최면 상태	의식이 깨어 있는 상태

자신을 몸과 동일시하며 이기적 욕망에 의해 움직이는 기계적 존재 상태	자신을 몸과 분리시켜 자신이 무엇을 하고 있는지 자각하고 있는 상태

② **명상수련**

아테쉴리스는 우리는 우리 자신이 살아 있다고 생각하나 사실은 기계적인 존재수준에 머물러 있다고 말한다. 기계적인 존재수준이라는 의미는 우리의 주의 집중이 외부세계의 일에만 묶여 있어서, 자기 내면의 세계에 대해서는 까맣게 모르고 있는 상태를 말한다. 이 상태에 대해 아테쉴리스는 '가최면 상태'라는 표현을 했는데 최면학을 공부한 필자의 입장에서 그 표현은 매우 정확한 표현했다는 것을 알 수 있었다. 아테쉴리스는 이런 기계적인 존재수준, 즉 가최면 상태에서 사람들은 외부세계의 노예[90]가 되며 심지어 파괴적인 자기암시[91]에 빠져든다고 말했다.(244) 이런 기계적인 존재수준에서 벗어나 의식이 깨어 있게 하는 것이 바로 명상수련이다. 의식이 깨어 있다는 것은 자신을 지금 여기의 육체와 동일시하지 않고 자신이 몸을 가지고 지금 여기서 무엇을 하고 있는지 자각하는 것을 의미한다. 이 의식이 깨어 있게 하는 명상수련에 대해 '신(God)'은 '닐'에게 다음과 같이 이야기한다.

90　신비가인 피터 마운트 샤스타는 이 부분에 대해 다음과 같이 말한다.
　　"대부분의 사람들은 자신이 무엇을 창조했는지 알지 못하는 의식불명의 상태에 빠져 있다. 그들은 인생의 여러 상황에 치여 살면서 왜 자신의 인생을 통제하는 것이 이리도 힘든지 궁금해한다. 외부세계에서 보고 듣는 것과 자신을 동일시하고, 집단의식에 따라 반응하는 그들은 단지 인류의 집단의식과 비슷한 세계만을 자신의 의식 안에 재창조해 나갈 수 있을 뿐이다. 그들은 현재 상황을 계속해서 반복, 강화하고 있다. 어느 순간, 삶의 고통이 너무나 커지면 그들은 깨어날 것이고 … '나는 왜 이런 것들을 경험해야만 하지? 나는 도대체 왜 고통을 받는 걸까? 어떻게 하면 내 삶이 변할 수 있을까?' 바로 이때가 그들의 성장이 시작되는 지점이다."(245)

91　파괴적인 자기암시는 각종 중독증상이나 강박증, 망상장애 등과 같은 정신과적 질병으로도 발전할 수 있다.

신: 대부분 인간존재가 의식을 확장하는 가장 즉각적인 방법은 자신에게 '의식'이 있다는 사실을 의식하게 되는 것이다. 의식한다는 것은 네가 의식적으로 인식해야 하는 무엇이다. 이것을 소위 자기 인식이라 부르고 이것을 계발하는 것은 꽤 쉬운 일일 수 있다.

다음에 100번에 걸쳐 거울에 비친 네 모습을 바라보면서, '누구 명상(Who Meditation)'을 해라.

너 자신에게 세 번, 매회 10초간, '누구'에서 '구' 하는 소리를 길게 뻗으며 "누구?"라는 말을 하라. 큰 소리로 해도 되고 조용히 해도 된다. 어떤 방법이든, 거울 속에 비친 너의 눈을 똑바로 응시하며 깊게 숨을 들이쉬고 한숨에 "누구~~~?"라고 물어라, 세 번.

이때 할 질문은, "이게 누구인가? 내 앞에 서 있는 너는 누군가? 내가 나라고 여기는 이 존재는 누구인가? 누구? 누구?"이다.

만약 네가 이것을 앞으로 30일 동안 100번 하면, 너는 너의 참나를 인식하게 될 것이다. 네가 누구인지 완전히 이해할 수는 없지만, 네가 존재한다는 인식에 이를 것이다. 즉 너는 참나를 의식하게 될 것이다. 일단 네가 의식(즉, 몸에게서 분리해 너에게 말을 건넬 수 있는 너보다 큰 너의 일부)이 있다는 것을 알면 너는 네 존재의 진실을 발견하고 깨달음으로 가는 여정에 발을 들여놓은 셈이다.

...

네가 외부의 세상에 열려 있을 때. 그러니까 네가 세상 속에서 세상을 통해 움직이고 있을 때 네 주변의 모든 것에 인식을 예리하게 유지하라. 전에는 한 번도 본 적이 없었던 것처럼 바라보라. 매 순간을 명상으로 만들어라.[92] 길바닥에 갈라진 틈새, 나무 잎사귀들, 꽃잎들, 군중 속의 얼굴들을 보라. 그들을 모두 너인 양 바라보는 연습을 하라. 거기에 있는 너를 보라. 거기서 네가 뭘 하고 있는지, 어떻게 네가 거기에 이르렀는지, 네가 거기에 있는 것이 어떻게 가능한지 묻지 말고, 거기에 있는 네 참나를 그냥 보라. 너를 그렇게 불러라. "신의 은총이 없었다면 나도 저 모습이겠지."라고 말하지 마라. 그보다는 "신의 은총으로 내가 저 모습이구나."라고 말하라.

"땡전 한 푼 없는 노숙자의 모습으로 나 저기 있네. 들판의 꽃 한 송이 되어 나 저기 있네. 오만한 배우자 되어 나 저기에도 있네. 외국 땅에 내 백성을 억압하는 독재자 되어 나 저기에도 있네. 저기 역시 나 풀 한 포기 되어 있네." 네 모습을 모든 곳에서 보라. 그리고 네가 거기에 있음을, 거기에 있는 것이 네 안에도 있음을 알고, 거기서 너를 볼 때 미소 지어라.

...

이제 그다음에는 내면세계로 들어가도록 매일 시간을 할애하라. 네가 내면세계를 통과할 때 외부세계에 관한 모든 생각과 인상을 버려라. 마음이 텅 비게 하라. 깊게 호흡하면서 너의 숨결의 소리에 집중하라. 너의 숨결을 만

---

92 관련 내용은 본서 '참된 각성(true wakefulness)과 명상'(p.274)을 참고하길 바란다.

트라(너를 내면으로 이끄는 소리)로 만들어라. 이제 눈 바로 위쪽 이마의 중심에 너의 인식을 집중하라. 내면의 눈으로 계속해서 그쪽을 '바라보라.' 뭔가가 '보일' 때까지 그 어두운 무(無)의 공간을 응시하라. 호흡에 계속 집중하고 네게 보이는 것을 봐라. 깊숙이 보이라. 거기에 뭔가를 '집어넣지' 말고, 이미 거기에 있던 것이 너의 의식에 열릴 때까지 기다려라.

어떤 것이 갑자기 너에게 나타날 것이다. 다수에게 그것은 춤추는 푸른 불꽃처럼 보일 것이다. 이 불꽃은 보일 뿐만 아니라 느껴지기도 할 것이다. 그 느낌이 너를 적시며 지나갈 것이다. 이 느낌을 너는 사랑이라 부를 것이다. 부드럽고 잔잔한 눈물이 흐를 수도 있다. 그 일이 일어나게 하라. 그리고… 네 영혼에 안녕이라고 인사해라.

닐:와아. 그게 그렇게 간단한가요?

신:그렇다. 너희가 모두 이것을 할 수 있지만 시도했던 사람은 소수에 불과하다. 너는 방법을 몰랐다고 말했다. 이제 나는 너에게 간단한 과정을 일러 주었다. 그것을 사용하면 네가 인식한다는 것을 인식하게 될 거고, 너의 의식을 의식하게 될 것이니.

이제 너의 내면세계에서 체험했던 참나에 관한 이런 비전과 느낌으로, 너의 외부세계로 옮겨 모든 사람과 모든 사물에 그 느낌을 덧씌워라. 너는 곧 모든 사람과 모든 사물과 사랑에 빠질 것이다. 너는 문자 그대로 너의 세상을 바꿔 버렸을 것이다. (246)

8장

불멸의 시공간 여행자들

인생이라는 여행의 선택

사람들은 아주 탁월하거나 모자라는 두뇌, 또는 완벽하고 아름다운 몸이나 혹은 불완전하고 추악한 몸을 갖고 태어난다. 또 어떤 사람은 다른 사람들이 상상도 못 할 정도의 호화찬란한 세계에서 사는 삶을 누리는 반면, 또 다른 이들은 역시 상상하기 힘들 정도의 가난과 궁핍 속에서 허덕인다.

왜 그럴까? 뉴턴 박사의 초의식 상태의 한 내담자는 "나는 많은 생을 편안하게 스케이트 타듯 살아왔는데 그게 좋았습니다. 힘들게 사는 건 싫었습니다. 이제 그게 바뀌려고 합니다."(247) 하고 말하는데 이 영혼은 진화를 위해 인생게임의 난이도를 높이려 하는 것으로 볼 수 있다. 그리고 영혼 진화의 레벨이 낮아 욕망과 물질을 누리는 편한 인생이 좋지만 카르마의 부채가 너무 커 고통스러운 인생을 선택할 수밖에 없는 경우도 있다. 이 경우도 환생의 선택은 본인이 하는데 그 근본 원인은 바로 물질계에 대한 강렬한 욕망이다. 뉴턴 박사가 "대부분의 영혼들은 살아 있는 육체로서 느낄 수 있는 즐거움(섹스와 같은) 때문에 환생을 한다."[93](248)라고 언급하는 것이 그것이다. 결국 지금 여기의 나는 자신이 선택한 인생 여행을 하고 있는 것이다. 우리는 결코 부모에게 낳음당한 존재가 아니다. 이 부모 자식 간의 인연에 대해선 아테쉴리스는 다음과 같이 말한다.

"왜 우리는 서로 어울릴까요? 우리는 주고받을 것이 있다는 뜻입니다. 우리에게는 전생에 끝맺지 못했던 일이 있을 것입니다. 그렇다면 그것은 우리를 진화시키기 위한 고통으로서 반드시 닥쳐옵니다. 혹은 우리가 모르는 사이에 다른 이들에게도 고통을 주어 우리 자신뿐만 아니라 그들도 진화하도록 하는 것입니다. 여러분은 혹 이렇게 말

---

[93] 이 원인에 대해 뉴턴 박사와 필자의 견해는 다르다. 뉴턴 박사는 육체가 없기 때문에 촉감에서 오는 감각의 희열 때문이라고 말하는데, 아테쉴리스는 물질계보다 심령계에서 느낌이 훨씬 더 강렬해진다(249)고 말한다. 뉴턴 박사가 말한 육체 감각의 즐거움보다 더 근본 원인은 물질계의 욕망을 초월하지 못했기에 환생의 선택을 하는 것으로 나는 본다. 참고로 『티베트 사자의 서』에서는 사후세계의 상위 차원으로 이동하지 못한 자들의 환생에 대해 다음과 같이 이야기한다.
"사후세계의 중간계에서의 행복과 불행은 그대가 생전에 쌓은 카르마에 달려 있다. … 그리고 심한 슬픔에 빠져 이런 생각이 들 것이다. **'육체를 가질 수 있다면 어떤 일이라도 다 할 텐데!'** 이런 생각을 하면서 그대는 여기저기 육체를 찾아 헤매 다닐 것이다."(250)
"그대가 과거의 삶에서 가졌던 육체의 모습은 점점 희미해지고 미래의 삶에서 갖게 될 몸이 차츰 선명해질 것이다. 이런 사실에 슬퍼져서 그대는 이렇게 생각할 것이다. **'아, 나는 참으로 불행하구나. 이제 어떤 몸이라도 내가 얻을 수 있다면 그것을 찾으러 갈 텐데.'** 그렇게 생각하면서 그대는 잠시도 한곳에 머물 겨를도 없이 정신없이 여기저기로 헤매 다닐 것이다. 이때 윤회계의 여섯 세상에서 나오는 빛이 그대를 비출 것이다. 그중에서도 장차 그대가 태어날 장소의 빛이 가장 뚜렷하게 그대를 비추리라."(251)

할지도 모르지요. '나를 이토록 억압[94]하는 부모님이 나와 도대체 무슨 공통점이 있단 말인가?' 혹은 여러분이 부모라면 '그는 왜 하필 아무 죄도 없는 우리 가정에 끼어들어 말썽을 피우는 것일까?'라고 생각할 것입니다. 이제 아시겠습니까? 그것은 카르마의 법칙 속의 인과응보입니다."[252]

관련해서 필자의 지인은 어린 시절 분노조절장애를 가진 부모로부터 학대를 받아 집은 두려운 곳이었다며 그는 "만약 내가 가정을 가져 아이를 갖는다면 자신은 자식에게 폭력을 절대로 행사하지 않을 것이다!" 하고 굳은 결심을 했다고 한다. 많은 경우 가정폭력은 대물림이 되지만 이 지인의 초등학생 자녀는 "집이 최고!"라는 말을 자주 한다. 이를 통해 이 지인은 "자신은 전생에 자신의 부모처럼 자식을 학대한 부모였다. 그래서 카르마는 자신이 한 행동을 되돌려줌으로써 자신이 무엇을 잘못했는지 깨닫게 하여 성장시킨 것[95] 같다."라며 필자에게 의견을 전했다.

---

94 뉴턴 박사의 경우 심한 갈등 관계에 있는 부부나 어린 시절 자신을 학대한 부모와 살았다는 내담자에게 다음과 같은 질문을 한다.
"그 사람으로 인해 배운 점은 무엇인가요?"
"그 사람을 만나지 않았다면 결코 깨닫지 못했을 점은 무엇인가요?"

95 우리는 신성에 도달할 때까지 수많은 생을 통해 카르마의 법칙에 따라 진화해 간다. 아테쉴리스는 "오늘의 죄인이 내일의 깨달은 스승이 될 것이다."[253] 하고 말한다. 시공간 밖에서 보면 우리는 상황의 피해자가 아니라 원인이다.

『신과 나눈 이야기』에서 '신'은 닐에게 "너는 647번의 과거 생을 살았다. 이번 생은 네 648번째 생이다. 너는 그 과거 생들에서 모든 것이었다. 왕이자 여왕이었고, 농노였다. 선생이자 학생이었고 스승이었다. 남자이자 여자였으며, 전사이기도 했고 평화주의자이기도 했다. 영웅이자 비겁자였고, 살인자이자 구원자였고, 현자인 동시에 바보였다. 너는 그 모든 것이었다!"(228)라고 말한다. 그리고 삶이 고되다는 닐에게 지금 경험하는 인생은 굉장한 체험이라며 다음과 같이 말한다.

"하지만 그 일의 어떤 측면도 진짜로 고된 적은 없었다는 걸 잊지 마라. 요컨대 너는 그 모든 걸 사랑했다! 순간순간마다!
아, 인생이란 참으로 달콤한 것이다!
그건 굉장한 체험이다. 그렇지 않은가?
...
너는 모든 걸 다 체험할 수 있지 않느냐?
눈물, 기쁨, 고통, 즐거움, 환희, 극심한 우울, 승리, 패배, 무승부…."(254)

영원한 순환

한편 뉴턴 박사는 초의식 상태의 내담자에게 지구로 와서 환생을 거듭하게 되는 것을 어떻게 생각하는지를 묻자 그 영혼은 "선물로 생각하지요. 지구는 정말 여러 가지 많고 많은 양상을 갖춘 행성입니다. 물론 이곳엔 골칫거리도 많지요. 하지만 즐거운 것도 있습니다. … 나는 새로운 육체에 깃들게 될 때마다 놀라움을 금치 못합니다. 수많은 다른 방법으로 내가 그들 속에서 <u>내 자신의 뜻을 나타낼 수 있다는 것</u>, <u>특히 가장 중요한 방법인 사랑으로 표현할 수 있다는 것에 감탄을 합니다.</u>" 하고 대답한다.(255) 아테쉴리스도 "**나에게 가장 큰 보상이란 내가 나 자신을 사랑으로 표현한다는 깨달음과 만족감입니다. … 삶에서 자신을 사랑으로 표현할 수 있는 기회**를 갖는 것보다 더 큰 보상이 있나요? 이보다 더 큰 어떤 만족을 구할 수가 있을까요?"(256)라고 가르친다. 지구에서의 환생을 거듭하는 것에 대한 영혼의 대답을 절대로 의례적이거나 형식적인 말로 들어서는 안 된다. 왜냐하면 우리는 지금 망각하고 있지만 영혼은 바로 그 이유로 절대계에서 이곳 상대계(물질계)로 왔기 때문[96]이다.

아테쉴리스가 영혼에 대해 설명할 때는 현상계 너머의 세계에 관해 말한다. 그는 거친 물질계, 아스트랄계, 멘탈계에 대해서 '분리의 세계'라 표현하는데 이는 사람들이 자신을, 인상을 받아들이고 판단하는 하나의 주체로 인식하기 때문이라고 설명한다.(034) 그는 분리를 넘어선 또 다른 세계인 절대계에 대해선 형상(모양, 꼴)이 없는 세계라 언급하며 '절대계에서는 자신의 외부에 있는 대상을 이해하기 위해서 마

---

96 관련 내용으로 본서 '영혼이 물질계 체험을 하는 이유'(p.199)를 참고하길 바란다.

음을 생각의 형태로 형상화하지 않고(분리돼서 바라보지 않고) 그것이 되어 버린다. 그래서 절대계에 도달하면 의식은 어떤 형체든 마음대로 취하면서도 여전히 자신으로 남아 있을 수 있다고 한다. 자신의 어려움은 이런 경험을 말로 전달하는 것이며(036) 그는 "**절대계에서 생각은 우리 자신**이고, 우리의 본성이라네. 그것은 우리를 흥분시키거나 실망시키는 외부의 어떤 것이 아니야. 거기에서 **생각은 곧 사랑 그 자체**라네."(038)라고 가르친다.

『신과 나눈 이야기』에서 신(God)도 "내 세계는 '절대계'다. 그곳에서는 '하나'가 '다른 하나'와의 관계 속에서 존재하지 않는다. 그것은 다른 어떤 것과도 관계하지 않고 존재한다. **내 세계는 '존재 전체'가 '사랑'인 곳**이다."(257)라고 절대계에 대해 말한다. 그리고 지금 우리가 존재하는 이곳 상대계에 대해선 "네가 우주에서 존재할 수 있는 것까지도, 오직 다른 사람들과 다른 장소들과 다른 사건들과의 관계를 통해서만 가능하다. 다른 것이 하나도 없다면 너 역시 존재하지 않는다는 걸 명심하라. 결국 너란 존재는 자신이 아닌 다른 것과의 관계에 지나지 않는다. 그것이 내가 거주하는 절대계와 반대되는 상대계에서의 존재 방식이다."(258) 그렇다. 우리는 공기와 물 그리고 타인(Others) 같이 다른 모든 것과의 관계 속에서만 존재할 수 있는 상대계 속에 살고 있다. 그리고 신은 "너희의 상대계에서는 저것 없이 이것도 있을 수 없다. 이것이 절대계에서는 참이 아닌데, 거기는 '존재 전체'가 '있는 모든 것'이기 때문이다. 절대계에서는 그 어떤 것도 다른 것과 관계가 존재하지 않는데, 그것 외에는 아무것도 없다는 단순한 이유 때문이다. 이건 상대계에서도 역시 참인데, 상대계에서는 (우리는 모든 사물을 분리해서 바라보지만 실상은) 오로지 '하나'만 존재하며, 그 '하나'는 '있는 모든 것'이기 때문이다."(259) 하며 다음과 같이 말한다.

"너희가 하는 모든 일이 너희 자신을 위한 것이다.
이것이 참인 건 너희와 다른 모든 사람이 '하나'이기 때문이다.
따라서 너희가 남에게 해 준 일이 곧 자신에게 해 준 일이고, 너희가 남에게 해 주지 못한 일이 곧 자신에게 해 주지 못한 일이다.
남에게 좋은 것이 너희에게 좋은 것이고, 남에게 나쁜 것이 너희에게 나쁜 것이다.
이것은 가장 기본 되는 진리다. 그런데도 너희가 가장 자주 무시하는 진리 또한 이것이다.
이제 너희가 남과 관계를 맺을 때 그 관계는 오직 하나의 목적만을 가진다. 그 관계는 너희가 '참된 자신'에 관한 가장 고귀한 관념을 결정하고 선언하는 매개물, 창조하고 표현하는 매개물, 체험하고 성취하는 매개물로만 존재한다.
그런데 '참된 자신'이 친절하면서 사려 깊고, 자상하면서 함께 나누고, 자비로우면서 애정 깊은 사람이어서, 너희가 남들과 더불어 있을 때도 이런 것들로 있다면, 너희는 자신이 몸으로 온 바로 그 이유인 가장 장대한 체험을 자신에게 주고 있는 셈이다.
이것이 너희가 몸을 취한 이유다. 왜냐하면 오직 상대성의 물질계에

서만 너희는 자신을 이런 것들로 알 수 있기 때문이다. 너희가 온 절대계에서는 앎을 이런 식으로 체험하는 것이 불가능하다.(260)

의식이 진보된 시대[97]의 사람들은 관계에서 자기 역할뿐만 아니라 관계의 목적과 삶의 과정을 이해할 것이다. 그리고 그들은 그 과정을 축복하며 '신성'이라 할 것이며, 그 과정에 참여하며 '모험'이라 할 것이며, 그 과정을 체험하며 '기쁨'이라 할 것이다. 그리고 그 과정을 완성하고 '열반'이라 할 것이다. 그런 다음 창조 자체인 끝없는 순환에서 자기가 선택한 때에 기꺼이 지복의 과정을 다시 한번 시작할 것이다.

이것이 펼쳐지고 있는 의식의 이야기이고, 진화 중인 인류의 이야기이며, 존재하고 있는 너희의 이야기다."(261)

진리의 탐구자들

그렇다. 인생은 굉장한 체험이다. 이 굉장한 체험 중 살면서 자신을 사랑으로 표현할 수 있는 기회, 우리가 처한 현실이 어떻든, 예를 들어 **우리가 부유하든, 가난하든, 평범하든 간에 '다른 사람을 어떻게 대**

---

97 『신과 나눈 이야기』에서 신(God)은 현재 지구 인류 의식의 진화 수준은 100을 기준으로 12수준에 있다고 한다.(262) 그리고 마침내 인류는 다수의 형태로 표현하는 자신만이 있을 뿐, '남'이란 없다. 그래서 다른 사람의 체험이라고 해서 책임을 피할 순 없다는 걸 알게 될 것이고, 이 앎으로 모든 게 바뀔 것이라고 말한다. 지구의 인류가 이 앎으로 지탱되는 새로운 사회가 만들면 "지금 체험하는 대로의 세상을 마침내 끝난 악몽인 듯이 여기게 될 것"이라고 한다.(263)

하는가'가 우리의 존재의 본질 차원에서 가장 중요한 삶의 포인트였던 것이다. 바로 이것으로 우리는 사후 '기억의 사원'에서 자기 스스로를 심판할 것이고 이것으로 다음 생의 카르마가 만들어진다는 것이다. 결론적으로 우리의 삶에서 다른 사람들에 대한 사랑과 용서보다 더 큰 의미는 없다는 것을 깨달은 것이다. 그래서 필자는 고개를 들지 못할 정도로 부끄러울 따름이다. 하지만 나 역시 다른 모든 사람들처럼 자기발견의 길을 가고 있었던 것이었다. 온갖 시험과 고통을 겪으면서 나 자신의 카르마의 문제를 풀어 온 것이다. 그것을 알든 모르든 간에… 어떻게 보면 이제야 '아테쉴리스'가 말하는 진리 탐구의 길에 들어서기 시작한 것이다.

마찬가지로 이 책 4장, 6장, 7장의 내용을 이해한 독자분들도 진리 탐구의 길에 들어선 것이다. 진리의 탐구자들의 이점은 우리가 육체를 벗고 다른 차원으로 옮겨 갔을 때 자신에게 무슨 일이 일어났는지를 잘 알 수 있다는 점이다. 그럼으로써 고통스러운 상황을 빨리 벗어날 수 있고 더 나아가 그곳에서 비존재의 잠에 빠지지 않고 다음 생, 또는 영혼의 진화를 위해 많은 지식을 쌓을 수 있는 기회가 주어진다. 이에 대해 코스타스는 다음과 같이 설명한다.

"내가 여러 차례 설명했듯이, 현재의 나는 방금 살았던 생애에서 가졌던 지성과 지식과 인식을 그대로 지닌 현재의 나로서 남아 있을 것입니다. 존은 존으로 남을 것이고 마리아는 마리아로 남을 거란 말입니다. 그리고 그 현재 인격이 저쪽 세계의 현실에 잘 적응하는 경우에는 영적인 길의 향상을 위해 더 많은 지식을 얻을 기회가 주어질 것[98]입니다. 모든 인간의 잠재의식을 풍성하게 가꿀 기회가 거기서도 마찬가지로 주어질 겁니다. … <u>존재 차원에서 탄탄한 기반을 구축해 내기만 한다면, 심령계에서의 진보는 기하급수적으로 빨라질 것입니다.</u> … 이 물질계에는 우리가 경험적으로 답할 수 없는 의문들이 많이 있습니다. 물질의 제약이 의식의 발전을 방해하지요. 이에 반해, 심령계에는 그런 장애물이 없어요. 거기서는 의문을 일으켜 진리 탐구자가 되기만 하면 우리는 무엇이 진실인지 아닌지를 스스로 탐구하고 밝혀 내기에 훨씬 더 유리한 위치에 있게 됩니다. 예컨대, 이 심령계에서는 소위 초자연적인 현상들을 목격하려는 열망과 호기심으로 들뜨게 됩니다. 심령계에서는 그런 현상을 스스로 만들어 낼 수 있기 때문에 누군가가 그것을 보여 주기를 기다릴 필요가 없기 때문이지요. 거기서는 이 가르침들이 옳은 것인지를 더 쉽게 시험해 볼 수 있습니다."

---

[98] 아테쉴리스는 이 부분에 대해 다음과 같이 설명한다.
"우리는 지상에서 배운 것을 저쪽 세계로 모두 가지고 간다네. 예컨대, 우리가 배운 언어를 아스트랄계에서도 사용할 수 있어. 그런데 만약 지상에서 사는 동안 외국어를 배울 수는 없었지만, 심령적 능력을 계발시켜 놨다고 상상해 보게. 그러면 심령계에서는 언어의 매개 없이도 상대방의 생각을 흡수할 수 있게 될 걸세. 이런 능력이 없다면 다른 나라 사람들과 소통하기 위해서는 거기서도 지상에서 배우는 것과 똑같은 방식으로 외국어를 배워야만 하는 거지. 또 덧붙여 말해 둘 것은, 여기에서 배울 수 있는 것은 무엇이든 저쪽 세계에서도 배울 수 있다는 거야. 예를 들어, 피아노를 몹시 배우고 싶었지만 물질계에 사는 동안 환경조건 때문에 그럴 수 없었던 사람이 있었다고 가정해 보게. 그 사람은 지상의 삶에서 피아노를 배우려고 할 때와 마찬가지 방식으로 저쪽 세계에서도 피아노 교습을 받을 수 있다네. 그리고 환생할 때가 되면, 그는 심령계에서 사는 동안에 얻었던 지식과 능력(재능)을 고스란히 새로운 생으로 가져간다네."(264)

코스타스의 설명에 마르키데스가 "그러면 심령계에서는 진리탐구자가 되는 것이 당연히 더 쉬워지겠군요?" 하고 묻자, "그렇지요."라며 코스타스가 미소를 지으며 말했다.

"하지만 그 첫걸음은 반드시 이 물질계에서 시작돼야 한다는 조건이 붙어 있습니다."

이에 마르키데스가 "지금까지 우리가 걸어온 길은 그 목적을 위해 충분하다고 생각하세요?" 하고 되묻고 코스타스는 "그렇다."라고 장담하며 다음과 같이 답변한다.

"이 세계에서 진리탐구의 길을 멀리 나아갈수록 심령계에서의 진보도 더 빠르고 쉬워질 것입니다."(265)

내친김에 마르키데스가 아테쉴리스의 내부모임에 참석하여 목격한 진리 탐구 모임의 입문식을 살펴봄으로 우리도 함께 입문식에 참여해 보자.

입문자인 로이조스는 제단 앞에서 커다란 그리스도의 그림을 마주 보고 서 있었다. 제단 위에는 접어 놓은 흰 수도복이 놓여 있고 그 위에 날 없는 칼이 놓여 있었다. 코스타스가 흰 초에 불을 켜고 향을 태우는 동안 야코보스가 스위치를 올려 그리스도 상의 양편에 있는 두 개의 밝은 전구에 불을 켜서 그리스도의 모습을 밝혀 놓았다. 다스칼로스(아테쉴리스)가 무릎을 꿇고 오른손을 날 없는 칼 위에다 올려놓았다. 잠시 동안 그는 눈을 감고 기도문을 중얼거린 다음에 다시 일어섰다.

"그대는 지금부터 야코보스가 읽을 일곱 가지 서약에 따르기를 동의하는지 말해 주기 바란다. 이것은 그대가 흰 수도복을 입기를 바란다면 자신과 해야 할 서약이다. 이것은 맹세가 아니라 약속이다." 전에 다스칼로스는 맹세란 무거운 의무를 수반하는 것이라고 말했었다. 맹세를 깨뜨린다는 것은 비극적인 결과를 초래할 수 있다. 반면에 약속을 이행하지 못하면 오직 자신에게만 책임이 있다는 것이다. 이어서 다스칼로스는 일곱 가지 서약은 영적인 완성을 향한 열쇠라고 설명했다.

...

"나는 자신에게 서약하나니," 야코보스가 먼저 시작했다.
"나는 자신에게 서약하나니," 로이조스가 낮은 목소리로 따라서

8장 불멸의 시공간 여행자들

말했다.

"내가 온 마음으로 속하는 절대자에게 언제, 어디서나 헌신하겠습니다." 야코보스는 로이조스가 그의 말을 따라 하면 다음 문장을 계속 이어나갔다.

"신의 뜻에 언제, 어디서나 헌신할 각오를 다지겠습니다."

"말씀과 생각의 신성한 은총을 언제, 어디서, 어떤 상황에서나 선하게 쓰도록 하겠습니다."

"지혜롭고 거룩한 법이 나에게 주는 어떤 형태의 시험과 시련에도 불평 없이 참고 견뎌 내겠습니다."

"이웃 사람들에게, 설사 그들이 나에게 어떤 행동을 한다고 하더라도, 온 마음과 영혼을 바쳐 진실하게 봉사하고 사랑하겠습니다."

"매일 절대자에 대해 명상함으로써 나의 생각과 욕망과 행위가 신의 뜻에서 한 치도 어긋남이 없도록 하겠습니다."

"나의 모든 생각과 욕망과 말과 행동이 거룩한 법칙에 완전히 조화 되었는지를 매일 밤 살피고 점검하겠습니다."

입문자인 로이조스가 일곱 가지 서약을 마치자 다스칼로스가 오른손을 들고 모두가 귀를 귀울이고 있는 가운데 엄숙한 목소리로 말했다. **"흰수도복은 상도, 특권도 아니다. 그것은 지고 가야할 무거운 십자가이다. 그것은 이웃 사람들에 대한 영원한 봉사를 다짐하는 약속이다.** 이곳의 형제들은 모두 그대가 흰 수도복을 입을 자격이 있음을 인정한다.

이 옷은 그대가 영혼을 순수하게 지녀야 함을 상징하는 것이다. 사랑이 그대의 삶에 있어서 지배적인 힘이 되어야 한다. 어느 누구도 미워하지 말라. 그대를 해치는 자조차도 필요하다면 강인함을 지키되, 오직 사랑으로 그리하라. 그리고 늘 그대의 이웃 사람들을 위해 무엇이 최선의 것인지를 염두에 두라." 그리고 그는 로이조스가 '흰 수도복의 형제'가 되는 것에 누구든 반대의사가 있는지를 물어 보았다. 전원이 만장일치로 그가 '엑시오스(Axios)', 즉 '진실로 귀한 자'임을 선포했다. 테오파니스와 코스타스가 제단에서 흰 수도복을 가져와서 로이조스에게 입혀 주었다. 다스칼로스를 따라서 모든 형제들이 로이조스의 이마에 입을 맞추었다. 그리고 나서 그는 무릎을 꿇었고 다스칼로스는 그의 머리 위에 날 없는 검으로 십자가를 그었다. 로이조스는 날 없는 검의 육각별이 새겨져 있는 곳에다 입을 맞추었다.(266)

아테쉴리스는 신비가의 입문식은 스승이 입문자의 머리 위에다 검을 대고 몇 마디를 중얼거리는 그런 의식이 아니며 입문이란 영적으로 진보해가는 여러해 심지어는 수백년 동안 지속될 수도 있는 하나의 과정이라고 말한다. 또한 이런 신비가의 '입문의식을 하지 않아도 자기완성 길의 갈 수 있나?'라는 마르키데스의 질문에는 "모든 인간은 자기 안에 지상에 내려오는 모든 인간을 비추고 있는 빛(내면의 신성)을 품고 있다네. 알든 모르든 자신의 스승과 안내자를 자기 안에 가지고 있는 거지. 모든 인간에게 나날의 삶은 스스로를 이 3가지 입문 과정(자기완성)으로 이끄는 훈련이라네."하고 답한다. 마르키데스는 한 번 더 묻는다. "그러면 세상에 현존하는 스승으로부터 도움을 받지 않고도 신성을 이룰 수 있다는 말씀인가요?" 이에 아테쉴리스는 답한다.

"안될게 뭐 있나? 인류의 위대한 스승들에게 지상의 스승이 있었는가? 단지 로고스(내면의 신성)와 연결되기만 하면 지상의 스승은 결코 필요하지 않다네."(267)

아테쉴리스는 입문식에서 "어느 누구도 미워하지 말라. 그대를 해치는 자조차도 필요하다면 강인함을 지키되, 오직 사랑으로 그리하라. 그리고 늘 그대의 이웃 사람들을 위해 무엇이 최선의 것인지를 염두에 두라."고 말한다. 신의 현현(顯現)인 예수는 원수를 사랑하라. 네 이웃을 내 몸과 같이 사랑하라고 말한다. 이는 에고의 프로그램에 의해 우리는 서로 분리된 듯이 보이지만 사실은 하나이기 때문이다. 우리는 절대계에서 상대계(물질계)로 들어오면서 자신이 누구인지를 스스로 잊게 만들었다. 그리고 너무 오랫동안 '자신'을 부정해온 탓에 '자신이 누구인지' 잊고 말았다. 이것은 우연의 일치로 일어난 일이 아니며, 어쩌다 그렇게 된 것도 아니다. 그 모두가 신성한 계획의 일환이다.(268) 이제 우리는 **'자신이 참으로 누구인지'**를 기억해야 할 때가 왔다. 모든 인간의 궁극적 목표이자 운명은 신성의 실현이다. 그리고 모든 인간은 알든 모르든 누구나 그 길을 가고 있는 것이다. 그러나 인류의 압도적인 대다수는 무지한 상태 속에서 살아가고 있기에 우리는 자신의 발전뿐만 아니라 영적 성장의 길을 타인들도 함께 가도록 도와야 한다. 물론 이 책의 내용들이 독자분들이 지닌 선입견이나 신앙이나 개인적인 사상과 위배된다면 독자분들께 맞는 것만 취하고 나머지는 무시하면 된다. 하지만 필자는 **"당신 자신은 진정 누구인가?"** 라는 질문으로 이 책을 마친다.

지금 이 책을 읽고 있는 모든 분을 축복하며,
주 하나님의 사랑이
여러분과, 여러분의 가정과,
그리고 온 세상에 함께하시기를….

9장

죽음의 지식들

죽음을 마주하며

　죽음의 당사자이거나 죽음의 목격자이거나, 죽음을 대하는 일은 고통스럽고 슬프고 또 무섭다. 건강한 사람은 죽음을 이야기하고 싶어 하지 않으며 중병에 걸린 사람들도 대개 그렇다. 죽음은 가장 큰 두려움이기에 현대 의학은 죽음의 과정을 연장하려는 데만 모든 노력을 쏟고 있다. 그래서 병원에서는 끝까지 치료약을 쓰고 무리한 검사를 하면서 무의미하게 수명을 연장시키는 경우가 많다. 결국 임종의 시간이 가까워질수록 오랜 치료와 검사 때문에 기진맥진해져 의식불명 상태가 되는 경우가 태반이다. 그런 상태로 있다가 어느 순간이 오면 아무 준비도 하지 않은 채 갑자기 몸을 떠나 버린다.

　사실 임종을 앞두고 사후세계와의 상호작용은 자연스럽게 나타나는데 이 사실을 무시하면 임종자는 죽음의 과정과 사후세계 자체에 대한 중요한 정보를 모두 놓치게 된다. 그래서 가족들은 연명치료에

몰두할 것이 아니라 임종자가 의식이 남아 있을 때 사후에 일어날 일에 대해 여러 가지 해답을 준비해 둔 목사, 신부, 랍비, 승려처럼 그 방면의 전문가에게 그 일을 맡기는 게 좋다.[99] 또한 죽음에 대한 안내와 충고, 가르침 등을 받는 데 가장 적당한 시간은 바로 지금처럼 우리가 이렇게 의식이 명료하게 있을 때이다. 그래서 이 책을 지금 읽고 있는 여러분들은 행운인 것[100]이다.

죽음의 인도

만약 임종자가 자신의 죽음에 대해 들을 준비가 되어 있다면 인도자는 죽음의 통로에서 만나게 될 것과 사후세계의 중간계에서 어려움

---

99 예를 들어 가톨릭에서는 죽음의 순간에 신부가 임종자의 머리에 기름을 붓는 성사를 행하고, 고인의 영혼을 위한 기도를 올리며, 장례 미사를 드린다. 유대교 전통에서 임종자는 고백과 참회의 기도문을 암송하도록 되어 있다. 만약 그들이 직접 할 수 없다면 다른 사람들이 도와줄 것이다. 임종자가 죽은 뒤에는 산 자들은 주기적으로 카디시, 즉 신의 이름을 찬양하는 히브리어 기도문을 암송한다. 이슬람 국가의 사람들은 한곳에 모여서 고인에 대한 신의 용서를 비는 집단적인 기도를 드린다. 불교 또한 죽음과 관련된 다양한 전통 의식을 갖고 있다.

100 『티베트 사자의 서』는 두 파트로 구성되어 있는데 첫 파트 마지막 장에서는 죽음의 지식에 대해 아픈 사람들의 머리맡에서 반복해서 읽어야 하고 죽은 자 옆에서도 그가 깨달을 수 있도록 『티베트 사자의 서』의 내용을 반복해서 읽어야 한다고 말한다. 그리고 이런 죽음의 지식들에 대해 다음과 같이 말한다.
"이 가르침을 만난 자들은 행운이다. 많은 공덕을 쌓아 무지의 어둠을 없앤 자들을 제외하고는 이것을 만나기가 어렵다. 만난다 해도 이 가르침을 이해하기가 어렵다. 이 가르침을 듣고 거부하지만 않으면 영원한 자유가 얻어진다. 그러므로 이 가르침을 소중하게 다루라. 이것은 모든 가르침 중의 가르침이다."(269)

에 대처하는 방법에 대해 알려 주어야 한다. 그리고 인도자가 알 수 없는 종교적인 법문이나 어려운 용어를 사용하게 되면 임종자는 그것으로부터 도움을 받지 못할 것이다. 따라서 인도자들은 임종자들이 듣기에 적합한 간결하고 쉬운 용어로 사후세계에 대해 이야기해 주어야 한다. 그러면 사후의 긴 여행을 떠나면서 그들은 그것을 이해하고 기억할 것이다. 그런 식으로 임종자가 죽음의 과정과 사후세계의 정화 과정을 통과하여 평화롭고 행복한 목적지에 이를 수 있도록 도울 수 있다.

만일 임종자가 죽음이 다가오는 걸 받아들이려 하지 않는다면, 그 순간에 특별한 가르침을 주는 건 현명하지 않을 것이다. 대신에 일반적인 가르침이나 치유에 관한 가르침을 말하는 것이 더 나을 것이다. 그것은 그를 두렵게 하지 않고 어느 정도 평화와 자각의 느낌을 주기 때문이다.

만약 의식이 없거나 죽음의 순간에는 평화와 사랑, 축복의 분위기를 제공하는 기도와 명상 등 모든 종교 의식이 큰 도움이 된다. 그래서 임종자가 의식이 없는 상황이라면 누군가 임종 의식을 행하거나 적어도 일정한 종교 의식을 행해야 한다. 그것은 임종자가 무의식 상태에서 자연스럽게 깨어나게 한다. 정식으로 의식을 행할 수 있는 사람이 없다면 임종자에게 익숙한 경건한 종교적인 음악이나 노래를 부르면 된다. 그것은 임종의 과정을 겪고 있는 병자로 하여금 무의식의 상태에서 깨어나게 할 것이다. 이때 가장 중요한 것은 더욱 큰 평화와 기쁨을 가져오기 위해 차분하고, 평화로운 마음과 분위기를 유지하는 것이다. 이것을 위해 당신은 친숙한 기도나 명상을 하는 것이 도움이 된다.

두려움 없이 죽음을 준비하는 법

많은 사람은 죽음을 대면할 때 혼란에 빠진다. 하지만 죽음 너머에는 다만 평화와 위대한 진화가 있을 뿐이다. 이에 룹상 람파는 죽음을 준비하는 법에 대해 다음과 같이 말한다.

"당신은 죽음을 아주 유쾌한 사건으로 여기는 편이 좋다. 아이들이 학교를 졸업할 때 느끼는 감정처럼 말이다. 그러니 마지막으로 죽음을 어떻게 준비할 것인가를 고려해 보기로 하자. 죽음은 결혼과 마찬가지로, 기대치가 현실과 일치할수록 더욱 행복한 경험으로 변모한다. … 많은 사람이 특수한 종교 또는 철저한 무신론으로 인한 선입견을 갖고 있다. 그들은 죽음의 순간에 무얼 기대해야 하는지를 모른다. 그래서 스스로 지어낸 엄청난 환상에 사로잡히거나, 더 나쁘게는 무지로 인해 짙은 암흑 속으로 빠져든다."(270)

그래서 룹상 람파는 사후세계를 믿든 믿지 않든 상관없이 아래의 내용을 실천해 보길 당부한다.

"한 시간 또는 두 시간 동안 죽음이라는 주제에 관해서 명상하라. 당신은 이 지구를 떠날 차례가 왔을 때, 점차 차가워지는(그리고 불편하기만 한) 몸뚱이를 고통 없이 빠져나와서 그 늘어진 육신 위에 구름과 같은 형체를 형성할 것이다. 당신은 그 구름 속에서, 한발 먼저 다음 생으로 떠났던 사랑하는 사람들에게 마음으로써 도움을 요청한다. 텔레파시에 대해서 잘 몰라도 전혀 상관없다. 좀 더 위대한 생을 향해 갈 때 우리는 저절로 그런 능력을 갖게 되니까. 죽음의 순간에, 먼저 세상을 떠난 사람들 가운데 당신이 가장 사랑하는 사람의 모습을 그려 보라. 그리고 그 사람이 당신을 도와주러 나오길 바란다는 생각을 전송하라. 지금 기차를 탈 예정이니 언제쯤 역에 마중을 나와 있으라고 전보를 치는 것과 비슷하다. 그리고 평화 속에 자신을 내맡겨라. 당신은 가벼워진 느낌을 받을 것이다. 빡빡하게 옥죄던 방을 벗어났다는 느낌을 받을 것이다.

마음을 열라 냉소하지 말라. 맹목적으로 믿지 말라. 이성적으로 판단하라. 죽음의 순간에 당신이 해야 할 일들을 미리 연습해 두라. 죽어가는 몸을 빠져나와 사후의 삶을 시작하는 과정을 연습해 두라. 당신이 가장 사랑하는 사람에게 도움을 어떻게 요청할지 생각해 두라. 그러면 때가 왔을 때, 당신은 죽음이 전혀 고통스럽지 않으며 육체의 어떤 현상도 당신을 전혀 동요시킬 수 없음을 깨닫게 되리라.

당신이 육체 위를 떠도는 동안, 육체로 닻을 내렸던 은줄(silver cord)[101]은 가늘어지고 또 가늘어지다가 미풍 속의 연기처럼 흩어져

---

101 아테쉴리스의 수제자인 야코보스(가명)는 은줄(silver cord)에 대해 다음과 같이 이야기 한다. "은줄이 육체와 심령체를 연결하고 있지요. 심령계에서 만난 사람이 물질계에 존재하는

버린다. 당신은 당신을 마중 나온 사랑하는 사람들의 팔에 안겨 위로 떠오른다. 은줄이 끊어지기 전에는 그들이 해 줄 수 있는 일이 많지 않다. 당신이 기차에서 내리기 전까지는 마중 나온 친구와 악수를 할 수 없는 것과 마찬가지다."(272)

죽음이 실제로 닥쳐오면 우리의 모든 두려움은 사라진다. 죽음의 순간이 다가오면 마음을 열라. 그리고 당신을 돕고자 애쓰는 사람들이 있다는 사실을 잘 간직하라. 기억하라. 지옥 같은 것은 없다. 영원한 저주 같은 것은 없다. 파괴만을 바라는 복수심 많은 신 같은 것은 없다. 신은 두려워할 대상이 아니다. 신은 선하다. 신은 사랑의 대상이다. 죽음은 선한 일이다. 죽음이 왔을 때 당신은 그것을 두 팔 벌려 반기고 사랑해야 한다. 그렇지만 그때까지는 "네가 대우받고 싶은 대로 상대방을 대접하라."라는 황금률에 따라 살아갈 일이다.(273)

죽음의 과정

태어난 사람은 그 누구든 반드시 죽음을 맞게 된다. 그리고 죽음은 또 다른 의미에서의 탄생이다. 이 죽음의 과정에 대해 롭상 람파는 다음과 같이 말한다.

> 사람인지를 확인하는 한 가지 방법도 그가 이 '은줄'을 가지고 있는지를 확인하는 것입니다. 은줄이 없다면 그는 '죽은' 사람이며 오직 심령체만을 가지고 살고 있는 것입니다."(271)

"대부분의 경우에 죽음 그 자체는 전혀 고통이 없는 과정이다. 실제로 죽음이 임박할 때 자연은 체내의 신진대사를 변화시킴으로써 당사자를 일종의 마비 상태로 이끈다. 그저 육체의 반사 능력에 의한 운동이 있을 뿐, '죽음의 고통'을 느낄 만한 지각 작용은 이미 없는 것이다. 사람들은 흔히 죽음과 고통을 연관 지어 생각한다. 왜냐하면 중병을 앓는 대다수의 사람들이 고통 속에서 죽어 가는 듯 보이기 때문이다. 그러나 기억하라. 그런 모습은 죽음으로 인한 것이 아니라 질병 그 자체로 인한 것이다. 이를테면 그것은 암세포, 장기의 손상, 말단신경의 위축 또는 파괴 때문인 것이다. 죽음, 곧 이 세계에서 다음 세계로의 (물리적 신체를 떠나는) 이동 과정만 따져 본다면 자연스러운 마비 현상 때문에 우리는 고통을 겪지 않는다."(274)

사람이 한순간에 죽는 것은 아니다. 두뇌는 심장이 박동을 멈추고 폐가 펌프 작용을 그친 이후에 죽는다. 귀중한 산소 공급이 끊기더라도 두뇌는 몇 분 정도 기능을 유지한다. 이렇게 두뇌까지 죽은 이후에는 나머지 신체 각 부분이 서서히 죽어 간다. 대부분의 기관이 대략 하루 이내에 기능을 정지한다. 그리고 사흘이 지나면 그것은 그저 부패하고 있는 고깃덩어리에 불과하다. 그렇지만 육체는 중요한 것이 아니다. 진정 중요한 것은 불멸의 영혼, 곧 초자아이기 때문이다.

죽음의 순간을 자세히 살펴보자. 침대 위에 누워 있던 어떤 사람의 호흡이 방금 멈췄다. 그 자리에 투시가가 있다면 그는 사자(死者)의 몸 위에 형성되는 희미한 안개 같은 구름을 볼 수 있다. 은줄은 사람마다 그 출구가 제각각이지만, 통상적으로는 몸의 배꼽 부위로부터 흘러나온다. 이 구름은 한데 뭉치면서 점차 짙어지고 뚜렷해진다. 죽음의 과정이 진행됨에 따라 그 형태는 갈수록 육체를 닮아 간다. 마침내 더 많은 기관이 진행됨에 따라 그 구름은 더욱 짙어지며 마침내는 기존의 육체와 꼭 닮은 형상이 둥둥 떠 있게 된다. 은줄은 물리적인 육체와 유체를 연결해 준다. 그 구름이 바로 유체이다. 점차 은줄은 시들고 가늘어지고 흐릿해지다가 결국 끊어진다. 그제야 그 육체는 진정으로 죽은 것이다. 그제야 그 사자(死者)는 비로소 다른 생으로, 진화의 다음 단계로 날아간다. 일단 그 안개 같은 형상이 떠나 버리고 나면, 남은 육체에 무슨 일이 생기든 문제 될 것이 없다. 우리는 그것을 화장할 수도 있고 매장할 수도 있다. 방법이야 어떻든 상관없다.(275)

사자를 돕는 장례

우리는 사랑하는 사람의 죽음에 슬픔을 느끼는 것은 당연하다. 하지만 슬퍼할지라도 당신은 그 슬픔을 강화시켜서는 안 된다. 오히려 슬픔을 누그러뜨리거나 정화시키려고 해야 한다. 델록들의 경험에 의하면 산 자들이 슬퍼하고 눈물을 흘릴 때 바르도(사후세계의 중간계)를 여행하는 사자는 어둠과 눈보라, 무서운 소리, 고통스런 느낌을 경험하게 된다. 그래서 사자가 사랑했던 사람들은 가능한 평화롭고 차분한 마음가짐과 분위기를 유지하려고 노력해야 한다. 그리고 결코 이런 식으로 생각해선 안 된다.

'이 사람이 죽었으니 난 이제 부자가 될 거야.'

'이 사람이 세상을 떠났으니 이제부터 난 자유야.'

최근에 사망한 사람들의 마음은 자신의 육체를 떠난 뒤에 몇 시간, 며칠, 심지어 몇 주 동안 떠돌아다닐 수 있다. 그들은 심지어 산 자들의 마음을 읽는 능력 또한 어느 정도 갖고 있다. 사람들이 자신에 대해 부정적으로 생각하고 행동한다는 것을 그들이 발견한다면, 그것은 부정적인 감정을 일으키는 강력한 요인(276)이 되어 사후세계의 여정에 큰 방해가 된다.

한편 화장의 시기에 대해 룹상 람파는 사람이 죽은 후에는 시신을 이틀 또는 사흘간 손대지 말고 그대로 놔두어야 한다고 말한다. 그 이유로 "시신이 사흘 이내에 화장될 때는 종종 극심한 충격이 유체에도 전해질 수 있다. 그때 유체는 기이하게도 불타는 열기가 아니라 혹독한 추위를 느끼게 된다. 만약 당신이 앞서간 사람을 존중한다면, … 죽은 사람의 유체가 시신과 분리되는 데는 사흘이란 시간이 필요함을 꼭 명심해야 한다."(277)라고 설명한다.

사후세계의 여정

계속해서 룹상 람파는 사자가 겪는 여정을 다음과 같이 이야기 한다.

"이제 우리는 영혼 또는 유체가 육체를 떠나는 단계에 이르렀다. 그 영혼은 다른 혼령들을 만날 수 있는 곳으로 떠났고, … 진화된 영혼, 즉 사후의 삶을 이해하는 영혼은 도움을 받아 '기억의 사원(The Hall of Memories)'이라 불리는 곳으로 가게 된다. 그곳에선 과거 생의 모든 사건이 상영되고 모든 잘못이 점검된다. 어떤 종교에서는 이것을 '심판의 날' 또는 '심판의 사원'이라고 표현한다. 그러나 우리의 종교관에 따르면 가장 엄중한 심판은 바로 자기 자신에 의한 심판이다.

불행히도 죽은 영혼이 사후의 삶을 믿지 않는 경우도 빈번하다. 그런 경우에 그는 마치 암흑 속에 있는 것처럼, 또는 거대한 검은 안개 속에 있는 것처럼 한동안 방황하게 된다. 그는 점점 더 큰 비참함을 느끼게 되고, 마침내는 자신이 달라진 형태로서 여전히 존재하고 있음을 깨닫는다. 아마도 생전에 배워 뒀던 지식이 이때 도움이 되리라. 그것을 주일학교에서 배웠든, 교회에서 배웠든, 힌두사원에서 배웠든 상관없다. 어쨌든 뭔가를 떠올리게 해 줄 사전 정보가 그에겐 실마리처럼 작용할 것이다.

어떤 사람이 기독교의 한 교파의 신도로서 자랐다면, 그는 천국과 천사에 대한 사념체들을 만들어 왔을 것이다. 만약 어떤 사람이 동양의 특정 지역에서 자라났다면, 그는 전혀 다른 유형의 천국을 상상해 왔을 것이다. 예컨대 살아 있는 채로는, 육신을 갖고 있는 채로는 도저히 충족시킬 수 없었던 모든 쾌락이 공짜로 주어지는 그런 천국 말이다. 우리의 주인공은 종교를 수박 겉 핥기로만 맛보았기 때문에, 자신이 만들어 낸 사념체들이 득실대는 상상의 세계 속에서 한동안 머물게 된다. 천사들의 사념체, 아름다운 처녀들의 사념체 등등…. 그곳의 모습은 그가 어느 지역 출신인가에 따라 크게 달라진다.

이런 상상은 무한정으로 계속된다. 하지만 그는 결국 그 안에서 여러 가지 잘못된 생각, 온갖 오류를 감지하기 시작한다. 예를 들면 천사들이 날개를 털갈이한다든가, 처녀들이 생각만큼 '흠 없이' 아름답지는 않다는 사실을 깨닫는 것이다. 기독교인들은 이곳이 그 대단한 천국(모든 사람이 금빛 후광을 두르고 있는)이 아님을 눈치채게 될 것이다. 왜냐하면 긴 잠옷을 입고 구름 위에 앉아 마냥 하프를 연주하는 데도 한계가 있기 때문이다! 그래서 의심이 스며들기 시작한다. 사념체들에 대한 의심, 내가 보고 있는 것이 과연 진실일까 하는 의심 말이다.

만약 우리의 주인공이 생전에 그다지 선량한 사람이 아니었다면 상황이 좀 달라진다. 그는 지옥을 상상해 냄으로써 스스로 갖가지 고통과 아픔을 겪게 된다. 그는 온몸을 찔러 대는 악마의 사념체를 만들어 낸다. 그는 불, 황, 유황, 그 외에 약제실에서나 쓰일 법한 지독한 재료들을 떠올린다. 그러나 여기서도 곧 의심이 스며든다. 이 모든 고통이 대체 무엇 때문에 주어진단 말인가? 피 한 방울 없는 나의 형체가 어떻게 쉼 없이 칼에 찔리고 뼈가 부러질 수 있단 말인가?

점차 의심이 커지면서 그의 영적인 마음은 이른바 영계의 '구원자들'과 접촉할 수 있을 만큼 열리게 된다. 그리고 마침내 그 '구원자'들의 도움을 받아들일 때, 그들은 그의 상상력이 만들어 낸 모든 연극적 요소들을 치워 버린다. 그들은 그로 하여금 진정한 현실을 마주하게 한다. 죽음 저편의 세계가 생전의 지상보다 더 나은 장소라는 사실을 알도록 해 준다."(278)

조상 공양의 허와 실

일부 종교 단체의 경우 반복되는 불행이 닥치거나 불치의 병에 걸린 경우 조상 공양을 강조한다. 이에 대해 신비가인 다카하시 신지 선생은 다음과 같이 말한다. 죽은 자를 위해서 불경을 드리면 극락으로 보내는 공덕이 된다고 생각하는 것은 잘못이다. 왜냐하면 죽은 사람은 그 경문의 의미조차 모른다. 그게 어떻게 공덕이 된단 말인가. 다시 한번 생각해 보자. 당신은 당신이 모르는 말로 상대방이 말을 건네 오면 그것을 이해하고 대화할 수 있겠는가. 상대방이 모르는 말을 하면 나는 대답을 할 수가 없다. 이미 나는 앞에서 사람은 이 세상에 살던 자기 모습 그대로 저승으로 간다고 말했다. 내가 죽으면 내 생각과 말과 행위를 고스란히 그대로 가지고 저승으로 간다. 그런데 내가 죽은 후에 누가 나를 위해서 불공을 드리면 부처가 된다고 말하는 스님이 있다고 하자. 그렇다면 그 스님이 과연 저승의 실상이 무엇인지 알고 하는 말인지 의심하지 않을 수 없다.

물리학의 관성의 법칙을 보자. 물론 이 세상뿐만 아니라 저세상에도 관성의 법칙은 있다. 나는 그것을 알고 있으므로 자신 있게 말하는 것이다. 즉 현재의 의식을 그대로 지닌 채 차원이 다른 저승으로 윤회의 순환을 하는 영혼은 자신이 그 사실을 깨닫게 되기까지는 많은 시간이 걸린다. 이 글을 읽는 독자 중에는 그런 것을 알 턱이 없다고 반론을 제기하는 사람도 있을 것이다. 하지만 나(다카하시 신지)는 그 사실을 즉석에서 형상화해 보여 줄 수 있다. 이것은 결코 거짓이 아니다. 내가 여러분에게 왜 거짓말을 하겠는가. … 인간으로서 올바른 생활을 해서 자기 자신의 본성을 깨닫고 있는 영혼 이 외에는 모두 지옥에 떨어진다. 나는 그 사실을 두 눈으로 확실히 볼 수 있고, 또 그들과 대화도 나눌 수 있으므로 하는 말이다.(279)

조상에 대한 공양은 살아 있는 자손들이 밝고 바르게 사는 길뿐이다. 제사상[102]을 잘 차리거나 호화 분묘를 만드는 것은 조상에 대한 예

---

102 『아유쉬파티 야타카라 파리프리차 수트라(죽음에서 일어나는 일에 관한 수트라)』에서 붓다는 죽은 자에게 음식을 주는 것은 소용없는 일이라고 말한다. 왜냐하면 그들은 세속의 몸이

의가 아니다. 그들은 거기서 살지 않는다. 자기가 바르게 사는 것이 조상에게 최고의 기쁨이며 최대의 공양이 된다는 사실을 알아야 한다. 왜냐하면 조상은 자손들의 마음의 모습을 보고 자신들도 반성할 기회를 얻게 되기 때문이다. 방황하는 조상 탓에 불행이 일어난다고 생각하는 사람이 있다면 가족들의 마음이 신의 뜻(정도)에 어긋나 있지 않은지 한번 반성해 볼 필요가 있다. 아름답고 건강하며 평화스러운 생활을 하는 것이야말로 최고의 공양이라고 할 수 있다.

살아 있는 인간의 불행은 살아 있는 자신이 만들어 내고 있다. 그것은 부조화한 상념 행위가 방황하는 빙의령을 불러들임으로써 일어나는 현상이다. 가족 전체가 항상 정도를 걷는다면 한 사람 한 사람의 몸이 신의 빛에 싸일 뿐만 아니라 그 가정도 또한 빛으로 덮이기 때문에 방황하는 망령은 이 빛에 의해서 자신의 잘못을 깨닫고 성불할 수 있게 된다. 살아 있는 인간들이 영적으로 정화하는 것은 방황하는 망령을 깨닫게 할 뿐만 아니라 자기 자신을 구제하는 길이 된다. 마음을 앓은 경문을 몇만 번 외워 보아야 그것은 인내력과 성대를 단련시키는 연습을 될지언정 자기 자신의 마음을 구할 수는 없다. 경문의 내용을 실생활에 살리는 것이야말로 깨달음을 얻을 수 있는 지름길이라는 사실을 알아야 한다.(280)

물론 우리는 조상과 부모의 인연에 의해서 육체를 부여받고 있으므

없어 세속의 음식을 즐길 수 없기 때문이다.

로 그들에 대한 감사의 마음을 저버려서는 안 되지만 그 감사의 표현은 보은의 행위로써 보답해야 한다. 형제자매가 의좋게 생활하는 것도 그 효행의 하나요, 정신적, 경제적으로 조화된 생활을 누리는 것도 보은의 하나다. 죽은 육체 조상에 감사하는 것이 당연한 일이지만 좋은 묘지와 융숭한 불공을 바라는 조상이 있다면 이런 조상은 100% 지옥에 있다. 만일 조상이 지옥에 떨어져 있을 때도, 살아 있는 자손들이 그 조상을 향하여 육체 생활을 하던 당시의 마음 상태, 사명, 목적 등을 잘 설명해 줌으로써 그 조상의 방황하는 마음을 구제, 천도해 줄 수 있다. 불경의 뜻도 모르는 죽은 분들에게 어려운 경문을 외워 공양하는 것은 아무 뜻도 없다. 상대를 이해시키지 않고서는 개과(改過)나 천도(薦度)시킬 수 없다.(281)

이 세상에 널려 있는 묘지나 불단, 제단에 미련을 가진 영들은 100% 지옥에서 생활하고 있는 영들이기 때문에 가족의 부조화 상념에 빙의해서 집안의 조화를 깨뜨리고 있다. 그럴수록 살아 있는 가족들이 신의 뜻(정도)에 맞는 생활을 해야 한다. 그렇게 하지 않으면 영적 조화가 깨져 악령을 불러들이게 된다. 죽은 조상의 영에게 이 현상계에 대한 집착을 버리도록 가르쳐 주는 것이 으뜸가는 공양이다. 가족들이 정법에 귀의해서 빛이 충만한 즐거운 가정을 꾸미게 되면 죽은 망령들도 이것을 보고 깨닫게 된다. 불단만이 공양의 장소가 아니다.

한편 깨달은 조상의 영은 현상계에 집착이 없으므로 아무 재앙이 없다. 차원이 다른 세계에서 생활해야 하는 몸인데도 불구하고 이 세상에 집착하여 방황하고 있는 영에게 우리는 빙의되어서는 안 된다. 정법을 실천하고 있으며 몸은 신의 빛에 싸여 보호를 받게 되므로 부조화한 영에게 빙의될 리 만무하다. 악령에게 빙의된다는 것은 어디까지나 그 책임이 자기 자신에게 있다. 진심으로 명상적 반성을 실천할 때 우리의 의식은 신의 빛에 싸이므로 부조화한 영들도 그 빛으로 자신의 잘못을 깨닫게 된다. 조상은 예배하는 대상으로서가 아니라 감사하는 대상으로 보은의 공양이 바람직하다. 몸이 건강하다는 것도, 훌륭한 사회인으로서 생활하고 있다는 것도 보은의 공양인 것이다. 현대 종교의 많은 부분이 조상 신앙으로 타락하여 신심의 근본도 흐려져 버렸다. 그 원인은 오랜 세월 동안 신의 뜻(정도)에 인간의 지식과 의지가 가미되어 타력신앙으로 변질해 버린 데 있다. 여기에 따른 종교 산업이 인간이 마음을 더욱 신의 뜻(정도)에서 멀어지게 했다.(282)

자살자들의 상황

에드거 케이시 이후 미국 최고의 영능력자 중 한 명으로 평가받는 루쓰 몽고메리[103]는 깊은 명상 상태에서 '죽음 이후의 상황'에 대해 영

---

103 루쓰 몽고메리(1912-2001)는 미국을 대표하는 저명한 언론인 중 한 명이었다. 그녀는 언론 생활을 은퇴(1969)한 이후에 영능력자로 전환하였다. 그녀는 명상 상태에서 자동 글쓰기를 통해 인간, 신, 우주에 관한 많은 신비와 비밀을 알게 되었다. 그녀의 사명은 죽음 후의 생명에 대한 견해를 대중에게 교육하는 것이라 믿었으며 인류에게 진실을 알리고 인류의 영적 자각을 고양할 수 있는 여러 저서들을 남겼다.

혼들에게 메시지를 듣고 기록했는데 죽음 이후의 자살자의 상태에 대해 다음과 같이 크게 세 가지로 구분하여 설명한다.

1) 정신이상으로 자살한 경우

이제 스스로를 파괴하는 내부적 동요 상태로부터 이곳에 도착한 사람에 대해서 말하겠다. 즉 불행한 자살자들에 말하겠다. 어느 누구도, 다른 사람의 목숨을 마음대로 할 수 없듯이, 자신의 목숨도 마음대로 할 수 없다. 왜냐하면 모든 사람이 신성의 일부이기 때문이다. 이런 사람들은 순간적인 광기로 인해 고통은 받았지만, 곧 자살을 유발한 일시적인 정신이상을 극복하게 된다. 그들이 깨어나서 이런 문제들을 해결하고, 일시적인 광기를 일으킨 당시의 상황을 이해함에 따라 사고로 죽어서 이곳에 온 사람과 마찬가지로 빨리 이곳에 적응하게 된다.(283)

2) 현실도피로 자살한 경우[104]

그들은 정신이 말짱한 상태에서 의도적으로 자살을 계획했고, 그 자

---

104 『신과 나눈 이야기』시리즈에서 신(God)은 이렇게 말한다.
"자살은 도망가기 위한 도구로 죽음을 사용하는 것이지만, 그건 동일한 삶을 다시 한번 창조한다. 동일한 과제와 체험을 가진 똑같은 삶을.
… 중요한 사실은, 너희가 이 도전 과제들을 피할 수는 없다는 것이다. 너희는 다시 한번 그것들을 정면으로 마주하게 될 것이다. 그리고 이건 당연히 약간 반복적이고 지겨울 수 있다."(284)
그 이유에 대해 현재의 나는 망각하고 있지만 그 힘든 상황은 영혼 자신이 이 삶에서 체험하기 위해 불러온 상황이기 때문이다. 그래서 아이러니하게도 영혼은 다시 그 문제를 다루고자 또 다른 물질 삶을 자신에게 준다고 한다.(285)

살로 자신들의 영혼까지 파괴될 것이라고 생각했다. 그러나 그들이 영혼의 파괴에는 성공하지 못했기 때문에, 그들의 문제는 그곳보다 이곳에서 훨씬 더 심각하다. 왜냐하면 문제는 하나도 해결되지 않고, 언젠가는 이루어질 지상으로의 환생 때까지 문제가 연기되기 때문이다. 그러므로 우리가 고통받는 영혼이라고 지칭하는 것은 바로 그들을 말하는 것이다. 그들은 끊임없이 자살한 데 대한 부끄러움과 살아생전에 문제를 해결하지 못했다는 자신에 대한 분노 속에서 살게 된다. <u>왜냐하면 문제를 해결하는 데는 이곳보다 지상이 훨씬 더 유리하기 때문이다.</u> … 이곳에는 육체 상태의 문제를 해결할 수 있는 수단이 없다. <u>이곳 영계는 문제를 해결하는 곳이라기보다는 문제를 해결하는 방법을 배우는 곳이다.</u> 그러므로 이곳에서는 그가 다시 물질적인 육체로 환생할 때 어떤 추가적인 책임을 떠맡아야 하는지를 배우기 위해 그가 저지른 과거의 잘못을 회고하고 또 회고하는 길고도 고통스러운 과정이 진행된다.(286)

육체로 환생한다는 특권은 카르마의 청산을 위해서 필요한 것이며, 그 특권은 쉽게 무시될 수 있는 것이 아니다. 다른 영혼들은 사람의 몸을 받아 영적 진보를 시도할 수 있는 차례가 오기를 기다린다. 만일 우리가 화가 나서 창조주에 의해 주어진 물질적 껍데기 속의 생명을 죽인다면, 우리는 보상을 해야만 한다. 카르마를 청산할 수 있는 육체로 환생하는 기회가 지연되고 카르마 역시 증가된다.(287)

3) 육체적 고통으로 자살한 경우

자, 이제 병들고 그래서 그 고통을 벗어나기 위해서 죽음을 갈망하는 사람에 대해서 이야기해 보자. 이 영혼들은 이곳에서 즐겁고 행복함을 느끼기 때문에 보통 가장 쉽게 이곳에 적응을 한다. 나는 확실히 이런 영혼 중 하나였다. 비록 그곳에 있을 때 영혼이 죽음 뒤에도 존재한다는 것을 밝히기 위해서 가능한 모든 노력을 다하고자 했었지만 나는 병든 몸 때문에 고통으로 괴로워했었고, 그래서 이런 해방을 갈망했었다. 이곳에 온 이후로는 매 순간이 기쁨으로 가득하다. 이곳으로 무난하게 건너온 사람은 즐겁게 다른 사람을 돌본다. 왜냐하면 그들의 가슴은 동료 영혼에 대한 사랑으로 가득하고, 동료를 돕는 것이 그들에게는 전혀 괴로움이 되지 않기 때문이다. 어떤 영혼은 어머니도 없이 혼자서 이곳에 온 아기를 돌보고, 다른 영혼은 새로 온 사람 중에 이곳에 대한 정신적 영적 적응이 필요한 사람을 돕는다.(288)

영매와 사후세계의 통신

룹상 람파의 경우 영매를 통해 사후세계를 알아보는 것에 대해 부정적이다. 이에 대해 그는 "당신이 죽음 저편으로부터 얻으려는 것은 영매의 편견 섞인 해석이 아니라 있는 그대로의 메시지일 것이다. 그런데 타계한 혼령들과 접촉해서 메시지를 받고자 할 때 당신이 듣게 되는 것은 대개 두서없는 이야기일 것이다."라고 말한다. 왜냐하면 진정으로 진화된 영혼들은 보통의 영매가 도저히 미칠 수 없는 차원으로 가 버리기 때문이다. 시간을 앞질러 달려가서 대단히 멀리 떨어진 영혼으로부터 메시지를 받아 내는 일은 진정한 명인들만이 할 수 있다. 그리고 이것이 바로 타계한 사람들로부터 진실로 의미 있는 메시지를 얻는 것이 그토록 어려운 이유이다.

영매가 하는 일은 사실 이러하다. 천부적으로 기질을 타고난 한 영매가 죽은 사람들과 주파수를 맞출 수 있다고 하자. 그렇지만 그들은 아직 낮은 수준의 심령계에 머물고 있다. 이른바 연옥, 즉 중간 단계에 있는 것이다. 그들은 앞으로 어디로 가서 무엇을 해야 할지 모르는 채로 대기실에서 기다리고 있다. 병원에 비유하자면, 그들은 지상의 삶에서 겪은 충격을 극복하기 위해 정신 치료를 받아야 한다. 그리고 병원에 입원한 환자들은 병실의 침대 위에 누워 있으므로 병원의 전체 업무를 알 수가 없다.

당신은 막 세상을 떠난 이들을 돕는 임무를 맡은 안내자 또는 특수한 존재들로부터 메시지를 받을 수도 있다. 하지만 그들이 단지 병원의 미숙한 간호사 또는 청소부 수준의 정보만을 전한다면, 당신은 여전히 병원의 전체 업무를 파악할 수 없다. 즉 당신은 그저 병원 주위를 배회하면서 이런저런 이야기를 주워듣는 수밖에 없다.(289)

간병과 카르마 정화

우리말에 "3년 간병에 효자 없다."라는 말이 있다. 그래서 병든 가족을 돌봐야 하는 사람들은 질병으로 고통스러운 사람과 그를 돌보는 자신의 처지 때문에 "아, 피곤해. 왜 그는 얼른 죽어서 이 비참한 신세를 벗어나지 않는 거지?" 하고 푸념할 수 있다. 이렇게 고통스러운 질병이나 장애를 가진 사람을 돌보는 사람은 어떻게 해석해야 할까? 이에 대해 아테쉴리스는 "우리가 회계장부의 차변(借邊)과 대변(賞邊)을 맞춰 본 뒤, 즉 내가 빚지고 있는 것과 다른 사람이 내게 빚지고 있는 것을 맞춰 본 뒤 환생의 선택을 한다."(186)라고 말한다. 이것은 돌보는 사람은 장애나 질병을 가진 사람에게 직접적으로 갚아야 할 무언가가 있는 사람으로도 해석할 수 있다. 관련해서 룹상 람파는 "가족이 병이 들고 고통스럽게 사는 것은 '예정된 삶의 형식을 따르면서 예정된 삶의 기간을 채워야 하기 때문'이다. 그리고 '투덜대는 그 사람은 바로 그 병자를 돌보기 위해 지상에 내려온 것'인지도 모른다. 우리는 아프거나 슬퍼하거나 고통받는 사람들에게 늘 깊은 배려와 관심과 이해심을 보여 주어야 한다. **왜냐하면 바로 그러한 배려와 이해를 보이는 것이 우리에게 주어진 과제일 수 있기 때문**이다. 지친 사람을 참을성 없는 태도로 내치는 것은 쉬운 일이다. 그러나 병자들은 대단히 민감한 편이므로, 자신이 단지 방해물로 여겨지고 있음을 단번에 알아차리고 자신의 무능력에 더욱 절망한다…. 병자들을 참을성 있게 대하라. 그는 당신이 잘 모르는 많은 문제를 떠안고 있을 수 있다. 당신 자신을 위해서라도 그렇게 하라. … 병자를 돌보는 것이 사실은 당신 자신에게 실로 엄청나게 이로운 일이 될 수도 있는 것이다."(290) 하며 말한다. 이렇게 어렵고 힘든 상황에서 누군가를 돌본다는 것은 이 세상에서만 허락된 더없이 소중한 사랑의 실천이다. 고통을 경험할 수 없는 천국에서는 불가능한, 오직 인간으로 태어난 지금 이 순간에만 경험할 수 있는 사랑의 표현이며, 영혼의 성장을 위한 가장 고귀한 기회인 것이다.

원수는 부부로 만난다?

아테쉴리스는 진정으로 사랑하는 법을 배워야만 문제를 풀 수 있다고 말하곤 했다. 만약 그렇지 않으면, 카르마는 무지로 인해 불구대천의 원수가 된 서로가 사랑하는 법을 배울 수 있도록, 특정 시기의 유사한 상황 속으로 그들을 다시 데려간다는 것이다. 이것이 바로 카르마가 작용하는 방식이다. 카르마는 과거의 원수에게 격렬한 증오를 품은 사람들이, 그들로 하여금 사랑하는 친구로 여길 수 있도록, 그들을 유사한 역사적 상황에 계속해서 데려간다. 그들의 의식 속에서 심리적 전환이 일어날 때에만 비로소 그러한 상황에서 완전히 벗어날 수 있다고 가르쳤다.(291) 이와 관련해서 필자가 참고한 문헌 자료에서 몇 가지 사례를 찾아 볼 수 있었다. 첫 번째와 두 번째 사례는 정신과 의사이자 자아초월심리학의 창시자이며, 이 분야의 최고 이론가 중 한 명인 스테니슬라프 그로프 박사의 사례다. 세 번째 사례는 마이애미

대학교 정신과 과장이자 저명한 정신분석학자인 브라이언 와이스의 치료 사례이다.

사례1) 크리스티나의 치료 사례

라운드 하우스에서의 생활은 우리 두 사람에게 영적으로 큰 의미가 있었다. 명상 상태에 접어들기가 매우 수월했고, 나는 삼매경 속에서 지리적·역사적 현실을 잃어버렸으며, 우리의 작은 둥지가 시간과 공간을 초월한 근원적 영역의 어딘가에 있는 것처럼 느껴졌다. 그 당시 정신적 비상사태를 겪고 있던 크리스티나는 여기서 내면적 변환 과정이 놀라우리만치 강화되는 것을 느꼈다. 어느 주말에 그녀는 환각 세션과 맞먹을 정도의 강렬한 체험을 했다. 극심한 불안과 육체적 불편이 얼마 동안 느껴지더니 자신의 전생 기억들 중 하나로 보이는 것이 찾아왔다. 그녀는 뉴잉글랜드의 세일럼에 사는 다 자란 처녀였는데 과거에 비일상적 의식 상태를 체험한 적이 있었다. 이웃에 사는 편협한 근본주의 기독교도들은 그녀에게 악마가 씌었다고 생각했고, 그녀는 마녀로 고소를 당하기에 이르렀다. 두 사람의 판사가 그녀를 재판했으며, 의례용의 긴 자루 옷을 입혀 익사시키라는 판결을 내렸다.

이 체험은 익사 장면에서 절정에 도달했다. 크리스티나는 판자에 묶여 연못으로 운반된 뒤 머리부터 물속으로 들어갔다. 그녀는 연못을 둘러싼 자작나무들을 보았다. 익사 장면을 체험하면서 그녀는 비명을 지르고 숨을 제대로 쉬지 못했으며 많은 침과 콧물을 흘렸다. 콧물의 양이 너무 많아서 그날 내가 입었던 무명 셔츠의 앞부분 전체가 마른 점액의 흔적으로 얼룩졌다. 그녀는 하와이에 살 때부터 심한 알레르기와 축농증으로 고생을 했었다. 여러 차례 진찰과 검사와 치료를 받고 과민증을 줄이기 위해 얼마 동안 주사를 맞기도 했다. 모든 노력이 허사로 돌아가자 의사들은 결국 수술을 통해서 부비강을 해체하고 청소하도록 권했지만 그녀는 이런 과격한 방법을 거부하고 자신의 병을 그냥 받아들이기로 했었다. 그런데 **놀랍게도 세일럼 재판과 익사를 체험한 후 그런 증상이 사라져 버린 것**이다.

의심의 여지없이 확실하게 입증된 것만을 인정하는 '과학적 세계관'에 대한 나의 믿음이 이때쯤은 많이 무너진 상태에 있었다. … 이 이야기는 몇 년 뒤에 크리스티나와 내가 홀로트로픽 호흡 워크숍을 위해 보스턴을 찾았을 때 다시 이어짐으로써 재미를 더했다. … 우리가 있던 곳은 세일럼에서 그리 멀지 않았으므로 점심을 먹고 캘리포니아행 비행기를 타기 전에 그 마을을 한번 방문해 보기로 했다. … 자동차로 돌아온 우리는 재판이 열렸던 법원 청사를 찾기로 했다. 가는 길에 크리스티나는 **전생 체험 속의 두 판사를 보고 이번 생에서의 전남편과 아버지를 떠올렸다**고 마릴린에게 말했다.(292)

사례2) 앤의 치료사례

치료가 효과를 거둔 것은 앤의 두통이 로마 시대의 전생 기억에서 왔다는 사실을 알았을 때였다. 콜로세움에서의 운동선수였었던 **그녀**

(그)는 어떤 중요한 비밀 정보를 요구당하면서 혹독한 고문을 받았는데 그녀(그)를 고문한 것은 바로 남편인 짐이었음을 알고 부부가 함께 놀랐다.(293)

사례3) 캐서린의 치료 사례

캐서린은 고등학교를 졸업하고 2년 과정의 기술교육 프로그램을 수료한 뒤 한 연구소의 기술 요원이 되었다. … 마이애미로 옮겨 온 첫해에 캐서린은 스튜어트라는 남자를 만났는데, 아내에 두 아이까지 딸린 이 유태인은 캐서린이 만났던 다른 남자들과 전혀 달랐다. 성공한 의사였고, 강하고 적극적인 성격의 소유자였다. 둘 사이에 저항할 수 없는 불길이 일었지만, 연애는 순탄치만은 못했다. 캐서린을 끌어당긴 그의 알 수 없는 힘은 결국 다시 캐서린의 열정을 식혀 버렸고, 캐서린은 냉정을 되찾았다. 치료가 시작되던 당시 캐서린은 스튜어트와 6년째 만나고 있었는데, 여전히 순탄치 못하면서도 관계는 유지되고 있었다. 스튜어트는 캐서린을 소홀히 대했고, 캐서린은 그의 거짓말과 변명 따위에 화가 나면서도 끝내 그를 거부할 수가 없었다.

… 캐서린의 공포증과 공황증세는 더욱 심해졌다. 캐서린의 발작적 공포증과 불안증세의 횟수와 지속 시간은 점점 늘었고, 두 가지 악몽을 반복해서 꾸기 시작했다. 하나는 차를 몰고 강을 건너가는데 갑자기 다리가 무너져 강물로 곤두박질쳐서 차에서 빠져나오지 못해 쩔쩔매는 꿈이었고, 또 하나는 캄캄한 방에 갇혀 출구를 찾아 헤매다가 여기저기 걸려 넘어지곤 하는 꿈이었다. 마침내 캐서린은 나를 찾아왔다.

… 캐서린이 기억을 쏟아 내기 시작했다.

"카누처럼 생긴 밝은 색 배가 몇 척 있어요. 프로비던스(미국 로드아일랜드 동북부의 해안) 지역이에요. 우리는 무기, 창, 투석기, 활과 화살을 갖고 있는데, 굉장히 커요. 배에 이상하게 생긴 큰 노가 달려 있어요…. 모두 노를 저어야 해요. 길을 잃을지도 몰라요. 어두워요. 불빛이라곤 없어요. 무서워요. 옆에 다른 배들도 있어요(함께 공격에 나선 듯하다). 저는 짐승을 무서워해요. 우리는 지저분하고 냄새가 나는 짐승 가죽을 깔고 자요. 지금은 정찰 중이에요. 신발이 재미있게 생겼어요. 주머니처럼 생긴 가죽신인데. … 발목 부분을 묶었어요. (오랫동안 말을 끊었다가) 불기운 때문에 얼굴이 뜨거워요. 우리 편이 사람들을 죽이고 있는데, 저는 안 그래요. 사람을 죽이기 싫어요. 제가 칼을 쥐고 있어요."

갑자기 캐서린이 목이 눌린 것처럼 숨을 제대로 쉬지 못하고 고로록거렸다. 적의 팔이 뒤에서 목을 감쌌고, 칼이 캐서린의 목을 그었다고 했다. **캐서린은 죽어 가면서 적의 얼굴을 보았다. 스튜어트였다. 모습이 조금 달랐지만, 캐서린은 그 얼굴이 스튜어트임을 알아볼 수 있었다.** 요한(캐서린)은 스물한 살에 죽었다. 캐서린은 자신의 시신 위에 떠서 아래쪽을 내려다보고 있었다. 그러다가 당황과 혼란 속에서 구름 위로 끌려 올라갔다. 그리고 곧 좁고 따뜻한 공간으로 이끌려 가고 있음을 느꼈다. 막 태어나려 하고 있었던 것이다.(294)

태아의 죽음과 영혼

　태아나 어린아이들의 죽음에 대해 뉴턴 박사는 "아기들에게 영혼은 함부로 깃들지 않는다. 어떤 이유로 어머니가 아이를 잃게 되었을 때, 그 아이가 같은 어머니에게 다시 올 확률은 아주 높다. 만약 그 어머니가 다시 아이를 임신하지 않는다면 그 영혼은 다른 가까운 가족에게 깃들게 된다. 그러는 게 원래의 의도였기 때문이다. 만약 한 생명이 짧게 살다 갔다면 영혼은 그런 생명을 **채우는 인생**이라고 부른다. 그런데 그런 인생도 부모들을 위한 어떤 목적을 지니고 있다."라고 말하며 한 가지 LBL 사례를 든다.

　"나는 태아가 4개월 되었을 때 3개월을 같이 지내기 위해 깃들었습니다. 그러는 동안 나의 어머니는 나의 영혼 에너지를 느끼며 생명을 주고 또 잃어버리는 것이 대단히 심원한 일임을 알아야 했습니다. 나를 잃는 슬픔 때문에 다시 노력하는 용기를 잃게 되지 않기를 바랐습니다. 우리는 그 태아가 만삭에 이를 수 없다는 것을 알고 있었습니다. 하지만 다음 아이가 태어날 가능성이 많았고, 나는 그때 다시 그 어머니에게 깃들고 싶었습니다. 어머니는 한때 내가 그녀의 아들이었다가 이제 딸이 된 것을 모르고 있습니다. 나는 그녀의 그 두 임신 사이에 있었던 밤의 정적 속으로 편안한 생각을 보내 어머니의 안타까움과 슬픔을 달래 줄 수 있을 것 같습니다."(295)

뉴턴 박사가 말한 **채우는 인생**에 관련하여 『신과 나눈 이야기』 시리즈에서 신(God)은 "아주 짧은 기간 동안만 몸에 들어왔다가 떠나는 영혼들, 예컨대 태어날 때나 신생아기에 죽는 아이들은 아주 높은 차원에서 타인의 일정에 기여하기 위해 불가피하게 그렇게 하는 것이다."라고 말하며, 다음과 같이 답변한다.

"모든 영혼들은 그들 개인의 일정에 기여하기 위해서 물질계로 오지만, 이 일정이 그들 자신과는 특별히 관계가 없고 타인의 일정과만 관계있는 경우도 있다. ⋯ 많은 영혼들이 또 다른 방식으로 타인들의 일정에 기여하는 기쁨을 체험하기 위해 지상으로 온다. 어떤 경우에 그들은 이렇게 하기 위해서 일찍 이생을 떠나야 한다. 하지만 그 영혼에게 이것은 절대 비극이 아니다.

⋯ 아주 어려서 죽는 아이들은 모두 남들에게 선물을 가져오기 위해서 그렇게 한다. 당연히 몹시 애통해하는 부모나 가족들에게는 이 선물이 한동안 이해되지 않을 수도 있다. 하지만 내가(God) 약속하건대, 시간이 지나 그 슬픔들이 치유되고 나면, 그들은 그 선물을 알아보게 될 것이고 그것을 받아들일 것이다. 그리고 나면 천사라는 이름 외에 달리 표현할 수 없는 그 작은 님의 과업도 완수될 것이다."(296)

이와 관련한 이야기로 부모가 두려움을 느낄 정도로 비범하고 특별한 행동을 하던 어린 아들 피터(3세)가 갑자기 죽어 절망감을 느끼는 부부(짐과 앤)가 있었다. 당시 세스[105]는 이들 부부에게 아들 피터는

---

105 세스(Seth)는 더이상 윤회하지 않아도 되는 영적교사로서 제인 로버츠(1929-1984)와의 채널링으로 자신을 드러냈다.

더 이상 윤회를 하지 않아도 될 정도로 진화된 영혼이라고 말한다. 그리고 짐과 피터는 두 번의 전생에 인연이 있었고 이 부부는 여러 전생들에서 성취한 영적인 진보를 망각했기 때문에 피터의 영혼은 그것들을 억지로 기억하도록 만들 수는 없었지만 이렇게 짧은 생을 삶으로써 부부의 주의를 환기시킬 수는 있었다며 다음과 같이 말한다.

"그는 여러분을 깨우쳐 주기 위해 그렇게 한 것입니다. 여러분은 그를 전생부터 알고 있었습니다. 과거의 어떤 삶에서 그는 현재 짐의 숙부이기도 했습니다. 하지만 처음부터 이 세상에 오래 머무를 의도는 없었습니다. 그는 단지 여러분에게 삶의 가능성을 보여 주고, 내적 현실을 이해시키기 위해 이 세상에 들어온 것이었습니다. 그런 맥락에서 병은 그 스스로가 선택한 것이며, 운명이 그에게 강요한 것은 아닙니다. 그는 스스로 설정해 둔 시간 이상으로 이 세상에 살고 싶지 않았기에 충분한 혈액을 만들어 내지 않은 것(재생 불량성 빈혈로 사망)입니다. 그는 여러분에게 자극을 주고 싶어 했고, 자신이 일찍 죽었을 경우에 (당신들에게) 주게 될 영향력이 이 세상에 계속 살았을 경우보다 더 엄청나리라는 것도 알고 있었습니다. 또한 그는 청년이 되는 것을

세스의 가르침은 미국에서 우리 자신과 우주를 이해하는 방식에 깊은 영향을 미쳤고 뉴에이지 철학*의 한 부분을 이루고 있다.

* 뉴에이지 철학: 뉴에이지 철학은 20세기 후반에 서양에서 시작된 신비주의적, 종교적, 영적 운동이다. 뉴에이지 철학은 모든 종교와 사상이 동등하게 가치가 있으며, 모든 존재는 하나로 통일되어 있다는 다원주의적 관점을 지지하고 인간 내면에 신성이 내재되어 있다는 믿음을 바탕으로, 인간이 자신의 내면을 탐구하고 계발함으로써 신과 합일할 수 있다고 주장한다.

두려워했습니다. 젊은 여성에게 반하여 또 다른 육체적 삶을 지속하게 되는 것을 원치 않았기 때문입니다."

"분명히 말하지만 그 소년은 지금도 활기차게 존재하고 있습니다. 그가 이 지상에 더 오래 머물렀다면 그것은 참으로 엄청난 고행이 됐을 겁니다. 당신은 전생에 언젠가 피터의 영혼의 진보에 큰 도움을 준 적이 있어 이번에 그가 그 빚을 갚은 것입니다."(297)

환생과 동물의 영혼

반려견에게도 영혼이 있는지 루쓰 몽고메리에게 많은 사람들이 물었기에 그녀는 상위 천사에게 답변을 구했고, 천사는 이렇게 답한다.

"동물들은 신의 본질의 한 부분인 영혼의 집단을 대표한다. 동물들은 다른 종류의 영혼이기 때문에 인간의 영혼과는 다르다. 이것은 마치 식물과 나무의 영혼이 돌과 바위 그리고 모든 다른 종류의 영혼과 구별[106]되는 것과 같다. 동물들의 영혼도 각자 창조주와 관련되어 있지만 그러나 결코 인간의 영혼이 될 수는 없다. 왜냐하면 모든 인간의 영혼은 원래 신에게서 뿜어 나온 불꽃이며 한순간에 창조되었기 때문

---

106 아테쉴리스는 모든 식물에는 대천사의 분신인 천사가 있다고 설명해 주었다. 식물을 살아 있게 하는 것은 이 정령이라는 것이다. 식물이 죽으면 이 천사는 그 식물의 경험을 대천사에게로 전달한다. 이렇게 해서 모든 종(種)의 정보가 세대를 걸쳐서 전달된다는 것이다. … "식물이나 동물과 대화한다는 것은 사실 그들을 관장하고 있는 천사와 대화한다는 뜻이야."(298)

이다. 동물들은 지속적으로 진화해 가고 있으며 각각의 동물들이 발전해 감에 따라 그 동물이 속한 집단 영혼 자체도 점차 진보하게 된다. 이것은 인간을 위한 교훈이기도 하다. 왜냐하면 우리가 비록 개별적인 영혼을 부여 받기는 했지만 오직 다른 사람의 영적 진보를 돕는 정도에 비례해서 우리의 영적 진보의 빠르기도 결정되기 때문이다. 식물이 동물이 될 수 없는 것과 마찬가지로 동물이 인간이 되지는 못한다."(299)

동물의 영혼에 대해 같은 설명이지만 아테쉴리스는 다른 언어표현으로 설명한다.

"절대자의 이 두 가지 측면(로고스와 성령)은 인간과 동물 사이의 기본적 차이를 살펴보는 것으로서 간단히 구별할 수 있습니다. 인간은 로고스적 존재인 동시에 성령적 존재입니다. 바꾸어 말하면, 인간은 자신의 존재를 인식할 수 있는 자의식을 소유하고 있습니다. 이것이 바로 로고스적인 속성입니다. 동시에 인간은 성령의 전지(全知)적 힘에 의해 생존하는 육체를 갖고 있기 때문에 성령적입니다. 반면 동물은 자아의식, 즉 로고스적인 부분이 없기 때문에 성령적일 뿐입니다."(300)

루쓰와 아테쉴리스의 설명을 참고하면 동물에게도 영혼은 있지만 근본적으로 인간의 영혼과는 다르다는 것을 알 수 있다. 이렇게 인간과 동물의 영혼은 구분되지만 『티베트 사자의 서』 원문 내용 중 일부[107]는 인간 영혼이 동물로 환생할 수 있는 것처럼 표현하고 있다. 이 부분에 대해 에반스 웬츠[108]는 "『티베트 사자의 서』를 기록한 필경사나 또는 이 부분을 끼워 넣은 사람들은 아마도 **상징적인 의미**보다는 승려들이 흔히 하듯이 신자들에게 두려움을 심어 주기 위해 이 부분을 강조한 듯하다."(301)라고 각주를 남긴다. 이는 원본 경전에 수정과 덧붙임이 이루어졌다는 의미다. 왜냐하면 인쇄술이 발달하기 이전 모든 종교의 경전이 그렇듯이 필사를 통해 후대에 전해졌다. 오랜 세월에 걸쳐 필사되어 후대에 전해지는 과정에서 필사자나 사제들의 의견 또는 해석들이 원문에 덧붙어 필사가 이루어졌는데 이 덧붙여진 내용들이 또 세월이 지나면서 원문이 되어 버린 것이다. 이는 오직 성경(sola scriptura)만을 신앙의 유일한 척도이며 기준으로 삼는 기독교 성경도 마찬가지다. 다시 위에서 언급한 **상징적 의미**에 대해 에

---

107 성교하는 남녀의 환상이 그대 앞에 나타날 것이다. 만일 이때 애착과 증오에 이끌려 자궁으로 들어간다면 그대는 말이나 개나 닭이나 또는 사람으로 태어나게 될 것이다.
… 그리고 정자와 난자가 결합하는 순간 최고의 환희를 체험하며 그 상태에서 무의식 속으로 기절해 버릴 것이다. 나중에 그대는 알 모양으로, 또는 태아 상태 속에 갇혀 있는 자신을 발견할 것이다. 그리고 자궁에서 나와 눈을 뜨는 순간 자신이 한 마리의 새끼 개로 변해 있는 사실을 발견할 것이다. 전에는 인간이었지만 이제는 한 마리의 개로 태어난 것이다. 그대는 개집에 묶여 고통받고 있는 자신을 발견할 것이다. 아니면 돼지우리 속의 새끼 돼지로, 개미굴 속의 개미로, 곤충으로, 구멍 속의 유충으로, 송아지로, 새끼 염소로, 또는 어린 양으로 변해 있는 자신을 발견하리라. 이 상태에서 되돌아가는 것은 한동안 불가능하다. 말도 할 수 없고, 어리석고, 지성은 어둠 속에서 헤매는 이런 불행한 상태에서 그대는 온갖 고통을 겪어야만 하리라.(302)

108 에반스 웬츠(Evans Wentz): 미국의 종교학자로 『티베트 사자의 서』를 옥스퍼드 대학 출판부에서 서구 사회에 최초로 소개(1927년)했다. 당시 『티베트 사자의 서』 영문 번역은 티베트 승인인 라마 카지 다와삼둡이 했고, 에반스 웬츠는 그가 구술하는 주석과 해설을 받아 적으며 책을 편집했다.

반스의 스승이며 번역자인 라마 카지 다와삼둡[109]은 "'시드파 바르도 편'에 나오는 동물 상징들은 … 인간의 의식체가 영원한 자유에 이르지 못하면 자신이 지은 카르마에 따라, **각종 동물들로 상징되는 정신적 특성이나 성격을 지닌 채 인간의 형태**로 계속 윤회를 하게 된다는 것"(303)으로 설명한다.

아테쉴리스 역시 영혼 진화는 동물의 단계에서 인간의 단계로 진행되는 것이 아니며 그 반대의 상황, 즉 인간은 동물로서 환생하지 않는다고 분명히 가르쳤다. 마르키데스는 "소크라테스의 대화 편 중 하나에 보면 선한 자와 정의로운 자는 진화해서 다른 인간의 몸으로 다시 태어나는 반면, 정의롭지 못한 자는 퇴화해서 동물의 몸으로 다시 태어나며 이는 그들의 죄에 대한 신의 벌이라는 이야기가 나온다."라며 인간의 동물 환생설에 대해 코스타스(아테쉴리스의 수제자)에게 묻는다. 코스타스는 "소크라테스는 위대한 스승이긴 했어도 신비지식을 깊숙이 통찰할 수 없었기 때문에 자신의 견해에 잘못이 있음을 인식하지 못했을 뿐"이라고 자신 있게 답한다.(304) 관련한 내용으로 『신과 나눈 이야기』에서 '닐'도 인간이 동물로 환생할 수 있는지에 대해 질문하는데 신(God)은 다음과 같이 답변한다.

---

[109] 라마 카지 다와삼둡(Lama Kazi Dawa-Samdup)은 영어와 티베트어, 산스크리트어에 능통한 학승으로, 티베트 불교의 중요한 작품들을 영어로 번역한 최초의 번역가들 중 한 명이다. 그는 학문적으로 불교가 서양에 전파되는 데 중추적인 역할을 했다.

신: 진화는 한쪽 방향으로만 진행된다.[110] 위로, 계속해서 위로만. 영혼의 가장 큰 바람은 자신의 더 고귀한 측면들을 체험하는 것이다. 그러기에 영혼은 진화 눈금을 따라 위로 올라가려 하지, 아래로 내려가려 하지 않는다. 영혼이 소위 열반이라 부르는 것을 체험할 때까지는.

닐: 하지만 영혼이 자신을 더 고귀하게 체험하길 바란다면, 왜 굳이 성가시게 인간 존재로 되돌아가려 하죠? 그건 분명히 '위로 가는' 걸음은 아닐 텐데요.

신: 그 영혼이 인간 형상으로 되돌아가는 건, 언제나 더 많이 체험하고, 따라서 더 많이 진화하려는 노력에서다. 인간 중에도 구별 가능하고 증명 가능한 여러 진화 수준들이 있다. 누구라도 많은 생애(몇백 번의 생애)에 걸쳐 인간으로 되돌아가 위로 계속 진화해 갈 수 있다. 하지만 영혼의 가장 웅장한 바람인 상향 운동은 저급한 생명 형상으로 되돌아가는 것으로는 이룰 수 없다. 따라서 그런 식의 돌아감은 일어나지 않는다. 그 영혼이 존재 전체와 궁극의 재합일에 도달할 때까지는. (306)

---

110 아테쉴리스도 학교의 예를 들면서 "유급을 해서 한 학년을 처음부터 다시 반복할 수는 있어도 낮은 단계로 떨어질 수는 없다."라고 말한다. (305)

참된 각성(true wakefulness)과 명상

『신과 나눈 이야기』에서 닐은 '참된 자신'을 아는 황홀경 체험, 즉 삼매 체험을 하게 하는 도구를 '신'에게 요청했을 때 '신'은 다음과 같이 답변한다.

"이런 체험을 창조할 수 있는 최상의 도구들 중 하나가 날마다의 명상이다. 이 도구를 써서 … 심지어는 '깨어 있는' 동안에 몸에서 떠날 수도 있다.

명상을 하면, 몸이 깨어 있는 동안에 자신을 전면 자각을 체험하기 위한 준비 상태로 만들 수 있다. 이런 준비된 상태를 참된 각성이라 부른다. 이것을 체험하자고 굳이 명상하면서 앉아 있어야 하는 건 아니다. 명상은 그냥 장치, 네가 말했듯이 '도구'일 뿐이다. 하지만 이것을 체험하자고 반드시 앉아서 하는 명상을 해야 하는 건 아니다.

너희는 앉아서 하는 명상만이 유일한 명상이 아니란 사실도 알아 둬야 한다. 멈춰서 하는 명상도 있고, 걸으면서 하는 명상도 있으며, 일하면서 하는 명상, 섹스하면서 하는 명상도 있다.

참된 각성 상태에서 멈출 때, 그냥 너희가 가던 길에서 멈출 때, 가던 곳으로 가길 멈추고, 하던 일을 하길 멈출 때, 잠깐만 멈출 때, 그냥 너희가 있는 바로(right) 그 자리에 그냥 '있을' 때, 너희는 있는 바로 그 자리에서 제대로(right) 된다. 아주 잠깐만 멈추는 걸로도 축복받을 수 있다. 천천히 주위를 둘러봐라, 못 보고 지나치던 것들을 알아차릴 것이니. 비 내린 직후의 짙은 흙냄새와, 사랑하는 사람의 왼쪽 귀를 덮은 곱슬머리를. 뛰노는 아이들을 보는 건 또 얼마나 기분 좋은 일인가. 이런 게 참된 각성 상태다.

이것을 체험하려고 굳이 너희 몸을 떠날 필요는 없다.[111]

이런 상태에서 걸을 때, 너희는 온갖 꽃들 속에서 숨 쉬고, 온갖 새들과 함께 날며, 발밑의 온갖 버석거림을 느낀다. 너희는 아름다움과 지혜를 찾아낸다. 아름다움을 이룬 곳 어디서나 지혜를 찾을 수 있고, 아름다움은 어디서나 이뤄지기 때문이다. 삶의 온갖 것들이 다 아름다움의 소재. 그것이 너희를 찾아오리니, 너희는 그것을 찾아 헤맬 필요가 없다. 이런 게 참된 각성 상태다.

그리고 이것을 체험하려고 굳이 너희 몸을 떠날 필요는 없다.

이런 상태에서 뭔가를 '할' 때, 너희는 자신이 하는 모든 일을 명상으로, 따라서 그것을 너희가 자기 영혼에게 주고, 너희 영혼이 전부에게 주는 선물, 즉 공물(供物)로 바꾼다. 설거지를 하는 너희는 손을 타고 흐르는 물의 온기를 즐기면서, 물과 온기, 양쪽의 경이로움에 감탄한다. 컴퓨터 앞에서 일하는 너희는 손가락의 명령에 따라 눈앞의 화면에 나타나는 글자들을 보면서, 너희 분부를 따르는 심신의 작용에 흐뭇해한다. 저녁을 준비하는 너희는 이 양식을 너희에게 가져다준 우주의 사랑을 느끼면서, 너희 존재의 사랑 전부를 이 요리 속에 집어넣는 것으로 그 선물에 보답한다. 사랑은 수프까지도 진수성찬으로 바

---

111 자신을 몸과 동일시하지 않기 위해 삼매상태나 유체이탈과 같이 몸을 떠날 필요가 없다는 것을 의미한다.

꿀 수 있으니, 그 요리가 호사스럽든 소박하든, 그것은 중요하지 않다. 이런 게 참된 각성 상태다.

이것을 체험하려고 굳이 너희 몸을 떠날 필요는 없다.

이런 상태에서 성적 에너지를 교환할 때, 너희는 '자신'에 대한 가장 고귀한 진실을 알게 되니, 연인의 가슴은 너희의 집이 되고, 연인의 몸은 너희의 몸이 된다. 너희 영혼은 자신이 더 이상 무엇과도 분리되었다고 상상하지 않는다. 이런 게 참된 각성 상태다.

이것을 체험하려고 굳이 너희 몸을 떠날 필요는 없다.

준비되어 있을 때 너희는 깨어 있다. 한 번의 웃음, 가벼운 웃음만으로도 너희를 거기로 데려갈 수 있다. 그냥 한순간 모든 것을 멈추고 웃어 봐라. 아무것도 아닌 일에, 그냥 기분이 좋아서. 그냥 너희 가슴이 신비를 알아서 너희 영혼이 그 신비가 뭔지 알아서. 그 사실에 웃어라. 많이 웃어라. 그 웃음이 너희를 괴롭히는 모든 것을 치유해 주리니. 이런 게 참된 각성 상태다.

네가 나더러 도구를 달라고 하니, 내가 그것들을 주겠노라.

숨쉬기, 이건 또 다른 도구다. 길고 깊게 숨 쉬고, 느리고 부드럽게 숨 쉬어라. 에너지가 가득하고 사랑이 가득한 삶, 그 삶의 부드럽고 달콤한 무(無)를 숨 쉬어라. 너희가 쉬는 숨은 신의 사랑이니, 깊이 숨 쉬어라. 그것을 느낄 수 있도록 아주아주 깊이 숨 쉬어라.

그 사랑이 너희를 울게 하리니.

기쁨에 겨워 울게 하리니."(307)

에
필
로
그

동시성의 원리

원고를 출판사에 넘긴 다음 날 오래전 지인이 추천한 책이 생각났다. 그 지인은 매우 신비로운 내용의 책이라고 강력히 추천했지만 전혀 그런 느낌을 받지 못해 실망감마저 들었다. 하지만 원고를 마친 이후 지인의 추천하는 모습이 머리에 맴돌아 재도전을 했다. 그런데 얼마 가지 않아 전에는 느끼지 못했던 전율이 느껴지기 시작했다.

불멸의 영혼인 우리는 시공간을 경험하는 차원에서 인생게임을 하고 있다. 그런 내게 아테쉴리스는 몹(MOB)[112]의 프로그램(욕망)대로 움직이지 않고 진리의 탐구자가 되어 게임의 룰을 파악해 끊임없이 반복되는 게임을 수월하게 마치는 방법을 가르쳐 주었다. 그런데 이 책은 게임의 판도를 바꾸어 게임의 전원을 꺼 버리게 하는 방법에 대한 내용이었다. 그래서 책 제목이 『우주가 사라지다(개리 레너

---

112 몹(MOB): Mobile Character의 줄임말로 게임 속에서 스스로 움직이는 캐릭터를 의미한다. 주로 게임 플레이어들이 점수를 올리기 위해 공격하는 상대 캐릭터이다.

드)』이다. 재미있게도 이 책은 내가 처음 몇 페이지를 읽다가 책장 한 구석에다 밀어 둔 영성계의 바이블이라고 하는 『기적수업(A Course in Miracles)』의 해설서였다. 윤회의 기간을 단축하고자 했던 바로 그 핵심적인 내용이 기록되어 있는 그 중요한 책이 바로 옆에 있었는데도 전혀 알아보지 못했던 것이다. 그것은 내가 아직 그 내용들을 받아들일 만한 때가 되지 않았기 때문이었을 것이다. 하지만 이제 그 시기가 온 것이다. 그것도 『죽음 그 이후』의 원고를 마친 바로 그 다음 날에….

피드백

원고를 마친 이후 20여 명의 지인들에게 이 책 원고 피드백을 부탁했다. 50%의 반응은 매우 고무적이었다. 고무적인 내용은 자신이 궁금해 왔거나 알아 왔던 단편적 지식들이 통합되고 하나의 세계관으로 연결되고 통일된다는 것이다. 그래서 어떤 분은 사후세계에 관한 통일이론이라며 필자를 크게 격려하기도 했다. 30%의 반응은 무반응이었다. 이분들은 본문 텍스트와는 무관한 추상적인 내용으로 피드백을 주셨다. 그 이유로 "바쁜 일상들 때문에 읽지 못했고, 약속한 기한이 돼서 이렇게 피드백을 주셨구나." 하는 생각이 들었다. 마지막 20% 분들은 부정적 반응을 보였다. 부정적인 분들은 복음주의(근본주의) 기독교인이었다. 이분들은 이 책 3장 정도에서 책 읽기를 멈추고 기독교에 대한 사후세계관을 메신저로 보내왔다. 과거의 내가 그분들과 같았기 때문에 그분들의 입장과 견해가 충분히 이해되었다. 이것은 마치 필자가 『기적수업』을 책장 한구석으로 밀어 넣었던 것처럼 그분들도 아직 때가 되지 않았기 때문으로 받아들였다.

기독교 교리와 윤회

다시 앞서 이야기한 『우주가 사라지다』는 예수의 제자인 도마가 현실에 나타나 『기적수업』의 가르침을 해설해 주고 그 수업을 실천해 나가는 과정에 대한 이야기다. 그리고 심리학자인 헬렌 슈크만 박사의 『기적 수업』은 그 출처가 예수라고 한다. 출처가 예수나 신, 그 밖의 위대한 영혼들이라고 하는 대부분의 문서들이 그렇지만 그저 그런 수준이거나 아니면 아주 형편없는 수준을 노출한다. 하지만 『기적수업』은 그 내용 자체가 자신을 대변하며 스스로 독보적인 위치에 올려놓았다.

독자분들도 느끼겠지만 죽음 이후의 사후세계는 지역이나 문화 그리고 종교를 차별하지 않고 전 우주적으로 공정하다. 또 최준식 교수[113]의 언급대로 "신비주의하에서 세계 모든 종교가 하나가 된다."라는 그 말에 대부분의 종교학자들도 동의한다. 출처가 예수라고 하는 『기적수업』의 내용, 그리고 위대한 신비가들의 경험들과 가르침, 힌두교와 불교를 비롯한 동양의 여러 종교의 가르침들은 불멸의 영혼이 윤회하면서 신성을 향해 나아감이라는 큰 맥락에서 동일하다. 하지만 현대 기독교의 교리는 전혀 다른 맥락을 가지고 있다. 이 지점에서 중

---

113 최준식 교수(이화여자대학교)는 종교학자로 국내 죽음학 연구의 선구자이다. 그는 죽음학의 불모지였던 국내에 한국죽음학회를 발족하여 많은 연구 성과를 내놓았다. 이를 통해 인간의 죽음과 무의식, 초의식, 전생, 사후세계 등과 같은 주제를 학문적으로 연구할 수 있는 기반을 다졌다.

요한 사실 한 가지는 정교회(기독교) 베이스의 **아테쉴리스의 가르침은 교회사에서 이단으로 규정해 말살**해 버린 기독교 전통 중 하나였던 영지주의(gnosticism) 가르침 그 자체였다.

"그렇다면 기독교 교회사에
도대체 무슨 일이 일어났던가?"

이를 가장 압축적으로 보여 준 문헌은 한국에서 가장 보수적인 기독교 교단인 총신대학교에서 편찬한 『교리사』에서 찾을 수 있다. 한국의 첫 기독교 교리사 저술의 머리말을 보면 "서구교회는 거의 문을 닫았다. 기독교적인 흔적도 다 사라졌다. 사람들의 의식에서 기독교적인 사고와 풍습과 교훈이 다 사라졌다. 언제 기독교가 있었는지 할 정도가 되었다."라고 언급하면서 '**기독교의 근본 교리는 삼위일체 교리와 기독론 혹은 성육신 교리**'인데 서구 교회가 무너진 원인은 '**성경 비평으로 시작하여 교리를 다 해소했기 때문에 생긴 결과**'[114]라는 결론을 내린다. 이것은 20세기까지 서구 사회의 세계관을 지배해 온 기독교 교리를 그 스스로가 잘못되었다는 것을 증명했다는 의미다.

주어진 과제들

그런데 한국의 목회자들을 포함하여 기독교인 대부분은 그 중요한 내용과 의미들을 모르고 있다. 나는 기독교에 대한 이해가 깊어질수

---

114   서철원, 『교리사』(총신대학교 출판부, 2003), p.3

록 '예수천국 불신지옥'의 교리에 동의할 수 없어 ①『교리사』에서 언급된 성서 비평으로 시작하여 교리가 다 해체된 바로 그 내용과 ② 서구 사회가 왜 "신은 죽었다."라고 선언했는지를 『기독교 진리 왜곡의 역사』 (2009년 출간)를 통해 고찰해 보았다. 하지만 이 책은 현재 절판된 상태이고 나의 종교에 대한 이해와 관점들도 변화해 왔다. 그래서 다시 그 내용들을 정리해 새로운 책으로 출간할 계획을 첫 번째 과제로 삼았다.

두 번째 과제는 신비주의 치료에 대한 집필 계획인데 이 책에 대한 마음이 더 급하다. 기적이라고 말할 수밖에 없는 아테쉴리스의 치료 사례들을 목격한 마르키데스는 집요할 만치 그 내용들과 원리들을 물었고 아테쉴리스는 성실하게 답변해 주었다. 또한 그동안 읽어 왔던 100여 권의 사후세계와 그 관련 도서 내용 중에서는 기적적인 심령 치료에 관한 단편적인 지식들도 포함되어 있었는데 이 내용들과 아테쉴리스가 가르친 내용들이 새롭게 통합되면서 심령치료에도 명확한 체계와 관점이 존재한다는 것을 알게 되었기 때문이다.

변화

나에게 『신과 나눈 이야기』와 '뉴턴 박사'의 저서를 추천해 주신 분은 집필 이후 삶의 변화에 대한 질문을 주셨다. 이에 대해 답변하자면 이 책을 쓰기 전 나는 '왜 저것을 못 가졌지? 나도 가지고 싶은데…' 또는 '나도 저것을 하고 싶은데 왜 못하지?'와 같은 욕망(욕구)을 채우고자 하는 선택과 행동이 대부분이었다. 이처럼 욕망에 의해 감정을 지배당하고 행동하는 상태가 아테쉴리스가 말한 가최면 상태의 기계적 존재수준이고 『신과 나눈 이야기』에서 신이 말한 '조절되지 못한 생각으로 현실을 창조하는 상태'이다. 이 상태에서 우리가 물질 몸을 벗게 되면 사후세계에서는 이 욕망에 의해 지배되는 현실(지옥) 속에 놓여 있게 된다. 이 내용을 정확히 인식하게 된 후 현실을 가상현실 속 게임처럼 생각해 보기로 했다. 아직도 많이 어렵지만 욕망에 의한 감정(느낌)과 행동보다 아테쉴리스가 말한 진리의 탐구자로서의 생각과 감정을 의도적으로 만들어 내기 시작했다. 이것은 욕망에 의한 감정을 느끼고 생각하고 행동해 온(부정적 염체들만을 투사해 온) 나에게 작지 않은 큰 변화다.

부탁의 말

원고 피드백을 마친 어떤 지인분은 관련 분야 강의나 독자들과의 만남에 대한 계획이 있는지를 물었다. 죄송하지만 아직 생각이 없다. 이것은 사후세계에 대해 탐구한 핵심적인 내용들을 책에 다 넣었고 부수적인 것들은 얼마든지 스스로 탐구할 수 있도록 책을 구성했기 때문이다. 그리고 무엇보다 욕망으로 인한 번뇌가 큰 필자에 대해 독자들이 느끼는 실망감이 더 클 것이기 때문이다. 하지만 우연이 반복된다면 그것은 운명이라는 말처럼 나는 앞으로 해야 하는 일에 대해 확신을 가지게 되었다. 이 부분만큼은 **저자의 여정에 대한 독자분들의 격려와 좋은 후기는 큰 힘이 될 것이다.**

남우현

저자 후기

개정판

처음 『죽음 그 이후』를 출간했을 때는 집필하면서 빛의 세계(사후세계)에 대해 몰입해 있었던 잔존 효과로 기독교인의 표현으로는 삶이 은혜로웠다. 하지만 시간이 지날수록 그 은혜로움은 일상 속에 다시 묻혀 가기 시작했다. 그래서 '삶 자체가 수행이지 않을까?' 하는 생각을 해 본다.

책이 출간된 지 1년여 만에 개정판 작업이 다시 진행하고 있는 2023년 11월 30일 필자는 아주 특별한 영적 체험을 하게 되었다. 그 체험은 강력한 신성의 임재하에 내 에고가 분해되었다는 표현이 맞는 것 같다. 그 순간만큼은 나 자신의 인격이 아니었다. 말로 표현하기 어렵지만 체험 중 가장 특별한 경험은 비이원적 체험 즉, '너와 내가 분리되어 있지 않다!'라는 경험이었다. 이 경험은 신비주의 치료에 관한 다음 책을 쓰는 배경이 될 듯하며 이 특별한 경험을 잊지 않도록 짧은 기록으로 남긴다. 다시 한번 개정판이 나올 수 있도록 힘이 되어 준 독자분들께 진심으로 감사드리며, 그리스도, 붓다, 크리슈나 그리고 이끌어 주신 바바지에게도 엎드려 절한다.

개정2판

초판(2022년 7월) 원고 작업 후 『기적 수업(A Course in Miracles)』을 만난 나는 수차례 기적 수업 과제에 도전했지만, 30과를 넘기지 못하고 번번이 실패했다. 이러한 실패 때문에 나는 '현상계의 삶 속에서 기적 수업의 핵심인 '순수 비이원적 용서'의 삶을 살면 되지 않을까?' 하고 마음먹고 더 이상 과제 수행을 포기했다. 그러던 중, 기적 수업의 모범적인 학생이자 교사인 그노시스 님을 우연히 알게 되었다. 1년에 한두 번 뵐 때마다 그분은 내게 과제 진행 여부를 묻곤 하셨는데, 실패에 대한 변명으로 "용서만 실천하면 되지 않나요?"라고 반문하며 내가 얼마나 '순수 비이원적 용서'의 개념을 정확히 잘 알고 있는지 설명하려 애썼다. 당시 그분은 미묘한 표정을 지으셨는데, 180과를 진행 중인 지금(2025년 1월)은 그 표정의 의미를 이해하게 되었다. 그리고 기적 수업 과제의 반복적인 실패를 쉽게 넘어설 수 있었던 이유는 그노시스 님이 보내 주신 티나 루이스 스폴딩의 『용서의 한 해(A Year of Forgiveness)』 자료 덕분이었음을 밝힌다.

생각의 환영으로 이루어진 이 마야의 세계에서 생각으로 스스로와 세상을 해방시켜 나아가는 기적 수업 학생들과 다른 비전 체계의 수행자들, 인류의 진화를 돕는 수많은 우주의 진보한 존재들, 그리고 스승(마스터)들께 감사와 존경을 표한다.

AUM A HUM

미주(endnotes)

1장 임사체험과 사후세계의 탐구

001 최준식, 『한국 사자의 서』(주류성, 2017), pp.52-53

002 최준식, 『죽음의 미래』(소나무, 2011), pp.49-50

003 에반스 웬츠 편집, 『티벳 사자의 서』(류시화 옮김, 정신세계사, 2020), p.161

004 에반스 웬츠 편집, 위의 책, p.169

005 키리아코스C. 마르키데스, 『지중해의 성자 다스칼로스 3』(김효선 역, 정신세계사, 2020), pp.15-16

006 키리아코스C. 마르키데스, 『지중해의 성자 다스칼로스 2』(이균형 역, 정신세계사, 2020), p.12

007 키리아코스C. 마르키데스, 『지중해의 성자 다스칼로스 3』, 앞의 책, p.5

008 키리아코스C. 마르키데스, 『지중해의 성자 다스칼로스 1』(이균형 역, 정신세계사, 2021), p.198

* 이하 키리아코스C. 마르키데스는 마르키데스로, 『지중해의 성자 다스칼로스 1, 2, 3』은 『다스칼로스 1, 2, 3』으로 줄여 표기함.

2장 사후세계를 여는 열쇠, 차원계의 구분

009 제프리 롱, 『죽음 그 후』(한상석 역, 에이미팩토리, 2010), p.16

010 아니타 무르자니, 『그리고 모든 것이 변했다』(황근하 역, 산티, 2012), p.108

011 아니타 무르자니, 위의 책, p.116

012 이븐 알렉산더, 『나는 천국을 보았다 1』(고미라 역, 김영사, 2013), p.175

013 남우현 편집, 『티베트 사자의 서 - 재해석 편집판』(지식과감성#, 2022), pp.101-102

014 김상욱, 『떨림과 울림』(동아시아, 2018), p.50

015 김상욱, 『김상욱의 양자 공부』(사이언스북스, 2017), p.29

016 김상욱, 위의 책, p.14

017 김상욱, 위의 책, p.115

018 김상욱, 『떨림과 울림』, 앞의 책, p.62

019 김상욱, 위의 책, p.121

020 김상욱, 위의 책, p.122

021 김상욱, 『김상욱의 양자 공부』, 앞의 책, p.67

022 김상욱, 『떨림과 울림』, 앞의 책, p.127

023 김상욱, 위의 책, p.243

024 김상욱, 『김상욱의 양자 공부』, 앞의 책, p.229

025 이븐 알렉산더, 『나는 천국을 보았다 1』, 앞의 책, p.69, p.120

026 마르키데스, 『다스칼로스 1』, 앞의 책, p.88

027 마르키데스, 『다스칼로스 2』, 앞의 책, p.349

028 마르키데스, 『다스칼로스 1』, 앞의 책, p.299

029 마르키데스, 『다스칼로스 2』, 앞의 책, pp.90-91

030 마이클 뉴턴, 『영혼들의 운명 1』(김지원 역, 나무생각, 2016), pp.95-96

031 마르키데스, 『다스칼로스 1』, 앞의 책, p.59

032 마르키데스, 『다스칼로스 2』, 앞의 책, pp.91-93

033 마르키데스, 위의 책, p.92

034 마르키데스, 『다스칼로스 1』, 앞의 책, p.165

035 마르키데스, 『다스칼로스 2』, 앞의 책, p.94

036 마르키데스, 『다스칼로스 3』, 앞의 책, p.293

037 마르키데스, 『다스칼로스 1』, 앞의 책, p.165

038 마르키데스, 『다스칼로스 3』, 앞의 책, p.294

039 마르키데스, 『다스칼로스 1』, 앞의 책, p.154

3장 아스트랄계의 구원자들

040 마르키데스, 『다스칼로스 2』, 앞의 책, p.93

041 남우현 편집, 『티베트 사자의 서 - 재해석 편집판』, 앞의 책, p.28

042 스베덴보리연구회, 『스베덴보리의 위대한 선물』(다산북스, 2009), p.85

043 롭상 람파, 『롭상 람파의 가르침』(이재원 역, 정신세계사, 2020), p.414

044 남우현 편집, 『티베트 사자의 서 - 재해석 편집판』, 앞의 책, p.28

045 남우현 편집, 위의 책, pp.35-38

046 마르키데스, 『다스칼로스 3』, 앞의 책, p.273

047 마르키데스, 위의 책, p.270

048 마르키데스, 『다스칼로스 1』, 앞의 책, p.72

049 마르키데스, 『다스칼로스 3』, 앞의 책, pp.70-74

050 툴구 툰둡 림포체, 『평화로운 죽음 기쁜 환생』(도솔 역, 청년사, 2007), p.58

051 마르키데스, 『다스칼로스 3』, 앞의 책, pp.64-65

052 마르키데스, 위의 책, p.258

053 마르키데스, 위의 책, p.63

054 마르키데스, 위의 책, p.69

055 최준식,『죽음의 미래』, 앞의 책, pp.169-170

056 마르키데스,『다스칼로스 3』, 앞의 책, p.68

057 남우현 편집,『티베트 사자의 서 - 재해석 편집판』, 앞의 책, pp.112-113

058 마르키데스,『다스칼로스 3』, 앞의 책, p.68

059 마르키데스,『다스칼로스 1』, 앞의 책, p.158

060 마르키데스, 위의 책, pp.157-159

4장 카마로카, 두 번째 죽음, 환생

061 남우현 편집,『티베트 사자의 서 - 재해석 편집판』, 앞의 책, pp.23-27

062 리사 윌리엄스,『죽음 이후의 또 다른 삶』(자야리라 역, 정신세계사, 2012), p.134

063 마이클 뉴턴,『영혼들의 여행』(김도희, 김지원 공역, 나무생각, 2020), pp.73-75

064 마이클 뉴턴,『영혼들의 운명 1』, 앞의 책, pp.146-147

065 리사 윌리엄스,『죽음 이후의 또 다른 삶』, 앞의 책, p.179

066 마이클 뉴턴,『영혼들의 운명 1』, 앞의 책, p.237

067 리사 윌리엄스,『죽음 이후의 또 다른 삶』, 앞의 책, p.172

068 마이클 뉴턴,『영혼들의 여행』, 앞의 책, p.93

069 마르키데스,『다스칼로스 3』, 앞의 책, p.289

070 리사 윌리엄스,『죽음 이후의 또 다른 삶』, 앞의 책, p.221

071 마이클 뉴턴,『영혼들의 운명 1』, 앞의 책, p.248 참조

072 마이클 뉴턴, 위의 책, p.249

073 리사 윌리엄스, 『죽음 이후의 또 다른 삶』, 앞의 책, p.233

074 리사 윌리엄스, 위의 책, p.235

075 리사 윌리엄스, 위의 책, p.236

076 리사 윌리엄스, 위의 책, p.243

077 마르키데스, 『다스칼로스 3』, 앞의 책, p.287

078 리사 윌리엄스, 『죽음 이후의 또 다른 삶』, 앞의 책, p.231

079 에마누엘 스베덴보리, 『천국과 지옥』(김은경 역, 다지리, 2015), p.333

080 다카하시 신지, 『우리가 이 세상에 살게 된 7가지 이유』(김해석 역, 해누리, 2000), p.279

081 마이클 뉴턴, 『영혼들의 운명 2』, 앞의 책, pp.30-31

082 마이클 뉴턴, 『영혼들의 시간』(박윤정 역, 나무생각, 2020), p.210

083 마이클 뉴턴, 『영혼들의 운명 2』, 앞의 책, p.24

084 리사 윌리엄스, 『죽음 이후의 또 다른 삶』, 앞의 책, p.293

085 마이클 뉴턴, 『영혼들의 여행』, 앞의 책, p.206

086 마이클 뉴턴, 위의 책, p.205

087 마이클 뉴턴, 위의 책, p.343

088 리사 윌리엄스, 『죽음 이후의 또 다른 삶』, 앞의 책, p.313

089 마이클 뉴턴, 『영혼들의 시간』, 앞의 책, p.238

090 지나 서미나라, 『윤회』(강태헌 역, 파피에, 2020), p.346

091 리사 윌리엄스, 『죽음 이후의 또 다른 삶』, 앞의 책, p.317

092 마이클 뉴턴, 『영혼들의 여행』, 앞의 책, p.343

093 마이클 뉴턴, 위의 책, p.349

094 마이클 뉴턴, 위의 책, p.350

095 마이클 뉴턴, 위의 책, p.351

096 마이클 뉴턴, 위의 책, p.352

097 마르키데스, 『다스칼로스 1』, 앞의 책, p.167

098 리사 윌리엄스, 『죽음 이후의 또 다른 삶』, 앞의 책, p.316

099 지나 서미나라, 『윤회』, 앞의 책, p.269

100 지나 서미나라, 위의 책, p.268

101 마르키데스, 『다스칼로스 3』, 앞의 책, p.269

102 다카하시 신지, 『우리가 이 세상에 살게 된 7가지 이유』, 앞의 책, p.68, p.107의 내용 참조

103 마이클 뉴턴, 『영혼들의 여행』, 앞의 책, pp.444-445

104 마이클 뉴턴, 『영혼들의 운명 2』, 앞의 책, p.298

105 마이클 뉴턴, 『영혼들의 여행』, 앞의 책, p.448

106 마이클 뉴턴, 위의 책, pp.454-455

107 마이클 뉴턴, 『영혼들의 운명 1』, 앞의 책, p.29

108 마르키데스, 『다스칼로스 3』, 앞의 책, pp.35-36 내용 참조

109 장홍스 해석, 『티베트 사자의 서』(장순용 옮김, 김영사, 2008), p.79

110 리사 윌리엄스, 『죽음 이후의 또 다른 삶』, 앞의 책, p.140

111 남우현 편집, 『티베트 사자의 서 - 재해석 편집판』, 앞의 책, p.45

112 리사 윌리엄스, 『죽음 이후의 또 다른 삶』, 앞의 책, p.154

113 마르키데스, 『다스칼로스 1』, 앞의 책, pp.168-167

114 마르키데스, 『다스칼로스 3』, 앞의 책, p.64

115 마르키데스, 위의 책, p.65

116 남우현 편집, 『티베트 사자의 서 - 재해석 편집판』, 앞의 책, p.85

117 마르키데스, 『다스칼로스 3』, 앞의 책, p.66

118 마이클 뉴턴, 『영혼들의 여행』, 앞의 책, p.86

119 조엘 L. 휘튼 외 1명, 『죽으면 무슨 일이 일어날까』(이재황 역, 기원전, 2004), p.77

120 리사 윌리엄스, 『죽음 이후의 또 다른 삶』, 앞의 책, p.157

5장 멘탈계(5차원)의 창조자들

121 마르키데스, 『다스칼로스 3』, 앞의 책, pp.85-88 내용 요약

122 마이클 뉴턴, 『영혼들의 시간』, 앞의 책, p.230 내용 참조

123 마르키데스, 『다스칼로스 1』, 앞의 책, pp.157-159

124 마이클 뉴턴, 『영혼들의 여행』, 앞의 책, p.172 내용 참조

125 마이클 뉴턴, 『영혼들의 운명 2』, 앞의 책, p.201

126 리사 윌리엄스, 『죽음 이후의 또 다른 삶』, 앞의 책, p.262

127 마이클 뉴턴, 『영혼들의 여행』, 앞의 책, p.309

128 마이클 뉴턴, 『영혼들의 운명 2』, 앞의 책, p.201

129 마이클 뉴턴, 『영혼들의 운명 1』, 앞의 책, p.239

130 마이클 뉴턴, 위의 책, pp.314-315

131 마이클 뉴턴, 『영혼들의 여행』, 앞의 책, pp.309-312

132 마이클 뉴턴, 위의 책, pp.312-313

133 마이클 뉴턴, 위의 책, p.314

134 마이클 뉴턴, 『영혼들의 운명 2』, 앞의 책, pp.225-226

135 마이클 뉴턴, 위의 책, p.228

136 마이클 뉴턴, 위의 책, p.230 참조

137 김상욱, 『김상욱의 양자 공부』, 앞의 책, pp.114-115 내용 참조

138 마이클 뉴턴, 『영혼들의 운명 2』, 앞의 책, p.231

139 마이클 뉴턴, 위의 책, pp.234-236

140 마이클 뉴턴, 위의 책, p.237

141 마이클 뉴턴, 위의 책, pp.218-219

142 마르키데스, 『다스칼로스 1』, 앞의 책, pp.236-245 내용 요약

143 마르키데스, 위의 책, p.243

144 마르키데스, 『다스칼로스 2』, 앞의 책, p.207

145 마르키데스, 위의 책, pp.211-212

146 마르키데스, 위의 책, p.209

147 마르키데스, 위의 책, pp.208-209

148 마르키데스, 『다스칼로스 3』, 앞의 책, p.204

6장 윤회와 카르마의 법칙들

149 닐 도날드 월쉬, 『새로운 계시록』(윤원섭 역, 반디미디어, 2003), pp.146-148

150 닐 도날드 월쉬, 위의 책, p.175

151 마르키데스, 『다스칼로스 3』, 앞의 책, pp.269-271

152 마이클 뉴턴, 『영혼들의 여행』, 앞의 책, p.207

153 마이클 뉴턴, 위의 책, p.247

154 마르키데스, 『다스칼로스 1』, 앞의 책, p.108

155 마르키데스, 위의 책, p.110

156 마르키데스, 『다스칼로스 3』, 앞의 책, p.161

157 지나 서미나라, 『윤회』, 앞의 책, p.82

158 지나 서미나라, 위의 책, p.83

159 지나 서미나라, 위의 책, p.102

160 지나 서미나라, 위의 책, p.102

161 지나 서미나라, 위의 책, p.88

162 지나 서미나라, 위의 책, p.272

163 지나 서미나라, 위의 책, p.119

164 지나 서미나라, 위의 책, p.120

165 지나 서미나라, 위의 책, p.317

166 지나 서미나라, 위의 책, pp.316-317

167 지나 서미나라, 위의 책, p.107

168 지나 서미나라, 위의 책, p.128

169 지나 서미나라, 위의 책, p.129

170 지나 서미나라, 위의 책, p.130

171 지나 서미나라, 위의 책, p.131

172 지나 서미나라, 위의 책, p.131

173 마르키데스, 『다스칼로스 3』, 앞의 책, p.272

174 마르키데스, 위의 책, p.273

175 마르키데스, 『다스칼로스 2』, 앞의 책, p.156 내용 참조

176 지나 서미나라, 『윤회』, 앞의 책, p.72

177 다카하시 신지, 『우리가 이 세상에 살게 된 7가지 이유』, 앞의 책, pp.91-92

178 마르키데스, 『다스칼로스 2』, 앞의 책, pp.156-157

179 지나 서미나라, 『윤회』, 앞의 책, p.354

180 닐 도날드 월쉬, 『신과 나눈 이야기(합본)』(조경숙 역, 아름드리미디어, 2021), pp.92-93

181 마이클 뉴턴, 『영혼들의 여행』, 앞의 책, p.379

182 룹상 람파, 『룹상 람파의 가르침』, 앞의 책, pp.416-420

183 마르키데스, 『다스칼로스 3』, 앞의 책, pp.276-278 내용 요약

184 마르키데스, 위의 책, p.278

185 마르키데스, 위의 책, p.280 내용 요약

186 마르키데스, 위의 책, p.281

187 마르키데스, 위의 책, pp.282-283

188 마르키데스, 위의 책, p.230

189 마르키데스, 위의 책, p.275

190 마르키데스, 『다스칼로스 1』, 앞의 책, p.113

191 마르키데스, 『다스칼로스 3』, 앞의 책, pp.378-380 내용 참조

192 마르키데스, 위의 책, p.287 참조

193 지나 서미나라, 『윤회』, 앞의 책, p.354

194 마르키데스, 『다스칼로스 1』, 앞의 책, p.114 참조

195 마르키데스, 위의 책, p.340 참조

196 마르키데스, 『다스칼로스 3』, 앞의 책, p.281

197 마르키데스, 위의 책, pp.284-285

198 마르키데스, 위의 책, pp.127-128

199 아니타 무르자니, 『그리고 모든 것이 변했다』, 앞의 책, p.121

200 마이클 뉴턴, 『영혼들의 여행』, 앞의 책, p.377

201 마르키데스, 위의 책, p.292

202 닐 도날드 월쉬, 『신과 나눈 이야기(합본)』, 앞의 책, pp.239-240

203 닐 도날드 월쉬, 『신과 나눈 우정』(조경숙 역, 아름드리미디어, 2016), pp.240-241

204 마르키데스, 『다스칼로스 1』, 앞의 책, p.222

205 마르키데스, 위의 책, p.223

206 마르키데스, 『다스칼로스 3』, 앞의 책, p.295

207 마르키데스, 위의 책, p.296

208 마르키데스, 위의 책, p.286

209 마르키데스, 『다스칼로스 1』, 앞의 책, pp.114-115

210 마르키데스, 『다스칼로스 2』, 앞의 책, p.312

211 다카하시 신지, 『우리가 이 세상에 살게 된 7가지 이유』, 앞의 책, p.252

212 마르키데스, 『다스칼로스 3』, 앞의 책, p.295

213 닐 도날드 월쉬, 『신과 나눈 이야기(합본)』, 앞의 책, pp.1044-1045

214 닐 도날드 월쉬, 위의 책, p.1046

215 닐 도날드 월쉬, 위의 책, p.1048

7장 지금 여기, 그리고 해탈

216 마르키데스, 『다스칼로스 1』, 앞의 책, pp.221-222

217 마르키데스, 『다스칼로스 2』, 앞의 책, p.271

218 마르키데스, 『다스칼로스 1』, 앞의 책, pp.169-171

219 닐 도날드 월시, 『신과 집으로』(조경숙 역, 반디미디어, 2003), p.325

220 닐 도날드 월쉬, 『신과 나눈 이야기(합본)』, 앞의 책, pp.74-75

221 닐 도날드 월쉬, 위의 책, p.56

222 닐 도날드 월쉬, 위의 책, p.153

223 닐 도날드 월쉬, 위의 책, pp.150-152

224 마르키데스, 『다스칼로스 1』, 앞의 책, pp.222-223

225 마르키데스, 『다스칼로스 3』, 앞의 책, p.391

226 조엘 L 휘튼 외 1명, 『죽으면 무슨 일이 일어날까』, 앞의 책, p.94

227 닐 도날드 월쉬, 『신과 나눈 이야기(합본)』, 앞의 책, p.266

228 닐 도날드 월쉬, 위의 책, p.341

229 맨리 P. 홀, 『환생, 카르마 그리고 죽음 이후의 삶』(윤민 역, 마름돌, 2019), p.138

230 마르키데스, 『다스칼로스 1』, 앞의 책, p.13

231 마르키데스, 위의 책, p.126

232 닐 도날드 월쉬, 『신과 나눈 이야기(합본)』, 앞의 책, pp.43-44

233 닐 도날드 월쉬, 위의 책, p.804

234 지나 서미나라, 『윤회』, 앞의 책, p.308

235 지나 서미나라, 위의 책, p.309

236 지나 서미나라, 위의 책, p.311

237 마이클 뉴턴, 『영혼들의 운명 2』, 앞의 책, p.50-52 내용 요약

238 마이클 뉴턴, 위의 책, p.47

239 툴구 퇸둡 림포체, 『평화로운 죽음 기쁜 환생』, 앞의 책, p.300

240 마르키데스, 『다스칼로스 3』, 앞의 책, p.272

241 마르키데스, 『다스칼로스 2』, 앞의 책, pp.133-144

242 다카하시 신지, 『우리가 이 세상에 살게 된 7가지 이유』, 앞의 책, p.140

243 마르키데스, 『다스칼로스 2』, 앞의 책, p.295

244 마르키데스, 위의 책, p.27 내용 참조

245 피터 마운트 샤스타, 『마스터의 제자』(이상범 외 2인 역, 정신세계사, 2022), pp.126-127

246 닐 도널드 월시, 『내일의 신』(오인수 역, 빛, 2015), pp.59-62

8장 불멸의 시공간 여행자들

247 마이클 뉴턴, 『영혼들의 운명 1』, 앞의 책, p.26

248 마이클 뉴턴, 『영혼들의 운명 2』, 앞의 책, p.164

249 마르키데스, 『다스칼로스 1』, 앞의 책, p.157

250 남우현 편집, 『티베트 사자의 서 - 재해석 편집판』, 앞의 책, p.105

251 남우현 편집, 위의 책, p.114

252 마르키데스, 『다스칼로스 1』, 앞의 책, p.174

253 마르키데스, 『다스칼로스 2』, 앞의 책, p.23

254 닐 도널드 월쉬, 『신과 나눈 이야기(합본)』, 앞의 책, p.269

255 마이클 뉴턴, 『영혼들의 운명 2』, 앞의 책, p.327

256 마르키데스, 『다스칼로스 2』, 앞의 책, p.318

257 닐 도널드 월쉬, 『신과 나눈 이야기(합본)』, 앞의 책, p.434

258 닐 도널드 월쉬, 위의 책, p212

259 닐 도널드 월시, 『내일의 신』, 앞의 책, p.320

260 닐 도널드 월쉬, 『신과 나눈 이야기(합본)』, 앞의 책, pp.1135-1136

261 닐 도널드 월시, 『내일의 신』, 앞의 책, pp.325-326

262 닐 도널드 월쉬, 『신과 나눈 이야기(합본)』, 앞의 책, p.1203

263 닐 도널드 월쉬, 『신과 나눈 우정』, 앞의 책, p.539

264 마르키데스,『다스칼로스 3』, 앞의 책, p.75

265 마르키데스, 위의 책, pp.94-96

266 마르키데스,『다스칼로스 1』, 앞의 책, pp.203-205

267 마르키데스,『다스칼로스 2』, 앞의 책, p.270

268 닐 도날드 월쉬,『신과 나눈 이야기(합본)』, 앞의 책, p.137

9장 죽음의 지식들

269 남우현 편집,『티베트 사자의 서 - 재해석 편집판』, 앞의 책, p.90

270 룹상 람파,『룹상 람파의 가르침』, 앞의 책, pp.420-421

271 마르키데스,『다스칼로스 2』, 앞의 책, p.170

272 룹상 람파,『룹상 람파의 가르침』, 앞의 책, pp.422-423

273 룹상 람파, 위의 책, p.423

274 룹상 람파, 위의 책, pp.411-412

275 룹상 람파, 위의 책, pp.412-413

276 툴구 퇸둡 림포체,『평화로운 죽음 기쁜 환생』, 앞의 책, pp. 332-333

277 룹상 람파,『룹상 람파의 가르침』, 앞의 책, p.413

278 룹상 람파, 위의 책, pp.413-415

279 다카하시 신지,『우리가 이 세상에 살게 된 7가지 이유』, 앞의 책, p.160

280 다카하시 신지, 위의 책, p.231

281 다카하시 신지, 위의 책, p.262

282 다카하시 신지, 위의 책, p.263

283 루쓰 몽고메리,『아무것도 사라지지 않는다』(김수현 역, 초롱, 1999), p.84

284 닐 도널드 월시,『신과 집으로』, 앞의 책, p.94

285 닐 도널드 월시, 위의 책, pp.90-93 요약

286 루쓰 몽고메리, 『아무것도 사라지지 않는다』, 앞의 책, p.85

287 루쓰 몽고메리, 위의 책, pp.238-239

288 루쓰 몽고메리, 위의 책, p.86

289 룹상 람파, 『룹상 람파의 가르침』, 앞의 책, pp.405-406

290 룹상 람파, 위의 책, pp.245-246

291 마르키데스, 『다스칼로스 3』, 앞의 책, p.204

292 스타니슬라프 그로프, 『초월의식』(유기천 역, 정신세계사, 2018), pp.226-229

293 스타니슬라프 그로프, 위의 책, p.271

294 브라이언 와이스, 『나는 환생을 믿지 않았다』(김철호 역, 정신세계사, 2003), pp.22-56 내용 참고

295 마이클 뉴턴, 『영혼들의 운명 2』, 앞의 책, p.300

296 닐 도널드 월시, 『신과 집으로』, 앞의 책, pp.398-400

297 제인 로버츠, 『세스 매트리얼』(서민수 역, 도솔, 2001), pp.158-164

298 마르키데스, 『다스칼로스 1』, 앞의 책, pp.136-137

299 루쓰 몽고메리, 『아무것도 사라지지 않는다』, 앞의 책, p.280

300 마르키데스, 『다스칼로스 3』, 앞의 책, p.331

301 에반스 웬츠 편집, 『티벳 사자의 서』, 앞의 책, p.419

302 에반스 웬츠 편집, 위의 책, pp.418-419

303 에반스 웬츠 편집, 위의 책, p.128

304 마르키데스, 『다스칼로스 3』, 앞의 책, pp.132-133 내용 참조

305 마르키데스, 『다스칼로스 1』, 앞의 책, pp.166-167

306 닐 도널드 월쉬, 『신과 나눈 이야기(합본)』, 앞의 책, p.985

307 닐 도널드 월쉬, 위의 책, pp.1027-1030